머리말

　우리나라 말(한국어) 어휘의 70% 정도가 한자어로 구성되어 있는 현실에서 한글전용만으로는 상호간의 의사소통이 모호할 뿐만 아니라 학생들의 학습능력을 감소시킴으로써 국민의 국어능력을 전면적으로 저하시키는 결과가 과거 30여 년간의 한글 전용 교육에서 명백히 드러났음을 우리는 보아왔습니다.

　이는 우리 선조들이 약 2000년 전에 중국의 한자와 대륙문화를 받아들이고 중국 사람들과 많이 교통하면서 한자로 이루어진 어휘를 많이 빌려쓰게 되었으며, 그후 계속해서 오늘날에 이르기까지 계속 한자어를 사용해 오던 것을 갑자기 이런 큰 틀을 뒤엎고 한글 전용만을 주장한다면 우리말을 이해하고 표현하는데 큰 어려움이 따르기 때문입니다.

　우리는 이제 한글과 한자를 혼용함으로써 우리말 어휘력 향상에 공헌하고 한국어를 제대로 이해해야 할 것입니다.

　다행히도 1990년대에 들어서 한국어문회 산하인 한국한자능력검정회에서 각 급수별 자격시험을 실시하여 수험생들에게 국어의 이해력과 어휘력 향상을 크게 높여 오고 있는 것은 매우 고무적이고 다행스런 일이라 하겠습니다.

　때에 맞춰 한자학습에 대한 이런 관심이 사회 각계에서 반영되고 있는데 한자능력에 따라 인사, 승진 등 인사고과의 혜택과 대학수시모집 및 특기자 전형에서 그 실례를 찾을 수 있습니다.

　이에 따라 본 학습서가 전국한자능력시험을 준비하는 학생들에게 훌륭한 길잡이가 되어 최선의 학습방법으로 합격의 기쁨을 누리기 바랍니다.

차례

머리말 ·· 2

차례 ·· 3

시험출제 기준과 합격자 우대사항 ················· 4

배정한자 ·· 5

섞음 漢字 사용법 ·· 12

섞음 漢字 훈음표 ·· 13

섞음 漢字 (가형) ·· 15

반의결합어 ··· 23

유의결합어 ··· 28

동음이의어 ··· 32

한자어 쓰기 및 단어익히기 ··························· 34

四字成語 ·· 41

약자 (略字)와 비슷한 漢字 ······························ 52

동자이음자 (同字異音字), 일자다음자 (一字多音字) ··········· 53

두음법칙 ·· 56

섞음 漢字 (나형) ·· 67

독음연습 ·· 71

훈음연습 ·· 76

활음조현상 ··· 79

예상문제 ·· 81

기출·예상문제 ··· 123

정답 (독음, 훈음, 두음법칙, 예상문제, 기출·예상문제 ·········· 143

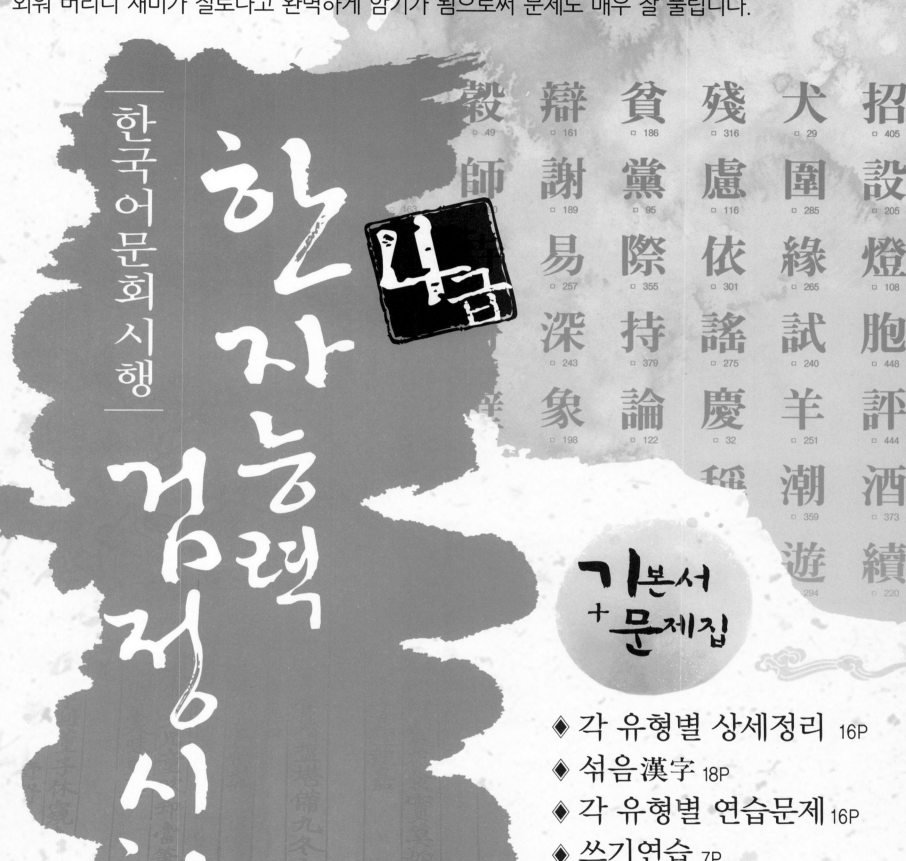
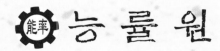

# 한자능력검정 시험안내

⊠ 한자능력시험 (http://www.hanja.re.kr) 〉 기출문제 출력가능
(※ 네이버에 한글로 "한국어문회" 쓰고 클릭)

▶ 주　　관 : (사)한국어문회 (☎ 02-6003-1400), (☎ 1566-1400)

▶ 시험일시 : 연 4회 ┌ 교육급수 : 2, 4, 8, 11월 오전 11시
　　　　　　　　　　 └ 공인급수 : 2, 4, 8, 11월 오후 3시

※ 공인급수, 교육급수 분리시행

　　공인급수는 특급·특급Ⅱ·1급·2급·3급·3급Ⅱ이며, 교육급수는 4급·4급Ⅱ·5급·6급·6급Ⅱ·7급·8급입니다.

▶ 접수방법

1. 방문접수

- 접수급수 : 특급 ~ 8급
- 접 수 처 : 각 시·도 지정 접수처　※ (02)6003-1400, 1566-1400, 또는 인터넷(네이버에 "한국어문회" 치고 들어가서 다시 "한자검정" 클릭
- 접수방법 : 먼저 스스로에게 맞는 급수를 정한 후, 반명함판사진(3×4㎝) 3매, 급수증 수령주조, 주민등록번호, 한자이름을 메모해서 해당접수처로 가서 급수에 해당하는 응시료를 현금으로 납부한 후 원서를 작성하여 접수처에 제출하면 됩니다.

2. 인터넷접수

- 접수급수 : 특급 ~ 8급
- 접 수 처 : www.hangum.re.kr
- 접수방법 : 인터넷 접수처 게시

3. 우편접수

- 접수급수 : 특급, 특급Ⅱ
- 접 수 처 : 한국한자능력검정회(서울특별시 서초구 서초1동 1627-1 교대벤처타워 401호)
- 접수방법 : 해당 회차 인터넷 또는 청구접수기간내 발송한 우편물에 한하여 접수가능(접수마감일 소인 유효)

▶ 검 정 료

급수/검정료	특 급	특급Ⅱ	1 급	2급~3급Ⅱ	4 급	4급Ⅱ	5 급	6 급	6급Ⅱ~8급
	40,000	40,000	40,000	20,000	15,000				15,000

※ 인터넷으로 접수하실 경우 위 검정료에 접수수수료가 추가됩니다.

▶ 접수시 준비물

반명함판사진 3매 / 응시료(현금) / 이름(한글·한자) / 주민등록번호 / 급수증 수령주소

▶ 응시자격 :

- 제한없음, 능력에 맞게 급수를 선택하여 응시하면 됩니다.
- 1급은 서울, 부산, 대구, 광주, 대전, 전주, 청주, 제주에서만 실시하고, 특급과 특급Ⅱ는 서울에서만 실시합니다.

▶ 합격자발표 : 인터넷접수 사이트(www.hangum.re.kr) 및 ARS(060-800-1100), 1566-1400

사단법인 한국어문회
한자능력검정시험 출제기준

◎ 급수별 합격기준

구 분	특급	특급II	1급	2급	3급	3급II	4급	4급II	5급	5급II	6급	6급II	7급	7급II	8급
출제문항수	200	200	200	150	150	150	100	100	100	100	90	80	70	60	50
합격문항수	160	160	160	105	105	105	70	70	70	70	63	56	49	42	35
시험시간	100	90	90	60	60	60	50	50	50	50	50	50	50	52	50

◎ 급수별 출제유형

문제유형	특급	특급II	1급	2급	3급	3급II	4급	4급II	5급	5급II	6급	6급II	7급	7급II	8급
읽기배정한자	5,978	4,918	3,500	2,350	1,817	1,500	1,000	750	500	400	300	300	150	100	50
쓰기배정한자	3,500	2,355	2,005	1,817	1,000	750	500	400	300	225	150	50	0	0	0
독 음	50	50	50	45	45	45	30	35	35	35	33	32	32	22	25
훈 음	32	32	32	27	27	27	22	22	24	23	23	30	30	30	25
장단음	10	10	10	5	5	5	5	0	0	0	0	0	0	0	0
반의어	10	10	10	10	10	10	3	3	4	3	4	3	3	2	0
완성형(성어)	15	15	15	10	10	10	5	5	5	4	4	3	3	2	0
부 수	10	10	10	5	5	5	3	3	0	0	0	0	0	0	0
동의어	10	10	10	5	5	5	3	3	3	3	2	0	0	0	0
동음이의어	10	10	10	5	5	5	3	3	3	3	2	0	0	0	0
뜻풀이	10	10	10	5	5	5	3	3	3	3	2	2	2	2	0
필 순	0	0	0	0	0	0	0	0	3	3	3	3	2	2	2
약 자	3	3	3	3	3	3	3	3	3	3	0	0	0	0	0
한자쓰기	40	40	40	30	30	30	20	20	20	20	20	10	0	0	0

◎ 대학 수시모집 및 특별전형에 반영

대 학	학 과
경북대학교	특기자특별전형(한자/한문 분야)
경상대학교	특기자특별전형 - 본회 2급 이상
경성대학교	외국어 우수자 선발(한문학과) - 본회 3급 이상
공주대학교	특기자특별전형(한자/한문 분야) - 본회 3급 이상
계명대학교	대학독자적 기준에 의한 특별전형(학교장 또는 교사 추천자) - 한문교육
국민대학교	특기자특별전형(중어중문학과) - 본회 1급 이상
단국대학교	특기자특별전형(한문 분야)
동아대학교	특기자특별전형(국어/한문 분야) - 본회 3급 이상
동의대학교	특기자특별전형(어학 특기자) - 본회 1급 이상
대구대학교	특기자특별전형(한자우수자) - 본회 3급 이상
명지대학교	특기자특별전형(어학분야) - 본회 2급 이상
부산외국어대학교	대학독자적 기준에 의한 특별전형(외국어능력우수자) - 본회 3급 이상
성균관대학교	특기자전형 : 인문과학계열(유학동양학부) - 본회 2급 이상
아주대학교	특기자특별전형(문학 및 한문 분야)
영남대학교	특기자특별전형(어학) - 본회 2급 이상
원광대학교	특기자특별전형(한문 분야)
중앙대학교	특기자특별전형(국제화특기분야) - 본회 2급 이상
충남대학교	특기자특별전형(문학·어학분야) - 본회 3급 이상

◎ 기업체 입사 · 승진 · 인사고과 반영

구 분	내 용	비 고
육 군	부사관 5급 이상 / 위관장교 4급 이상 / 영관장교 3급 이상	인사고과
조선일보	기자채용시 3급 이상 우대	입 사
삼성그룹외	중요기업체들 입사시 한문 비중있게 출제 3급 이상 가산점	입 사

4급 배정 한자 (1,000字)

4급 배정漢字는 5급 500字에 4급Ⅱ 250字, 4급 250字를 추가해서 모두 1,000字입니다.
사각형이 □□ 두 개 있는 글자는 4급Ⅱ, 사각형이 □ 한 개 있는 글자는 4급에 속한 글자입니다.
※4급 쓰기문제는 5급(500字) 내에서 출제됩니다.

家	집 가 / 갓머리[宀]부/총10획	去	갈 거 / 마늘모[厶]부/총5획	更	고칠 경/다시 갱 / 가로왈[曰]부/총7획	果	실과 과 / 나무목[木]부/총8획
歌	노래 가 / 하품흠[欠]부/총14획	擧	들 거 / 손수[手]부/총17획	鏡	거울 경 / 쇠금[金]부/총19획	科	과목 과 / 벼화[禾]부/총9획
價	값 가 / 사람인변[亻(人)]부/총15획	居	살 거 / 주검시[尸]부/총8획	驚	놀랄 경 / 말마[馬]부/총22획	課	공부할/과정 과 / 말씀언[言]부/총15획
加	더할 가 / 힘력[力]부/총5획	巨	클 거 / 장인공[工]부/총4획	界	지경 계 / 밭전[田]부/총9획	過	지날 과 / 책받침[辶(辵)]부/총13획
可	옳을 가 / 입구[口]부/총5획	拒	막을 거 / 재방변[扌(手)]부/총7획	計	셀 계 / 말씀언[言]부/총9획	觀	볼 관 / 볼견[見]부/총24획
假	거짓 가 / 사람인변[亻(人)]부/총11획	據	근거 거 / 재방변[扌(手)]부/총16획	係	맬 계 / 사람인변[亻(人)]부/총9획	關	관계할 관 / 문문[門]부/총19획
街	거리 가 / 다닐행[行]부/총12획	件	물건 건 / 사람인변[亻(人)]부/총6획	季	계절 계 / 아들자[子]부/총8획	官	벼슬 관 / 갓머리[宀]부/총8획
暇	틈/겨를 가 / 날일[日]부/총13획	健	굳셀 건 / 사람인변[亻(人)]부/총11획	戒	경계할 계 / 창과[戈]부/총7획	管	대롱/주관할 관 / 대죽머리[⺮(竹)]부/총14획
各	각각 각 / 입구[口]부/총6획	建	세울 건 / 밑받침침[廴]부/총9획	系	이어맬 계 / 실사[糸]부/총7획	光	빛 광 / 어진사람인[儿]부/총6획
角	뿔 각 / 뿔각[角]부/총7획	傑	뛰어날 걸 / 사람인변[亻(人)]부/총12획	繼	이을 계 / 실사[糸]부/총20획	廣	넓을 광 / 집엄[广]부/총14획
刻	새길 각 / 선칼도방[刂(刀)]부/총8획	檢	검사할 검 / 나무목[木]부/총17획	階	섬돌 계 / 좌부변[阝(阜)]부/총12획	鑛	쇳돌 광 / 쇠금[金]부/총22획
覺	깨달을 각 / 볼견[見]부/총20획	儉	검소할 검 / 사람인변[亻(人)]부/총15획	鷄	닭 계 / 새조[鳥]부/총21획	教	가르칠 교 / 등글월문방[攵(攴)]부/총11획
間	사이 간 / 문문[門]부/총12획	格	격식 격 / 나무목[木]부/총10획	古	옛 고 / 입구[口]부/총5획	校	학교 교 / 나무목[木]부/총10획
干	방패 간 / 방패간[干]부/총3획	擊	칠 격 / 손수[手]부/총17획	苦	쓸 고 / 초두[艹(艸)]부/총8획	交	사귈 교 / 돼지해머리[亠]부/총6획
看	볼 간 / 눈목[目]부/총9획	激	격할 격 / 삼수변[氵(水)]부/총16획	高	높을 고 / 높을고[高]부/총10획	橋	다리 교 / 나무목[木]부/총16획
簡	대쪽/간략할 간 / 대죽머리[⺮(竹)]부/총18획	見	볼 견/뵈올 현 / 볼견[見]부/총7획	告	고할 고 / 입구[口]부/총7획	九	아홉 구 / 새을[乙]부/총2획
感	느낄 감 / 마음심[心]부/총13획	堅	굳을 견 / 흙토[土]부/총11획	考	생각할 고 / 늙을로[耂(老)]부/총6획	口	입 구 / 입구[口]부/총3획
減	덜 감 / 삼수변[氵(水)]부/총12획	犬	개 견 / 개견[犬]부/총4획	固	굳을 고 / 큰입구[囗]부/총8획	區	구분할/지경 구 / 상자방[匚]부/총11획
監	볼 감 / 그릇명[皿]부/총14획	決	결단할 결 / 삼수변[氵(水)]부/총7획	故	연고 고 / 등글월문방[攵(攴)]부/총9획	球	공 구 / 임금왕[王(玉)]부/총11획
敢	감히/구태여 감 / 등글월문방[攵(攴)]부/총12획	結	맺을 결 / 실사[糸]부/총12획	孤	외로울 고 / 아들자[子]부/총8획	具	갖출 구 / 여덟팔[八]부/총8획
甘	달 감 / 달감[甘]부/총5획	潔	깨끗할 결 / 삼수변[氵(水)]부/총15획	庫	곳집 고 / 집엄[广]부/총10획	救	구원할 구 / 등글월문방[攵(攴)]부/총11획
甲	갑옷 갑 / 밭전[田]부/총5획	缺	이지러질 결 / 장군부[缶]부/총10획	曲	굽을 곡 / 가로왈[曰]부/총6획	舊	예 구 / 절구구[臼]부/총17획
江	강 강 / 삼수변[氵(水)]부/총6획	京	서울 경 / 돼지해머리[亠]부/총8획	穀	곡식 곡 / 벼화[禾]부/총15획	句	글귀 구 / 입구[口]부/총5획
強	강할 강 / 활궁[弓]부/총12획	敬	공경할 경 / 등글월문방[攵(攴)]부/총12획	困	곤할 곤 / 큰입구[囗]부/총7획	求	구할 구 / 물수변[水(水)]부/총7획
康	편안할 강 / 집엄[广]부/총11획	景	볕 경 / 날일[日]부/총12획	骨	뼈 골 / 뼈골[骨]부/총10획	究	연구할 구 / 구멍혈[穴]부/총7획
講	욀 강 / 말씀언[言]부/총17획	競	다툴 경 / 설립[立]부/총20획	工	장인 공 / 장인공[工]부/총3획	構	얽을 구 / 나무목[木]부/총14획
降	내릴 강/항복할 항 / 좌부변[阝(阜)]부/총9획	輕	가벼울 경 / 수레거[車]부/총14획	空	빌 공 / 구멍혈[穴]부/총8획	國	나라 국 / 큰입구[囗]부/총11획
開	열 개 / 문문[門]부/총12획	境	지경 경 / 흙토[土]부/총14획	公	공평할 공 / 여덟팔[八]부/총4획	局	판 국 / 주검시[尸]부/총7획
改	고칠 개 / 등글월문방[攵(攴)]부/총7획	慶	경사 경 / 마음심[心]부/총15획	共	한가지 공 / 여덟팔[八]부/총6획	軍	군사 군 / 수레거[車]부/총9획
個	낱 개 / 사람인변[亻(人)]부/총10획	經	지날/글 경 / 실사[糸]부/총13획	功	공 공 / 힘력[力]부/총5획	郡	고을 군 / 우부방[阝(邑)]부/총10획
客	손 객 / 갓머리[宀]부/총9획	警	깨우칠 경 / 말씀언[言]부/총19획	孔	구멍 공 / 아들자[子]부/총4획	君	임금 군 / 입구[口]부/총7획
車	수레 거·차 / 수레차[車]부/총7획	傾	기울 경 / 사람인변[亻(人)]부/총13획	攻	칠 공 / 등글월문방[攵(攴)]부/총7획	群	무리 군 / 양양[羊]부/총13획

□ 屈	굽힐 굴	주검시[尸]부/총8획
□ 宮	집 궁	갓머리[宀]부/총10획
□ 窮	다할 궁	구멍혈[穴]부/총15획
權	권세 권	나무목[木]부/총21획
□ 券	문서 권	칼도[刀]부/총8획
□ 勸	권할 권	힘력[力]부/총19획
□ 卷	책 권	병부절[㔾(卩)]부/총8획
貴	귀할 귀	조개패[貝]부/총12획
□ 歸	돌아갈 귀	그칠지[止]부/총18획
規	법 규	볼견[見]부/총11획
□ 均	고를 균	흙토[土]부/총7획
□ 極	다할/극진할 극	나무목[木]부/총12획
□ 劇	심할 극	선칼도방[刂(刀)]부/총15획
根	뿌리 근	나무목[木]부/총10획
近	가까울 근	책받침[辶(辵)]부/총8획
□ 勤	부지런할 근	힘력[力]부/총13획
□ 筋	힘줄 근	대죽머리[竹]부/총12획
金	쇠 금/성·김	쇠금[金]부/총8획
今	이제 금	사람인[人]부/총4획
□ 禁	금할 금	보일시[示]부/총13획
急	급할 급	마음심[心]부/총9획
級	등급 급	실사[糸]부/총10획
給	줄 급	실사[糸]부/총12획
旗	기 기	모방[方]부/총14획
氣	기운 기	기운기[气]부/총10획
記	기록할 기	말씀언[言]부/총10획
基	터 기	흙토[土]부/총11획
己	몸 기	몸기[己]부/총3획
技	재주 기	재방변[扌(手)]부/총7획
期	기약할 기	달월[月]부/총12획
汽	물끓는김 기	삼수변[氵(水)]부/총7획
□ 器	그릇 기	입구[口]부/총16획
□ 起	일어날 기	달릴주[走]부/총10획
□ 奇	기특할 기	큰대[大]부/총8획
□ 寄	부칠 기	갓머리[宀]부/총11획
機	틀 기	나무목[木]부/총16획
紀	벼리 기	실사[糸]부/총9획
吉	길할 길	입구[口]부/총6획
暖	따뜻할 난	날일[日]부/총13획
難	어려울 난	새추[隹]부/총19획
南	남녘 남	열십[十]부/총9획
男	사내 남	발전[田]부/총7획
納	들일 납	실사[糸]부/총10획
內	안 내	들입[入]부/총4획
女	계집 녀·여	계집녀[女]부/총3획
年	해 년(연)	방패간[干]부/총6획
念	생각할 념(염)	마음심[心]부/총8획
□ 努	힘쓸 노	힘력[力]부/총7획
□ 怒	성낼 노	마음심[心]부/총9획
農	농사 농	별진[辰]부/총13획
能	능할 능	육달월[月(肉)]부/총10획
多	많을 다	저녁석[夕]부/총6획
短	짧을 단	화살시[矢]부/총12획
團	둥글 단	큰입구몸[口]부/총14획
壇	단 단	흙토[土]부/총16획
□□ 單	홑 단	입구[口]부/총12획
□ 斷	끊을 단	날근[斤]부/총18획
□ 檀	박달나무 단	나무목[木]부/총17획
□ 端	끝 단	설립[立]부/총14획
□ 段	층계 단	갖은등글월문[殳]부/총9획
□ 達	통달할 달	책받침[辶(辵)]부/총13획
談	말씀 담	말씀언[言]부/총15획
□□ 擔	멜 담	재방변[扌(手)]부/총16획
答	대답할 답	대죽머리[竹]부/총12획
堂	집 당	흙토[土]부/총11획
當	마땅할 당	발전[田]부/총13획
□ 黨	무리 당	검을흑[黑]부/총20획
大	큰 대	큰대[大]부/총3획
代	대신할 대	사람인변[亻(人)]부/총5획
對	대할 대	마디촌[寸]부/총14획
待	기다릴 대	두인변[彳]부/총9획
□ 帶	띠 대	수건건[巾]부/총11획
□ 隊	무리(떼) 대	좌부변[阝(阜)]부/총12획
德	큰 덕	두인변[彳]부/총15획
道	길 도	책받침[辶(辵)]부/총13획
圖	그림 도	큰입구몸[口]부/총14획
度	법도 도/헤아릴 탁	집엄[广]부/총9획
到	이를 도	선칼도방[刂(刀)]부/총8획
島	섬 도	뫼산[山]부/총10획
都	도읍 도	우부방[阝(邑)]부/총12획
□ 導	인도할 도	마디촌[寸]부/총16획
徒	무리 도	두인변[彳]부/총10획
盜	도둑 도	그릇명[皿]부/총12획
逃	도망할 도	책받침[辶(辵)]부/총10획
讀	읽을 독/구절 두	말씀언[言]부/총22획
獨	홀로 독	개사슴록변[犭(犬)]부/총16획
□ 毒	독 독	말무[毋]부/총9획
□ 督	감독할 독	눈목[目]부/총13획
東	동녘 동	나무목[木]부/총8획
冬	겨울 동	이수변[冫]부/총5획
動	움직일 동	힘력[力]부/총11획
同	한가지 동	입구[口]부/총6획
洞	골 동/밝을 통	삼수변[氵(水)]부/총9획
童	아이 동	설립[立]부/총12획
□ 銅	구리 동	쇠금[金]부/총14획
頭	머리 두	머리혈[頁]부/총16획
□ 斗	말 두	말두[斗]부/총4획
□ 豆	콩 두	콩두[豆]부/총7획
□ 得	얻을 득	두인변[彳]부/총11획
登	오를 등	필발머리[癶]부/총12획
等	무리 등	대죽머리[竹]부/총12획
□ 燈	등 등	불화[火]부/총16획
羅	벌릴 라(나)	그물망[罒(网)]부/총19획
樂	즐거울락(낙)/노래악/좋아할요	나무목[木]부/총15획
落	떨어질 락(낙)	초두[艹(艸)]부/총13획
□ 亂	어지러울 란(난)	새을방[乚(乙)]부/총13획
□ 卵	알 란(난)	병부절[卩]부/총7획
□ 覽	볼 람(남)	볼견[見]부/총21획
朗	밝을 랑(낭)	달월[月]부/총10획
來	올 래(내)	사람인[人]부/총8획
冷	찰 랭(냉)	이수변[冫]부/총7획
□ 略	간략할 략(약)	발전[田]부/총11획
良	어질 량(양)	그칠간[艮]부/총7획
量	헤아릴 량(양)	마을리[里]부/총12획
□□ 兩	두 량(양)	들입[入]부/총8획
□ 糧	양식 량(양)	쌀미[米]부/총18획
旅	나그네 려(여)	모방[方]부/총10획
□□ 麗	고울 려(여)	사슴록[鹿]부/총19획
□ 慮	생각할 려(여)	마음심[心]부/총15획
力	힘 력(역)	힘력[力]부/총2획
歷	지날 력(역)	그칠지[止]부/총16획
練	익힐 련(연)	실사[糸]부/총15획
□□ 連	이을 련(연)	책받침[辶(辵)]부/총11획
□□ 列	벌릴 렬(열)	선칼도방[刂(刀)]부/총6획
□ 烈	매울 렬(열)	연화발[灬(火)]부/총10획
令	하여금 령(영)	사람인[人]부/총5획
領	거느릴 령(영)	머리혈[頁]부/총14획
例	법식 례(예)	사람인변[亻(人)]부/총8획
禮	예도 례(예)	보일시[示]부/총18획
老	늙을 로(노)	늙을로[老]부/총6획
路	길 로(노)	발족[足]부/총13획
勞	일할 로(노)	힘력[力]부/총12획
綠	푸를 록(녹)	실사[糸]부/총14획
□□ 錄	기록할 록(녹)	쇠금[金]부/총16획
□ 論	논할 론(논)	말씀언[言]부/총15획
料	헤아릴 료(요)	말두[斗]부/총10획
龍	용 룡(용)	용룡[龍]부/총16획
流	흐를 류(유)	삼수변[氵(水)]부/총10획
類	무리 류(유)	머리혈[頁]부/총19획
□□ 留	머무를 류(유)	발전[田]부/총10획

柳 버들 류(유) 나무목[木]부/총9획	墓 무덤 묘 흙토[土]부/총13획	白 흰 백 흰백[白]부/총5획	負 질 부 조개패[貝]부/총9획
六 여섯 륙(육) 여덟팔[八]부/총4획	妙 묘할 묘 계집녀[女]부/총7획	百 일백 백 흰백[白]부/총6획	北 북녘 북/달아날 배 비수비[匕]부/총5획
陸 뭍 륙(육) 좌부변[阝(阜)]부/총11획	無 없을 무 연하발[灬(火)]부/총12획	番 차례 번 밭전[田]부/총12획	分 나눌 분 칼도[刀]부/총4획
輪 바퀴 륜(윤) 수레거[車]부/총15획	務 힘쓸 무 힘력[力]부/총11획	伐 칠 벌 사람인변[亻(人)]부/총6획	憤 분할 분 심방변[忄(心)]부/총15획
律 법칙 률(율) 두인변[彳]부/총9획	武 호반 무 그칠지[止]부/총8획	罰 벌할 벌 그물망[罒(网)]부/총14획	粉 가루 분 쌀미[米]부/총10획
里 마을 리(이) 마을리[里]부/총7획	舞 춤출 무 어거질천[舛]부/총14획	範 법 범 대죽머리[竹]부/총15획	不 아닐 불(부) 한일[一]부/총4획
利 이할 리(이) 선칼도방[刂(刀)]부/총7획	門 문 문 문문[門]부/총8획	犯 범할 범 개사슴록변[犭(犬)]부/총5획	佛 부처 불 사람인변[亻(人)]부/총7획
李 오얏/성 리(이) 나무목[木]부/총7획	問 물을 문 입구[口]부/총11획	法 법 법 삼수변[氵(水)]부/총8획	比 견줄 비 견줄비[比]부/총4획
理 다스릴 리(이) 구슬옥변[王(玉)]부/총11획	文 글월 문 글월문[文]부/총4획	壁 벽 벽 흙토[土]부/총16획	費 쓸 비 조개패[貝]부/총12획
離 떠날 리(이) 새추[隹]부/총18획	聞 들을 문 귀이[耳]부/총14획	變 변할 변 말씀언[言]부/총22획	鼻 코 비 코비[鼻]부/총14획
林 수풀 림(임) 나무목[木]부/총8획	物 물건 물 소우[牛]부/총8획	邊 가 변 책받침[辶(辵)]부/총19획	備 갖출 비 사람인변[亻(人)]부/총12획
立 설 립(입) 설립[立]부/총5획	米 쌀 미 쌀미[米]부/총6획	辯 말씀 변 매울신[辛]부/총21획	悲 슬플 비 마음심[心]부/총12획
馬 말 마 말마[馬]부/총10획	美 아름다울 미 양양[羊]부/총9획	別 다를/나눌 별 선칼도방[刂(刀)]부/총7획	非 아닐 비 아닐비[非]부/총8획
萬 일만 만 초두[艹(艸)]부/총12획	味 맛 미 입구[口]부/총8획	病 병 병 병들녁[疒]부/총10획	飛 날 비 날비[飛]부/총9획
滿 찰 만 삼수변[氵(水)]부/총14획	未 아닐 미 나무목[木]부/총5획	兵 병사 병 여덟팔[八]부/총7획	批 비평할 비 재방변[扌(手)]부/총7획
末 끝 말 나무목[木]부/총5획	民 백성 민 성씨씨[氏]부/총5획	保 지킬 보 사람인변[亻(人)]부/총9획	碑 비석 비 돌석[石]부/총13획
亡 망할 망 돼지해머리[亠]부/총3획	密 빽빽할 밀 갓머리[宀]부/총11획	報 갚을/알릴 보 흙토[土]부/총12획	祕 숨길 비 보일시[示]부/총10획
望 바랄 망 달월[月]부/총11획	朴 성 박 나무목[木]부/총6획	寶 보배 보 갓머리[宀]부/총20획	貧 가난할 빈 조개패[貝]부/총11획
每 매양 매 말무[毋]부/총7획	博 넓을 박 열십[十]부/총12획	步 걸음 보 그칠지[止]부/총7획	氷 얼음 빙 물수[水]부/총5획
買 살 매 조개패[貝]부/총12획	拍 칠 박 재방변[扌(手)]부/총8획	普 넓을 보 날일[日]부/총12획	四 넉 사 큰입구몸[口]부/총5획
賣 팔 매 조개패[貝]부/총15획	半 반 반 열십[十]부/총5획	服 옷 복 달월[月]부/총8획	事 일 사 갈고리궐[亅]부/총8획
妹 누이 매 계집녀[女]부/총8획	反 돌이킬 반 또우[又]부/총4획	福 복 복 보일시[示]부/총14획	使 하여금/부릴 사 사람인변[亻(人)]부/총8획
脈 줄기 맥 육달월[月(肉)]부/총10획	班 나눌 반 구슬옥변[王(玉)]부/총10획	復 회복할 복/다시 부 두인변[彳]부/총12획	死 죽을 사 죽을사변[歹]부/총6획
面 낯 면 낯면[面]부/총9획	發 필 발 필발머리[癶]부/총12획	伏 엎드릴 복 사람인변[亻(人)]부/총6획	社 모일 사 보일시[示]부/총8획
勉 힘쓸 면 힘력[力]부/총9획	髮 터럭 발 터럭발[髟]부/총15획	複 겹칠 복 옷의변[衤(衣)]부/총14획	仕 섬길 사 사람인변[亻(人)]부/총5획
名 이름 명 입구[口]부/총6획	方 모 방 모방[方]부/총4획	本 근본 본 나무목[木]부/총5획	史 사기(역사) 사 입구[口]부/총5획
命 목숨 명 입구[口]부/총8획	放 놓을 방 등글월문[攵(攴)]부/총8획	奉 받들 봉 큰대[大]부/총8획	士 선비 사 선비사[士]부/총3획
明 밝을 명 날일[日]부/총8획	房 방 방 지게호[戶]부/총8획	父 아비 부 아비부[父]부/총4획	寫 베낄 사 갓머리[宀]부/총15획
鳴 울 명 새조[鳥]부/총14획	訪 찾을 방 말씀언[言]부/총11획	夫 지아비 부 큰대[大]부/총4획	思 생각할 사 마음심[心]부/총9획
母 어미 모 말무[毋]부/총5획	防 막을 방 좌부변[阝(阜)]부/총7획	部 떼 부 우부방[阝(邑)]부/총11획	查 조사할 사 나무목[木]부/총9획
毛 터럭 모 털모[毛]부/총4획	妨 방해할 방 계집녀[女]부/총7획	副 버금 부 선칼도방[刂(刀)]부/총11획	寺 절 사 마디촌[寸]부/총6획
模 본뜰 모 나무목[木]부/총14획	倍 곱 배 사람인변[亻(人)]부/총10획	婦 며느리 부 계집녀[女]부/총11획	師 스승 사 수건건[巾]부/총10획
木 나무 목 나무목[木]부/총4획	拜 절 배 손수[手]부/총9획	富 부자 부 갓머리[宀]부/총12획	舍 집 사 혀설[舌]부/총8획
目 눈 목 눈목[目]부/총5획	背 등 배 육달월[月(肉)]부/총9획	府 마을(官廳) 부 집엄[广]부/총8획	謝 사례할 사 말씀언[言]부/총17획
牧 칠 목 소우[牛(牛)]부/총8획	配 나눌/짝 배 닭유[酉]부/총10획	否 아닐 부 입구[口]부/총7획	射 쏠 사 마디촌[寸]부/총10획

私	사사 사	벼화[禾]부/총7획
絲	실 사	실사[糸]부/총12획
辭	말씀 사	매울신[辛]부/총19획
山	뫼 산	뫼산[山]부/총3획
算	셈 산	대죽[竹]부/총14획
産	낳을 산	날생[生]부/총11획
散	흩을 산	등글월문[攵(攴)]부/총12획
殺	죽일 살/감할 쇄	갖은등글월문[殳]부/총11획
三	석 삼	한일[一]부/총3획
上	윗 상	한일[一]부/총3획
商	장사 상	입구[口]부/총11획
相	서로 상	눈목[目]부/총9획
賞	상줄 상	조개패[貝]부/총15획
常	떳떳할 상	수건건[巾]부/총11획
床	상 상	집엄[广]부/총7획
想	생각할 상	마음심[心]부/총13획
狀	형상 상/문서 장	개견[犬]부/총8획
傷	다칠 상	사람인변[亻(人)]부/총13획
象	코끼리 상	돼지시[豕]부/총12획
色	빛 색	빛색[色]부/총6획
生	날 생	날생[生]부/총5획
西	서녘 서	덮을아[襾]부/총6획
書	글 서	가로왈[曰]부/총10획
序	차례 서	집엄[广]부/총7획
夕	저녁 석	저녁석[夕]부/총3획
席	자리 석	수건건[巾]부/총10획
石	돌 석	돌석[石]부/총5획
先	먼저 선	어진사람인[儿]부/총6획
線	줄 선	실사[糸]부/총15획
仙	신선 선	사람인변[亻(人)]부/총5획
善	착할 선	입구[口]부/총12획
船	배 선	배주[舟]부/총11획
選	가릴 선	책받침[辶(辵)]부/총16획
鮮	고울 선	고기어[魚]부/총17획
宣	베풀 선	갓머리[宀]부/총9획
雪	눈 설	비우[雨]부/총11획
說	말씀 설/달랠 세	말씀언[言]부/총14획
設	베풀 설	말씀언[言]부/총11획
舌	혀 설	혀설[舌]부/총6획
姓	성 성	계집녀[女]부/총8획
成	이룰 성	창과[戈]부/총7획
省	살필 성/덜 생	눈목[目]부/총9획
性	성품 성	심방변[忄(心)]부/총8획
城	재 성	흙토[土]부/총10획
星	별 성	날일[日]부/총9획
盛	성할 성	그릇명[皿]부/총12획
聖	성인 성	귀이[耳]부/총13획
聲	소리 성	귀이[耳]부/총17획
誠	정성 성	말씀언[言]부/총14획
世	인간 세	한일[一]부/총5획
歲	해 세	그칠지[止]부/총13획
洗	씻을 세	삼수변[氵(水)]부/총9획
勢	형세 세	힘력[力]부/총13획
稅	세금 세	벼화[禾]부/총12획
細	가늘 세	실사[糸]부/총11획
小	작을 소	작을소[小]부/총3획
少	적을 소	작을소[小]부/총4획
所	바 소	집호[戶]부/총8획
消	사라질 소	삼수변[氵(水)]부/총10획
掃	쓸 소	재방변[扌(手)]부/총11획
笑	웃음 소	대죽머리[竹]부/총10획
素	본디/흴 소	실사[糸]부/총10획
速	빠를 속	책받침[辶(辵)]부/총11획
束	묶을 속	나무목[木]부/총7획
俗	풍속 속	사람인변[亻(人)]부/총9획
續	이을 속	실사[糸]부/총21획
屬	붙일 속	주검시[尸]부/총21획
孫	손자 손	아들자[子]부/총10획
損	덜 손	재방변[扌(手)]부/총13획
送	보낼 송	책받침[辶(辵)]부/총10획
松	소나무 송	나무목[木]부/총8획
頌	기릴/칭송할 송	머리혈[頁]부/총13획
水	물 수	물수[水]부/총4획
手	손 수	손수[手]부/총4획
數	셈 수	등글월문[攵(攴)]부/총15획
樹	나무 수	나무목[木]부/총16획
首	머리 수	머리수[首]부/총9획
修	닦을 수	사람인변[亻(人)]부/총10획
受	받을 수	또우[又]부/총8획
守	지킬 수	갓머리[宀]부/총6획
授	줄 수	재방변[扌(手)]부/총11획
收	거둘 수	등글월문[攵(攴)]부/총6획
秀	빼어날 수	벼화[禾]부/총7획
宿	잘 숙/별자리 수	갓머리[宀]부/총11획
叔	아재비 숙	또우[又]부/총8획
肅	엄숙할 숙	붓률[聿]부/총13획
順	순할 순	머리혈[頁]부/총12획
純	순수할 순	실사[糸]부/총10획
術	재주 술	다닐행[行]부/총11획
崇	높을 숭	뫼산[山]부/총11획
習	익힐 습	깃우[羽]부/총11획
勝	이길 승	힘력[力]부/총12획
承	이을 승	손수[手]부/총8획
市	저자 시	수건건[巾]부/총5획
時	때 시	날일[日]부/총10획
始	비로소(처음) 시	계집녀[女]부/총9획
示	보일 시	보일시[示]부/총5획
施	베풀 시	모방[方]부/총9획
是	옳을/이 시	날일[日]부/총9획
視	볼 시	볼견[見]부/총12획
試	시험할 시	말씀언[言]부/총13획
詩	시 시	말씀언[言]부/총13획
食	밥/먹을 식	밥식[食]부/총9획
植	심을 식	나무목[木]부/총12획
式	법 식	주살익[弋]부/총6획
識	알 식/기록할 지	말씀언[言]부/총19획
息	쉴 식	마음심[心]부/총10획
信	믿을 신	사람인변[亻(人)]부/총9획
新	새 신	도끼근[斤]부/총13획
神	귀신 신	보일시[示]부/총10획
身	몸 신	몸신[身]부/총7획
臣	신하 신	신하신[臣]부/총6획
申	납(원숭이)/아뢸 신	밭전[田]부/총5획
室	집 실	갓머리[宀]부/총9획
失	잃을 실	큰대[大]부/총5획
實	열매 실	갓머리[宀]부/총14획
心	마음 심	마음심[心]부/총4획
深	깊을 심	삼수변[氵(水)]부/총11획
十	열 십	열십[十]부/총2획
氏	성씨 씨	성씨씨[氏]부/총4획
兒	아이 아	어진사람인[儿]부/총8획
惡	악할 악/미워할 오	마음심[心]부/총12획
安	편안할 안	갓머리[宀]부/총6획
案	책상 안	나무목[木]부/총10획
眼	눈 안	눈목[目]부/총11획
暗	어두울 암	날일[日]부/총13획
壓	누를 압	흙토[土]부/총17획
愛	사랑 애	마음심[心]부/총13획
液	진 액	삼수변[氵(水)]부/총11획
額	이마 액	머리혈[頁]부/총18획
夜	밤 야	저녁석[夕]부/총8획
野	들 야	마을리[里]부/총11획
弱	약할 약	활궁[弓]부/총10획
藥	약 약	초두[艹(艸)]부/총18획
約	맺을 약	실사[糸]부/총9획
洋	큰바다 양	삼수변[氵(水)]부/총9획
陽	볕 양	좌부변[阝(阜)]부/총12획
養	기를 양	밥식[食]부/총15획
羊	양 양	양양[羊]부/총6획
樣	모양 양	나무목[木]부/총15획

語	말씀 어	말씀언[言]부/총14획
漁	고기잡을 어	삼수변[氵(水)]부/총14획
魚	고기/물고기 어	물고기어[魚]부/총11획
億	억 억	사람인변[亻(人)]부/총15획
言	말씀 언	말씀언[言]부/총7획
嚴	엄할 엄	입구[口]부/총20획
業	업 업	나무목[木]부/총13획
如	같을 여	계집녀[女]부/총6획
餘	남을 여	밥식[食]부/총16획
與	줄/더불 여	절구구[臼]부/총14획
逆	거스를 역	책받침[辶(辵)]부/총10획
域	지경 역	흙토[土]부/총11획
易	바꿀 역/쉬울 이	날일[日]부/총8획
然	그럴 연	연화발[灬(火)]부/총12획
演	펼 연	삼수변[氵(水)]부/총14획
煙	연기 연	불화[火]부/총13획
研	갈 연	돌석[石]부/총11획
延	늘일 연	민책받침[廴]부/총7획
燃	탈 연	불화[火]부/총16획
緣	인연 연	실사[糸]부/총15획
鉛	납 연	쇠금[金]부/총13획
熱	더울 열	연화발[灬(火)]부/총15획
葉	잎 엽	초두[艹(艸)]부/총12획
永	길 영	물수[水]부/총5획
英	꽃부리 영	초두[艹(艸)]부/총8획
榮	영화 영	나무목[木]부/총14획
映	비칠 영	날일[日]부/총9획
營	경영할 영	불화[火]부/총17획
迎	맞을 영	책받침[辶(辵)]부/총8획
藝	재주 예	초두[艹(艸)]부/총18획
豫	미리 예	돼지시[豕]부/총16획
五	다섯 오	두이[二]부/총4획
午	낮 오	열십[十]부/총4획
誤	그르칠 오	말씀언[言]부/총14획
屋	집 옥	주검시[尸]부/총9획
玉	구슬 옥	구슬옥[玉]부/총5획
溫	따뜻할 온	삼수변[氵(水)]부/총13획
完	완전할 완	갓머리[宀]부/총7획
王	임금 왕	구슬옥[玉]부/총4획
往	갈 왕	두인변[彳]부/총8획
外	바깥 외	저녁석[夕]부/총5획
曜	빛날 요	날일[日]부/총18획
要	요긴할 요	덮을아[襾]부/총9획
謠	노래 요	말씀언[言]부/총17획
浴	목욕할 욕	삼수변[氵(水)]부/총10획
勇	날랠 용	힘력[力]부/총9획
用	쓸 용	쓸용[用]부/총5획
容	얼굴 용	갓머리[宀]부/총10획
右	오른쪽 우/오를 우	입구[口]부/총5획
友	벗 우	또우[又]부/총4획
牛	소 우	소우[牛]부/총4획
雨	비 우	비우[雨]부/총8획
優	넉넉할 우	사람인변[亻(人)]부/총17획
遇	만날 우	책받침[辶(辵)]부/총13획
郵	우편 우	우부방[阝(邑)]부/총11획
運	옮길 운	책받침[辶(辵)]부/총13획
雲	구름 운	비우[雨]부/총12획
雄	수컷 웅	새추[隹]부/총12획
園	동산 원	큰입구몸[口]부/총13획
遠	멀 원	책받침[辶(辵)]부/총14획
元	으뜸 원	어진사람인[儿]부/총4획
原	언덕 원	굴바위엄[厂]부/총10획
院	집 원	좌부변[阝(阜)]부/총10획
願	원할 원	머리혈[頁]부/총19획
員	인원 원	입구[口]부/총10획
圓	둥글 원	큰입구몸[口]부/총13획
怨	원망할 원	마음심[心]부/총9획
援	도울 원	재방변[扌(手)]부/총12획
源	근원 원	삼수변[氵(水)]부/총13획
月	달 월	달월[月]부/총4획
位	자리 위	사람인변[亻(人)]부/총7획
偉	클 위	사람인변[亻(人)]부/총11획
爲	하/할 위	손톱조[爪]부/총12획
衛	지킬 위	다닐행[行]부/총15획
危	위태로울 위	마디절[卩(㔾)]부/총6획
圍	에워쌀 위	큰입구몸[口]부/총12획
委	맡길 위	계집녀[女]부/총8획
威	위엄 위	계집녀[女]부/총9획
慰	위로할 위	마음심[心]부/총15획
有	있을 유	달월[月]부/총6획
油	기름 유	삼수변[氵(水)]부/총8획
由	말미암을 유	밭전[田]부/총5획
乳	젖 유	새을방[(乙)]부/총8획
儒	선비 유	사람인변[亻(人)]부/총16획
遊	놀 유	책받침[辶(辵)]부/총13획
遺	남길 유	책받침[辶(辵)]부/총16획
育	기를 육	육달월[月(肉)]부/총8획
肉	고기 육	고기육[肉]부/총6획
銀	은 은	쇠금[金]부/총14획
恩	은혜 은	마음심[心]부/총10획
隱	숨을 은	좌부변[阝(阜)]부/총17획
音	소리 음	소리음[音]부/총9획
飮	마실 음	밥식[食]부/총13획
陰	그늘 음	좌부변[阝(阜)]부/총11획
邑	고을 읍	고을읍[邑]부/총7획
應	응할 응	마음심[心]부/총17획
意	뜻 의	마음심[心]부/총13획
衣	옷 의	옷의[衣]부/총6획
醫	의원 의	닭유[酉]부/총18획
義	옳을 의	양양[羊]부/총13획
議	의논할 의	말씀언[言]부/총20획
依	의지할 의	사람인변[亻(人)]부/총8획
儀	거동 의	사람인변[亻(人)]부/총15획
疑	의심할 의	필필[疋]부/총14획
二	두 이	두이[二]부/총2획
以	써 이	사람인[人]부/총5획
耳	귀 이	귀이[耳]부/총6획
移	옮길 이	벼화[禾]부/총11획
異	다를 이	밭전[田]부/총11획
益	더할 익	그릇명[皿]부/총10획
人	사람 인	사람인[人]부/총2획
因	인할 인	큰입구몸[口]부/총6획
印	도장 인	병부절[卩]부/총6획
引	끌 인	활궁[弓]부/총4획
認	알 인	말씀언[言]부/총14획
仁	어질 인	사람인변[亻(人)]부/총4획
一	한 일	한일[一]부/총1획
日	해/날 일	날일[日]부/총4획
任	맡길 임	사람인변[亻(人)]부/총6획
入	들 입	들입[入]부/총2획
子	아들 자	아들자[子]부/총3획
字	글자 자	아들자[子]부/총6획
自	스스로 자	스스로자[自]부/총6획
者	놈 자	늙을로[耂(老)]부/총9획
姿	모양 자	계집녀[女]부/총9획
資	재물 자	조개패[貝]부/총13획
姉	손윗누이 자	계집녀[女]부/총8획
作	지을 작	사람인변[亻(人)]부/총7획
昨	어제 작	날일[日]부/총9획
殘	남을 잔	죽을사변[歹]부/총12획
雜	섞일 잡	새추[隹]부/총18획
長	긴 장	길장[長]부/총8획
場	마당 장	흙토[土]부/총12획
章	글 장	설립[立]부/총11획
將	장수 장	마디촌[寸]부/총11획
障	막을 장	좌부변[阝(阜)]부/총14획
壯	장할 장	선비사[士]부/총7획
帳	장막 장	수건건[巾]부/총11획
張	베풀 장	활궁[弓]부/총11획
腸	창자 장	육달월[月(肉)]부/총13획

裝	꾸밀 장 옷의[衣]부/총13획	店	가게 점 집엄[广]부/총8획	潮	조수/밀물 조 삼수변[氵(水)]부/총15획	知	알 지 화살시[矢]부/총8획
奬	장려할 장 큰대[大]부/총14획	占	점령할/점칠 점 점복[卜]부/총5획	組	짤 조 실사[糸]부/총11획	志	뜻 지 마음심[心]부/총7획
在	있을 재 흙토[土]부/총6획	點	점 점 검을흑[黑]부/총17획	足	발 족 발족[足]부/총7획	指	가리킬 지 재방변[扌(手)]부/총9획
才	재주 재 재방변[扌(手)]부/총3획	接	이을 접 재방변[扌(手)]부/총11획	族	겨레 족 모방[方]부/총11획	支	지탱할 지 지탱할지[支]부/총4획
再	두 재 멀경[冂]부/총6획	正	바를 정 그칠지[止]부/총5획	尊	높을 존 마디촌[寸]부/총12획	至	이를 지 이를지[至]부/총6획
材	재목 재 나무목[木]부/총7획	定	정할 정 갓머리[宀]부/총8획	存	있을 존 아들자[子]부/총6획	持	가질 지 재방변[扌(手)]부/총9획
災	재앙 재 불화[火]부/총7획	庭	뜰 정 집엄[广]부/총10획	卒	마칠 졸 열십[十]부/총8획	智	지혜/슬기 지 날일[日]부/총12획
財	재물 재 조개패[貝]부/총10획	停	머무를 정 사람인변[亻(人)]부/총11획	種	씨 종 벼화[禾]부/총14획	誌	기록할 지 말씀언[言]부/총14획
爭	다툴 쟁 손톱조[爪]부/총8획	情	뜻 정 심방변[忄(心)]부/총11획	終	마칠 종 실사[糸]부/총11획	直	곧을 직 눈목[目]부/총8획
貯	쌓을 저 조개패[貝]부/총12획	政	정사 정 등글월문[攵(攴)]부/총9획	宗	마루 종 갓머리[宀]부/총8획	職	직분 직 귀이[耳]부/총18획
低	낮을 저 사람인변[亻(人)]부/총7획	程	한도/길 정 벼화[禾]부/총12획	從	좇을 종 두인변[彳]부/총11획	織	짤 직 실사[糸]부/총18획
底	밑 저 집엄[广]부/총8획	精	정할 정 쌀미[米]부/총14획	鍾	쇠북 종 쇠금[金]부/총17획	眞	참 진 눈목[目]부/총10획
的	과녁 적 흰백[白]부/총8획	丁	고무래/장정 정 한일[一]부/총2획	左	왼 좌 장인공[工]부/총5획	進	나아갈 진 책받침[辶(辵)]부/총12획
赤	붉을 적 붉을적[赤]부/총7획	整	가지런할 정 등글월문[攵(攴)]부/총16획	座	자리 좌 집엄[广]부/총10획	珍	보배 진 임금왕[王(玉)]부/총9획
敵	대적할 적 등글월문[攵(攴)]부/총15획	靜	고요할 정 푸를청[靑]부/총16획	罪	허물 죄 그물망[罒(网)]부/총13획	盡	다할 진 그릇명[皿]부/총14획
積	쌓을 적 벼화[禾]부/총16획	弟	아우 제 활궁[弓]부/총7획	主	주인/임금 주 불똥주[丶]부/총5획	陣	진칠 진 좌부변[阝(阜)]부/총10획
籍	문서 적 대죽[竹]부/총20획	第	차례 제 대죽[竹]부/총11획	住	살 주 사람인변[亻(人)]부/총7획	質	바탕 질 조개패[貝]부/총15획
績	길쌈 적 실사[糸]부/총17획	題	제목 제 머리혈[頁]부/총18획	晝	낮 주 날일[日]부/총11획	集	모을 집 새추[隹]부/총12획
賊	도둑 적 조개패[貝]부/총13획	制	절제할 제 선칼도방[刂(刀)]부/총8획	注	부을 주 삼수변[氵(水)]부/총10획	次	버금 차 하품흠[欠]부/총6획
適	맞을 적 책받침[辶(辵)]부/총15획	提	끌 제 재방변[扌(手)]부/총12획	州	고을 주 개미허리[巛]부/총6획	差	다를 차 장인공[工]부/총10획
全	온전 전 들입[入]부/총6획	濟	건널 제 삼수변[氵(水)]부/총17획	週	주일 주 책받침[辶(辵)]부/총12획	着	붙을 착 눈목[目]부/총12획
前	앞 전 선칼도방[刂(刀)]부/총9획	祭	제사 제 보일시[示]부/총11획	走	달릴 주 달릴주[走]부/총7획	讚	기릴 찬 말씀언[言]부/총26획
電	번개 전 비우[雨]부/총13획	製	지을 제 옷의[衣]부/총14획	周	두루 주 입구[口]부/총8획	察	살필 찰 갓머리[宀]부/총14획
戰	싸울 전 창과[戈]부/총16획	除	덜 제 좌부변[阝(阜)]부/총10획	朱	붉을 주 나무목[木]부/총6획	參	참여할 참/석 삼 마늘모[厶]부/총11획
傳	전할 전 사람인변[亻(人)]부/총13획	際	즈음/가 제 좌부변[阝(阜)]부/총14획	酒	술 주 닭유[酉]부/총10획	窓	창 창 구멍혈[穴]부/총11획
典	법 전 여덟팔[八]부/총8획	帝	임금 제 수건건[巾]부/총9획	竹	대 죽 대죽[竹]부/총6획	唱	부를 창 입구[口]부/총11획
展	펼 전 주검시[尸]부/총10획	祖	할아버지 조 보일시[示]부/총10획	準	준할 준 삼수변[氵(水)]부/총13획	創	비롯할 창 선칼도방[刂(刀)]부/총12획
田	밭 전 밭전[田]부/총5획	朝	아침 조 달월[月]부/총12획	中	가운데 중 뚫을곤[丨]부/총4획	採	캘 채 재방변[扌(手)]부/총11획
專	오로지 전 마디촌[寸]부/총11획	操	잡을 조 재방변[扌(手)]부/총16획	重	무거울 중 마을리[里]부/총9획	責	꾸짖을 책 조개패[貝]부/총11획
轉	구를 전 수레거[車]부/총18획	調	고를 조 말씀언[言]부/총15획	衆	무리 중 피혈[血]부/총12획	冊	책 책 멀경[冂]부/총5획
錢	돈 전 쇠금[金]부/총16획	助	도울 조 힘력[力]부/총7획	增	더할 증 흙토[土]부/총15획	處	곳 처 범호밑[虍]부/총11획
切	끊을 절/온통 체 칼도[刀]부/총4획	早	이를 조 날일[日]부/총6획	證	증거 증 말씀언[言]부/총19획	千	일천 천 열십[十]부/총3획
節	마디 절 대죽[竹]부/총15획	造	지을 조 책받침[辶(辵)]부/총11획	地	따 지 흙토[土]부/총6획	天	하늘 천 큰대[大]부/총4획
絶	끊을 절 실사[糸]부/총12획	鳥	새 조 새조[鳥]부/총11획	紙	종이 지 실사[糸]부/총10획	川	내 천 개미허리[巛]부/총3획
折	꺾을 절 재방변[扌(手)]부/총7획	條	가지 조 나무목[木]부/총11획	止	그칠 지 그칠지[止]부/총4획	泉	샘 천 물수[水]부/총9획

鐵 쇠 철 쇠금[金]부/총21획	則 법칙 칙/ 곧 즉 선칼도방[刂(刀)]부/총9획	敗 패할 패 등글월문[攵(攴)]부/총11획	抗 겨룰 항 재방변[扌(手)]부/총7획
靑 푸를 청 푸를청[靑]부/총8획	親 친할 친 볼견[見]부/총16획	便 편할 편/똥오줌 변 사람인변[亻(人)]부/총9획	海 바다 해 삼수변[氵(水)]부/총10획
淸 맑을 청 삼수변[氵(水)]부/총11획	七 일곱 칠 한일[一]부/총2획	篇 책 편 대죽[竹]부/총15획	害 해할 해 갓머리[宀]부/총10획
請 청할 청 말씀언[言]부/총15획	侵 침노할 침 사람인변[亻(人)]부/총9획	平 평평할 평 방패간[干]부/총5획	解 풀 해 뿔각[角]부/총13획
聽 들을 청 귀이[耳]부/총22획	寢 잘 침 갓머리[宀]부/총14획	評 평할 평 말씀언[言]부/총12획	核 씨 핵 나무목[木]부/총10획
廳 관청 청 집엄[广]부/총25획	針 바늘 침 쇠금[金]부/총10획	閉 닫을 폐 문문[門]부/총11획	幸 다행 행 방패간[干]부/총8획
體 몸 체 뼈골[骨]부/총23획	稱 일컬을 칭 벼화[禾]부/총14획	包 쌀 포 쌀포[勹]부/총5획	行 다닐 행 다닐행[行]부/총6획
草 풀 초 초두[艹(艸)]부/총9획	快 쾌할 쾌 심방변[忄(心)]부/총7획	布 베 포 수건건[巾]부/총5획	向 향할 향 입구[口]부/총6획
初 처음 초 칼도[刀]부/총7획	他 다를 타 사람인변[亻(人)]부/총5획	砲 대포 포 돌석[石]부/총10획	鄕 시골 향 우부방[阝(邑)]부/총13획
招 부를 초 재방변[扌(手)]부/총8획	打 칠 타 재방변[扌(手)]부/총5획	胞 세포 포 육달월[月(肉)]부/총9획	香 향기 향 향기향[香]부/총9획
寸 마디 촌 마디촌[寸]부/총3획	卓 높을 탁 열십[十]부/총8획	暴 사나울 폭/모질 포 날일[日]부/총15획	許 허락할 허 말씀언[言]부/총11획
村 마을 촌 나무목[木]부/총7획	炭 숯 탄 불화[火]부/총9획	爆 불터질 폭 불화[火]부/총19획	虛 빌 허 범호밑[虍]부/총12획
總 다 총 실사[糸]부/총17획	彈 탄알 탄 활궁[弓]부/총15획	表 겉 표 옷의[衣]부/총8획	憲 법 헌 마음심[心]부/총16획
銃 총 총 쇠금[金]부/총14획	歎 탄식할 탄 하품흠방[欠]부/총15획	票 표 표 보일시[示]부/총11획	驗 시험 험 말마[馬]부/총23획
最 가장 최 가로왈[曰]부/총12획	脫 벗을 탈 육달월[月(肉)]부/총11획	標 표할 표 나무목[木]부/총15획	險 험할 험 좌부변[阝(阜)]부/총16획
秋 가을 추 벼화[禾]부/총9획	探 찾을 탐 재방변[扌(手)]부/총11획	品 물건 품 입구[口]부/총9획	革 가죽 혁 가죽혁[革]부/총9획
推 밀 추 재방변[扌(手)]부/총11획	太 클 태 큰대[大]부/총4획	風 바람 풍 바람풍[風]부/총9획	現 나타날 현 임금왕[王(玉)]부/총11획
祝 빌 축 보일시[示]부/총10획	態 모습 태 마음심[心]부/총14획	豊 풍년 풍 콩두[豆]부/총13획	賢 어질현 조개패[貝]부/총15획
築 쌓을 축 대죽[竹]부/총16획	宅 집 택 갓머리[宀]부/총6획	疲 피곤할 피 병들녁[疒]부/총10획	顯 나타날 현 머리혈[頁]부/총23획
蓄 모을 축 초두[艹(艸)]부/총13획	擇 가릴 택 재방변[扌(手)]부/총16획	避 피할 피 책받침[辶(辵)]부/총17획	血 피 혈 피혈[血]부/총6획
縮 줄일 축 실사[糸]부/총17획	土 흙 토 흙토[土]부/총3획	必 반드시 필 마음심[心]부/총5획	協 화할 협 열십[十]부/총8획
春 봄 춘 날일[日]부/총9획	討 칠 토 말씀언[言]부/총10획	筆 붓 필 대죽[竹]부/총12획	兄 맏 형 어진사람인[儿]부/총5획
出 날 출 입벌릴감[凵]부/총5획	通 통할 통 책받침[辶(辵)]부/총11획	下 아래 하 한일[一]부/총3획	形 모양 형 터럭삼[彡]부/총7획
充 채울 충 어진사람인[儿]부/총6획	統 거느릴 통 실사[糸]부/총12획	夏 여름 하 뒤져올치[夂]부/총10획	刑 형벌 형 선칼도방[刂(刀)]부/총6획
忠 충성 충 마음심[心]부/총8획	痛 아플 통 병들녁[疒]부/총12획	河 물 하 삼수변[氵(水)]부/총8획	惠 은혜 혜 마음심[心]부/총12획
蟲 벌레 충 벌레충[虫]부/총18획	退 물러날 퇴 책받침[辶(辵)]부/총10획	學 배울 학 아들자[子]부/총16획	號 이름 호 범호밑[虍]부/총13획
取 가질 취 또우[又]부/총8획	投 던질 투 재방변[扌(手)]부/총7획	韓 한국/나라 한 가죽위[韋]부/총17획	湖 호수 호 삼수변[氵(水)]부/총12획
就 나아갈 취 절름발이왕[尢]부/총12획	鬪 싸움투 싸움투[鬥]부/총20획	漢 한나라/한수 한 삼수변[氵(水)]부/총14획	呼 부를 호 입구[口]부/총8획
趣 뜻 취 달릴주[走]부/총15획	特 특별할 특 소우[牛]부/총10획	寒 찰 한 갓머리[宀]부/총12획	好 좋을 호 계집녀[女]부/총6획
測 헤아릴 측 삼수변[氵(水)]부/총12획	波 물결 파 삼수변[氵(水)]부/총8획	限 한할(한정할) 한 좌부변[阝(阜)]부/총9획	戶 집 호 지게호[戶]부/총4획
層 층 층 주검시[尸]부/총15획	破 깨뜨릴 파 돌석[石]부/총10획	恨 한(怨) 한 심방변[忄(心)]부/총9획	護 도울 호 말씀언[言]부/총20획
致 이를 치 이를지[至]부/총10획	派 갈래 파 삼수변[氵(水)]부/총9획	閑 한가할 한 문문[門]부/총12획	或 혹 혹 창과[戈]부/총8획
治 다스릴 치 삼수변[氵(水)]부/총8획	板 널 판 나무목[木]부/총8획	合 합할 합 입구[口]부/총6획	婚 혼인할 혼 계집녀[女]부/총11획
置 둘 치 그물망[罒(网)]부/총13획	判 판단할 판 선칼도방[刂(刀)]부/총7획	港 항구 항 삼수변[氵(水)]부/총12획	混 섞을 혼 삼수변[氵(水)]부/총11획
齒 이 치 이치[齒]부/총15획	八 여덟 팔 여덟팔[八]부/총2획	航 배 항 배주[舟]부/총10획	紅 붉을 홍 실사[糸]부/총9획

火	불 화 불화[火]부/총4획	確	굳을 확 돌석[石]부/총15획	回	돌아올 회 에울위[囗]부/총6획	揮	휘두를 휘 재방변[扌(手)]부/총12획
花	꽃 화 초두[艹(艸)]부/총7획	患	근심 환 마음심[心]부/총11획	灰	재 회 불화[火]부/총6획	休	쉴 휴 사람인변[亻(人)]부/총6획
話	말씀 화 말씀언[言]부/총13획	歡	기쁠 환 하품흠[欠]부/총21획	孝	효도 효 아들자[子]부/총7획	凶	흉할 흉 일벌릴감[凵]부/총4획
和	화할 화 입구[口]부/총8획	環	고리 환 구슬옥변[玉]부/총17획	效	본받을 효 등글월문[攵(攴)]부/총10획	黑	검을 흑 검을흑[黑]부/총12획
畫	그림 화/그을 획 밭전[田]부/총12획	活	살 활 삼수변[氵(水)]부/총9획	後	뒤 후 두인변[彳]부/총9획	吸	마실 흡 입구[口]부/총7획
化	될 화 비수비[匕]부/총4획	黃	누를 황 누를황[黃]부/총12획	候	기후 후 사람인변[亻(人)]부/총10획	興	일 흥 절구구[臼]부/총16획
貨	재물 화 조개패[貝]부/총11획	況	상황 황 삼수변[氵(水)]부/총8획	厚	두터울 후 굴바위엄[厂]부/총9획	希	바랄 희 수건건[巾]부/총7획
華	빛날 화 초두[艹(艸)]부/총11획	會	모일 회 날일[日]부/총13획	訓	가르칠 훈 말씀언[言]부/총10획	喜	기쁠 희 입구[口]부/총12획

✖ 섞음한자 사용법

섞음漢字를 사용하는 목적은 배정漢字 과정을 끝냈지만, 아직 암기되지 못한 漢字들을 무작위로 섞어서 읽을 수 있게 함으로써 확실하게 머리 속에 암기하기 위한 것이다. 다시 말하자면, 배정漢字 완결판이라고 할 수 있다.

배정한자는 가, 나, 다 순으로 나열되어 있어서 입담으로 읽기는 쉽지만 그 글자들이 漢字 급수시험이나 다른 책, 신문, 기타 출판물에 실려있을 땐 읽지 못한 경우가 허다하다. 그러나 섞음漢字 과정을 끝내면 그런 일은 없을 것이다.

❖ 사용법 ❖

1 반드시 5쪽부터의 배정漢字 1000字 과정을 적당히 써보고 읽을 줄 안 다음 섞음 漢字를 시작합니다. '섞음漢字'를 익힐 때는 가로나 세로를 통해서 잘 읽을 수 있도록 연습합니다. 섞음漢字 속에서 모르는 글자는 번호를 확인하여 섞음漢字訓音表에서 찾아 암기하도록 합니다. 검사할 때 틀린 글자는 세 번씩 쓰고 암기토록 합니다. 讀音쓰기와 訓·音쓰기를 할 때도 필요하다고 느낄 때는 몇 차례 더 해줌으로써 '완전하다' 하겠습니다.

2 13쪽 '섞음漢字훈음표'에 적힌 번호와 15쪽 '섞음漢字'에 적힌 번호는 서로 같으므로 섞음漢字속의 모르는 글자는 섞음漢字훈음표를 보고 찾아 확인할 수 있습니다.

3 '섞음漢字'를 다 끝내면 23쪽 반의결합어부터 차근차근 해 나갑니다. 모든 학생의 경우 예상문제를 풀어가는 도중에도 독음과 훈음문제를 합해서 3문제 이상 틀릴 때는 '섞음 漢字' 검사를 해주면 좋습니다.

※ '섞음漢字'를 잘 읽을 수 있다고 해서 쓰기까지 잘할 수 있는 것은 결코 아니므로, 쓰기공부도 열심해 해야 하겠습니다.

어문회 4급 배정漢字는 5급 500字에다 새로운 500字를 추가해서 1,000字입니다.

1 街 거리가	26 激 격할격	51 骨 뼈골	76 禁 금할금	101 盜 도둑도	126 輪 바퀴륜	151 訪 찾을방	176 粉 가루분	201 想 생각상	226 受 받을수
2 假 거짓가	27 擊 칠격	52 攻 칠공	77 奇 기특할기	102 毒 독독	127 律 법칙률	152 拜 절배	177 憤 분할분	202 狀 형상상/문서장	227 授 줄수
3 暇 틈가/겨를가	28 堅 굳을견	53 孔 구멍공	78 寄 부칠기	103 督 감독할독	128 離 떠날리	153 背 등배	178 佛 부처불	203 宣 베풀선	228 守 지킬수
4 刻 새길각	29 犬 개견	54 官 벼슬관	79 器 그릇기	104 銅 구리동	129 滿 찰만	154 配 나눌배/짝배	179 備 갖출비	204 舌 혀설	229 收 거둘수
5 覺 깨달을각	30 缺 이지러질결	55 管 대롱관/주관할관	80 紀 벼리기	105 斗 말두	130 妹 누이매	155 伐 칠벌	180 悲 슬플비	205 設 베풀설	230 秀 빼어날수
6 干 방패간	31 潔 깨끗할결	56 鑛 쇳돌광	81 起 일어날기	106 豆 콩두	131 脈 줄기맥	156 罰 벌할벌	181 非 아닐비	206 城 재성	231 叔 아재비숙
7 看 볼간	32 慶 경사경	57 究 연구할구	82 機 틀기	107 得 얻을득	132 勉 힘쓸면	157 犯 범할범	182 碑 비석비	207 盛 성할성	232 肅 엄숙할숙
8 簡 대쪽간/간략할간	33 傾 기울경	58 句 글귀구	83 暖 따뜻할난	108 燈 등등	133 鳴 울명	158 範 법범	183 批 비평할비	208 誠 정성성	233 純 순수할순
9 減 덜감	34 警 깨우칠경	59 求 구할구	84 難 어려울난	109 羅 벌일라	134 模 본뜰모	159 壁 벽벽	184 秘 숨길비	209 星 별성	234 崇 높을숭
10 甘 달감	35 驚 놀랄경	60 構 얽을구	85 納 들일납	110 亂 어지러울란	135 毛 터럭모	160 邊 가변	185 飛 날비	210 聖 성인성	235 承 이을승
11 敢 감히감/구태여감	36 境 지경경	61 君 임금군	86 努 힘쓸노	111 卵 알란	136 牧 칠목	161 辯 말씀변	186 貧 가난할빈	211 聲 소리성	236 詩 시시
12 監 볼감	37 鏡 거울경	62 群 무리군	87 怒 성낼노	112 覽 볼람	137 墓 무덤묘	162 保 지킬보	187 寺 절사	212 勢 형세세	237 施 베풀시
13 甲 갑옷갑	38 經 지날경	63 屈 굽힐굴	88 單 홑단	113 略 간략할략	138 妙 묘할묘	163 報 갚을보/알릴보	188 射 쏠사	213 稅 세금세	238 是 이시/옳을시
14 康 편안할강	39 系 이어맬계	64 宮 집궁	89 檀 박달나무단	114 兩 두량	139 務 힘쓸무	164 寶 보배보	189 謝 사례할사	214 細 가늘세	239 視 볼시
15 降 내릴강/항복할항	40 係 맬계	65 窮 다할궁	90 端 끝단	115 糧 양식량	140 武 호반무	165 步 걸음보	190 師 스승사	215 掃 쓸소	240 試 시험시
16 講 욀강	41 季 계절계	66 券 문서권	91 斷 끊을단	116 慮 생각할려	141 舞 춤출무	166 普 넓을보	191 舍 집사	216 笑 웃음소	241 息 쉴식
17 個 낱개	42 鷄 닭계	67 卷 책권	92 段 층계단	117 麗 고울려	142 味 맛미	167 伏 엎드릴복	192 私 사사사	217 素 본디소/흴소	242 申 남(원숭이)신/아뢸신
18 更 다시갱/고칠경	43 階 섬돌계	68 勸 권할권	93 達 통달할달	118 連 이을련	143 未 아닐미	168 復 회복할복/다시부	193 絲 실사	218 俗 풍속속	243 深 깊을심
19 居 살거	44 戒 경계할계	69 權 권세권	94 擔 멜담	119 列 벌일렬	144 密 빽빽할밀	169 複 겹칠복	194 辭 말씀사	219 屬 붙일속	244 氏 성씨씨
20 巨 클거	45 繼 이을계	70 歸 돌아갈귀	95 黨 무리당	120 烈 매울렬	145 博 넓을박	170 府 마을부	195 散 흩을산	220 續 이을속	245 眼 눈안
21 拒 막을거	46 故 연고고	71 均 고를균	96 帶 띠대	121 錄 기록할록	146 拍 칠박	171 副 버금부	196 殺 죽일살/감할쇄	221 損 덜손	246 暗 어두울암
22 據 근거거	47 孤 외로울고	72 劇 심할극	97 隊 무리대	122 論 논할론	147 髮 터럭발	172 富 부자부	197 傷 다칠상	222 松 소나무송	247 壓 누를압
23 傑 뛰어날걸	48 庫 곳집고	73 極 다할극	98 導 인도할도	123 龍 용룡	148 妨 방해할방	173 否 아닐부	198 象 코끼리상	223 頌 칭송할송/기릴송	248 液 진액액
24 儉 검소할검	49 穀 곡식곡	74 勤 부지런할근	99 徒 무리도	124 留 머무를류	149 防 막을방	174 婦 며느리부	199 常 떳떳할상	224 送 보낼송	249 額 이마액
25 檢 검사할검	50 困 곤할곤	75 筋 힘줄근	100 逃 도망할도	125 柳 버들류	150 房 방방	175 負 질부	200 床 상상	225 修 닦을수	250 樣 모양양

어문회 4급 '섞음漢字' 訓·音표 (배정漢字 추가분 500字)

어문회 4급 배정漢字는 5급 500字에다 새로운 500字를 추가해서 1,000字입니다.

251 羊 양 양	276 容 얼굴 용	301 依 의지할 의	326 低 낮을 저	351 濟 건널 제	376 衆 무리 중	401 泉 샘 천	426 快 쾌할 쾌	451 爆 불터질폭	476 刑 형벌 형
252 嚴 엄할 엄	277 遇 만날 우	302 儀 거동 의	327 底 밑 저	352 提 끌 제	377 增 더할 증	402 廳 관청 청	427 彈 탄알 탄	452 標 표할 표	477 惠 은혜 혜
253 餘 남을 여	278 優 넉넉할 우	303 義 옳을 의	328 敵 대적할 적	353 帝 임금 제	378 證 증거 증	403 聽 들을 청	428 歎 탄식할 탄	453 票 표 표	478 呼 부를 호
254 如 같을 여	279 郵 우편 우	304 議 의논할 의	329 適 맞을 적	354 除 덜 제	379 持 가질 지	404 請 청할 청	429 脫 벗을 탈	454 豊 풍년 풍	479 好 좋을 호
255 與 더불여/줄 여	280 源 근원 원	305 疑 의심할 의	330 積 쌓을 적	355 際 즈음제/가 제	380 指 가리킬 지	405 招 부를 초	430 探 찾을 탐	455 疲 피곤할 피	480 戶 집 호
256 域 지경 역	281 員 인원 원	306 異 다를 이	331 績 길쌈 적	356 祭 제사 제	381 志 뜻 지	406 總 다 총	431 態 모습 태	456 避 피할 피	481 護 도울 호
257 易 바꿀역/쉬울 이	282 圓 둥글 원	307 移 옮길 이	332 籍 문서 적	357 助 도울 조	382 誌 기록할 지	407 銃 총 총	432 擇 가릴 택	457 恨 한(怨) 한	482 或 혹 혹
258 逆 거스를 역	283 援 도울 원	308 益 더할 익	333 賊 도둑 적	358 組 짤 조	383 支 지탱할 지	408 推 밀 추	433 討 칠 토	458 限 한할(한정할) 한	483 婚 혼인할 혼
259 硏 갈 연	284 怨 원망할 원	309 仁 어질 인	334 專 오로지 전	359 潮 조수조/밀물 조	384 智 지혜지/슬기 지	409 蓄 모을 축	434 痛 아플 통	459 閑 한가할 한	484 混 섞을 혼
260 延 늘일 연	285 圍 에워쌀 위	310 認 알 인	335 轉 구를 전	360 早 이를 조	385 至 이를 지	410 築 쌓을 축	435 統 거느릴 통	460 抗 겨룰 항	485 紅 붉을 홍
261 鉛 납 연	286 衛 지킬 위	311 印 도장 인	336 錢 돈 전	361 條 가지 조	386 織 짤 직	411 縮 줄일 축	436 退 물러날 퇴	461 航 배 항	486 貨 재물 화
262 演 펼 연	287 爲 할 위	312 引 끌 인	337 田 밭 전	362 造 지을 조	387 職 직분 직	412 忠 충성 충	437 投 던질 투	462 港 항구 항	487 華 빛날 화
263 煙 연기 연	288 危 위태로울 위	313 姉 손윗누이 자	338 折 꺾을 절	363 鳥 새 조	388 陣 진칠 진	413 蟲 벌레 충	438 鬪 싸움 투	463 解 풀 해	488 確 굳을 확
264 燃 탈 연	289 委 맡길 위	314 姿 모양 자	339 絕 끊을 절	364 存 있을 존	389 珍 보배 진	414 取 가질 취	439 波 물결 파	464 核 씨 핵	489 歡 기쁠 환
265 緣 인연 연	290 威 위엄 위	315 資 재물 자	340 占 점령할점/점칠 점	365 尊 높을 존	390 進 나아갈 진	415 趣 뜻 취	440 破 깨뜨릴 파	465 鄕 시골 향	490 環 고리 환
266 映 비칠 영	291 慰 위로할 위	316 殘 남을 잔	341 點 점 점	366 宗 마루 종	391 盡 다할 진	416 就 나아갈 취	441 派 갈래 파	466 香 향기 향	491 況 상황 황
267 榮 영화 영	292 乳 젖 유	317 雜 섞을 잡	342 接 이을 접	367 從 좇을 종	392 眞 참 진	417 測 헤아릴 측	442 判 판단할 판	467 虛 빌 허	492 回 돌아올 회
268 營 경영할 영	293 儒 선비 유	318 腸 창자 장	343 丁 고무래 정	368 鍾 쇠북 종	393 差 다를 차	418 層 층 층	443 篇 책 편	468 憲 법 헌	493 灰 재 회
269 迎 맞을 영	294 遊 놀 유	319 壯 장할 장	344 程 한도정/길 정	369 座 자리 좌	394 次 버금 차	419 置 둘 치	444 評 평할 평	469 險 험할 험	494 候 기후 후
270 藝 재주 예	295 遺 남길 유	320 裝 꾸밀 장	345 政 정사 정	370 周 두루 주	395 讚 기릴 찬	420 治 다스릴 치	445 閉 닫을 폐	470 驗 시험 험	495 厚 두터울 후
271 豫 미리 예	296 肉 고기 육	321 獎 장려할 장	346 整 가지런할 정	371 朱 붉을 주	396 察 살필 찰	421 齒 이 치	446 包 쌀 포	471 革 가죽 혁	496 揮 휘두를 휘
272 誤 그르칠 오	297 隱 숨을 은	322 將 장수 장	347 精 정할(깨끗할) 정	372 走 달릴 주	397 創 비롯할 창	422 侵 침노할 침	447 砲 대포 포	472 賢 어질 현	497 吸 마실 흡
273 玉 구슬 옥	298 恩 은혜 은	323 帳 장막 장	348 靜 고요할 정	373 酒 술 주	398 採 캘 채	423 寢 잘 침	448 胞 세포 포	473 顯 나타날 현	498 興 일 흥
274 往 갈 왕	299 陰 그늘 음	324 張 베풀 장	349 制 절제할 제	374 竹 대 죽	399 冊 책 책	424 針 바늘 침	449 布 베 포	474 血 피 혈	499 喜 기쁠 희
275 謠 노래 요	300 應 응할 응	325 障 막을 장	350 製 지을 제	375 準 준할 준	400 稱 일컬을 칭	425 稱 일컬을 칭	450 暴 사나울폭/모질 포	475 協 화할 협	500 希 바랄 희

※현 상태에서 가로와 세로를 좇아서 읽기를 반복하여 거의 읽을 수 있도록 합니다. (대각선으로 읽어도 됨)
여기 '석음漢字'에 쓰인 번호와 앞부분에 있는 '석음漢字 訓音표'와 번호가 같으므로 틀린 글자는 확인하여 3번씩 쓰고 암기합니다.
※잘 읽을 수 있다고 할지라도 시험 며칠전에는 가위로 잘라서 다시 검사하면 최상의 효과가 날 것입니다.

低	故	均	留	稱	繼	血	鑛	治	慰
□ 326	□ 46	□ 71	□ 124	□ 425	□ 45	□ 474	□ 56	□ 420	□ 291
壓	配	慶	勢	讚	達	骨	依	護	刻
□ 247	□ 154	□ 32	□ 212	□ 395	□ 93	□ 51	□ 301	□ 481	□ 4
羅	額	榮	戶	條	殺	周	設	監	防
□ 109	□ 249	□ 267	□ 480	□ 361	□ 196	□ 370	□ 205	□ 12	□ 149
掃	優	厚	布	混	連	誤	移	甲	講
□ 215	□ 278	□ 495	□ 449	□ 484	□ 118	□ 272	□ 307	□ 13	□ 16
鳥	武	單	鳴	縮	秘	壯	討	爲	迎
□ 363	□ 140	□ 88	□ 133	□ 411	□ 184	□ 319	□ 433	□ 287	□ 269
資	證	儒	探	婦	味	認	顯	降	模
□ 315	□ 378	□ 293	□ 430	□ 174	□ 142	□ 310	□ 473	□ 15	□ 134
麗	視	閉	程	罰	犯	副	祭	嚴	脈
□ 117	□ 239	□ 445	□ 344	□ 156	□ 157	□ 171	□ 356	□ 252	□ 131
寢	進	乳	妨	覽	異	拒	殘	碑	檀
□ 423	□ 390	□ 292	□ 148	□ 112	□ 306	□ 21	□ 316	□ 182	□ 89
隱	姿	砲	爆	負	康	歎	悲	貧	暇
□ 297	□ 314	□ 447	□ 451	□ 175	□ 14	□ 428	□ 180	□ 186	□ 3
怨	投	疑	導	制	卷	伐	營	紀	印
□ 284	□ 437	□ 305	□ 98	□ 349	□ 67	□ 155	□ 268	□ 80	□ 311
守	緣	灰	衛	素	委	丁	經	筋	帝
□ 228	□ 265	□ 493	□ 286	□ 217	□ 289	□ 343	□ 38	□ 75	□ 353
恨	簡	採	招	斷	群	備	輪	與	脫
□ 457	□ 8	□ 398	□ 405	□ 91	□ 62	□ 179	□ 126	□ 255	□ 429
暖	威	傾	得	肉	映	床	盧	攻	賊
□ 83	□ 290	□ 33	□ 107	□ 296	□ 266	□ 200	□ 467	□ 52	□ 333

◇ 특허 : 제10-0636034호

慰 291	治 420	鑛 56	血 474	繼 45	稱 425	留 124	均 71	故 46	低 326
刻 4	護 481	依 301	骨 51	達 93	讚 395	勢 212	慶 32	配 154	壓 247
防 149	監 12	設 205	周 370	殺 196	條 361	戶 480	榮 267	額 249	羅 109
講 16	甲 13	移 307	誤 272	連 118	混 484	布 449	厚 495	優 278	掃 215
迎 269	爲 287	討 433	壯 319	秘 184	縮 411	鳴 133	單 88	武 140	鳥 363
模 134	降 15	顯 473	認 310	味 142	婦 174	探 430	儒 293	證 378	資 315
脈 131	嚴 252	祭 356	副 171	犯 157	罰 156	程 344	閉 445	視 239	麗 117
檀 89	碑 182	殘 316	拒 21	異 306	覽 112	妨 148	乳 292	進 390	寢 423
暇 3	貧 186	悲 180	歡 428	康 14	負 175	爆 451	砲 447	姿 314	隱 297
印 311	紀 80	營 268	伐 155	卷 67	制 349	導 98	疑 305	投 437	怨 284
帝 353	筋 75	經 38	丁 343	委 289	素 217	衛 286	灰 493	緣 265	守 228
脫 429	與 255	輪 126	備 179	群 62	斷 91	招 405	採 398	簡 8	恨 457
賊 333	攻 52	盧 467	床 200	映 266	肉 296	得 107	傾 33	威 290	暖 83

※현 상태에서 가로와 세로를 좇아서 읽기를 반복하여 거의 읽을 수 있도록 합니다. (대각선으로 읽어도 됨)
여기 '석음漢字'에 쓰인 번호와 앞부분에 있는 '석음漢字 訓音표'와 번호가 같으므로 틀린 글자는 확인하여 3번씩 쓰고 암기합니다.
※잘 읽을 수 있다고 할지라도 시험 며칠전에는 가위로 잘라서 다시 검사하면 최상의 효과가 날 것입니다.

師	潮	謝	階	究	寄	暗	戒	修	抗
190	359	189	43	57	78	246	44	225	460
煙	頌	憤	盡	冊	研	絲	傑	寺	源
263	223	177	391	399	259	193	23	187	280
帶	密	次	提	彈	靜	妙	施	至	收
96	144	394	352	427	348	138	237	385	229
底	龍	努	圍	朱	散	擔	泉	黨	訪
327	123	86	285	371	195	94	401	95	151
適	盛	富	惠	怒	句	轉	斗	堅	亂
329	207	172	477	87	58	335	105	28	110
呼	聖	存	聲	針	從	走	閑	隊	希
478	210	364	211	424	367	372	459	97	500
鉛	早	孔	檢	議	雜	構	衆	受	或
261	360	53	25	304	317	60	376	226	482
卵	支	律	喜	承	儉	缺	笑	暴	篇
111	383	127	499	235	24	30	216	450	443
總	擇	券	港	燃	報	助	徒	極	背
406	432	66	462	264	163	357	99	73	153
毒	增	烈	環	想	易	張	是	鏡	求
102	377	120	490	201	257	324	238	37	59
屈	干	季	興	起	否	造	糧	鍾	略
63	6	41	498	81	173	362	115	368	113
銃	派	如	判	假	疲	奇	志	舞	餘
407	441	254	442	2	455	77	381	141	253
博	濟	障	街	域	困	複	牧	裝	宣
145	351	325	1	256	50	169	136	320	203

※ 이 학습교재의 복사, 복제, 전제, 모방을 금함   ◇ 특허 : 제10-0636034호

抗 460	修 225	戒 44	暗 246	寄 78	究 57	階 43	謝 189	潮 359	師 190
源 280	寺 187	傑 23	絲 193	研 259	冊 399	盡 391	憤 177	頌 223	煙 263
收 229	至 385	施 237	妙 138	靜 348	彈 427	提 352	次 394	密 144	帶 96
訪 151	黨 95	泉 401	擔 94	散 195	朱 371	圍 285	努 86	龍 123	底 327
亂 110	堅 28	斗 105	轉 335	句 58	怒 87	惠 477	富 172	盛 207	適 329
希 500	隊 97	閑 459	走 372	從 367	針 424	聲 211	存 364	聖 210	呼 478
或 482	受 226	衆 376	構 60	雜 317	議 304	檢 25	孔 53	早 360	鉛 261
篇 443	暴 450	笑 216	缺 30	儉 24	承 235	喜 499	律 127	支 383	卵 111
背 153	極 73	徒 99	助 357	報 163	燃 264	港 462	券 66	擇 432	總 406
求 59	鏡 37	是 238	張 324	易 257	想 201	環 490	烈 120	增 377	毒 102
略 113	鍾 368	糧 115	造 362	否 173	起 81	興 498	季 41	干 6	屈 63
餘 253	舞 141	志 381	奇 77	疲 455	假 2	判 442	如 254	派 441	銃 407
宣 203	裝 320	牧 136	複 169	困 50	域 256	街 1	障 325	濟 351	博 145

※현 상태에서 가로와 세로를 좇아서 읽기를 반복하여 거의 읽을 수 있도록 합니다. (대각선으로 읽어도 됨)
여기 '석음漢字'에 쓰인 번호와 앞부분에 있는 '석음漢字 訓音표'와 번호가 같으므로 틀린 글자는 확인하여 3번씩 쓰고 암기합니다.
※잘 읽을 수 있다고 할지라도 시험 며칠전에는 가위로 잘라서 다시 검사하면 최상의 효과가 날 것입니다.

燈	更	肅	墓	覺	論	孤	豆	係	錄
108	18	232	137	5	122	47	106	40	121
延	端	狀	候	退	逃	私	珍	豫	松
260	90	202	494	436	100	192	389	271	222
聽	玉	君	純	眼	指	離	巨	藝	官
403	273	61	233	245	380	128	20	270	54
警	射	險	侵	持	蟲	宮	秀	鷄	伏
34	188	469	422	379	413	64	230	42	167
豊	整	引	細	穀	勸	痛	辭	尊	宗
454	346	312	214	49	68	434	194	365	366
職	協	步	接	折	稅	妹	況	核	快
387	475	166	342	338	213	130	491	464	426
限	納	層	髮	範	鬪	航	陣	列	酒
458	85	418	147	158	438	461	388	119	373
房	激	遺	製	擊	態	羊	毛	察	送
150	26	295	350	27	431	251	135	396	224
香	拜	取	飛	田	非	占	廳	甘	績
466	152	414	185	337	181	340	402	10	331
保	華	就	趣	統	請	處	圓	寶	波
162	487	416	415	435	404	400	282	164	439
個	城	減	邊	試	仁	益	避	居	忠
17	206	9	160	240	309	308	456	19	412
應	敢	器	婚	象	貨	復	驚	歸	督
300	11	79	483	198	486	168	35	70	103
據	紅	銅	齒	申	眞	胞	創	準	勉
22	485	104	421	242	392	448	397	375	132

※ 이 학습교재의 복사, 복제, 전제, 모방을 금함

◇ 특허 : 제10-0636034호

錄 121	係 40	豆 106	孤 47	論 122	覺 5	墓 137	肅 232	更 18	燈 108
松 222	豫 271	珍 389	私 192	逃 100	退 436	候 494	狀 202	端 90	延 260
官 54	藝 270	巨 20	離 128	指 380	眼 245	純 233	君 61	玉 273	聽 403
伏 167	鷄 42	秀 230	宮 64	蟲 413	持 379	侵 422	險 469	射 188	警 34
宗 366	尊 365	辭 194	痛 434	勸 68	穀 49	細 214	引 312	整 346	豐 454
快 426	核 464	況 491	妹 130	稅 213	折 338	接 342	步 166	協 475	職 387
酒 373	列 119	陣 388	航 461	鬪 438	範 158	髮 147	層 418	納 85	限 458
送 224	察 396	毛 135	羊 251	態 431	擊 27	製 350	遺 295	激 26	房 150
績 331	甘 10	廳 402	占 340	非 181	田 337	飛 185	取 414	拜 152	香 466
波 439	寶 164	圓 282	處 400	請 404	統 435	趣 415	就 416	華 487	保 162
忠 412	居 19	避 456	益 308	仁 309	試 240	邊 160	減 9	城 206	個 17
督 103	歸 70	驚 35	復 168	貨 486	象 198	婚 483	器 79	敢 11	應 300
勉 132	準 375	創 397	胞 448	眞 392	申 242	齒 421	銅 104	紅 485	據 22

劇	遇	逆	義	勤	包	樣	謠	賢	蓄
72	277	258	303	74	446	250	275	472	409

損	批	敵	容	腸	差	政	辯	續	盜
221	183	328	276	318	393	345	161	220	101

看	遊	液	絶	詩	深	滿	犬	籍	郵
7	294	248	339	236	243	129	29	332	279

積	際	務	屬	機	慮	錢	崇	竹	智
330	355	139	219	82	116	336	234	374	384

兩	段	座	俗	危	組	未	專	標	好
114	92	369	218	288	358	143	334	452	479

評	鄕	歡	援	普	舍	確	精	授	柳
444	465	489	283	165	191	488	347	227	125

府	測	奬	常	息	誌	築	壁	揮	難
170	417	321	199	241	382	410	159	496	84

陰	刑	憲	員	境	置	誠	吸	管	禁
299	476	468	281	36	419	208	497	55	76

恩	星	儀	舌	票	潔	解	推	破	權
298	209	302	204	453	31	463	408	440	69

窮	粉	帳	演	回	織	叔	佛	傷	驗
65	176	323	262	492	386	231	178	197	470

拍	點	庫	將	姉	氏	革	往	除	系
146	341	48	322	313	244	471	274	354	39

※ '섞음漢字'의 암기가 끝날 무렵에는 各 漢字 밑에 訓·音을 써 보세요.

◇ 특허 : 제10-0636034호

蓄	賢	謠	樣	包	勤	義	逆	遇	劇
□ 409	□ 472	□ 275	□ 250	□ 446	□ 74	□ 303	□ 258	□ 277	□ 72
盜	績	辯	政	差	腸	容	敵	批	損
□ 101	□ 220	□ 161	□ 345	□ 393	□ 318	□ 276	□ 328	□ 183	□ 221
郵	籍	犬	滿	深	詩	絶	液	遊	看
□ 279	□ 332	□ 29	□ 129	□ 243	□ 236	□ 339	□ 248	□ 294	□ 7
智	竹	崇	錢	慮	機	屬	務	際	積
□ 384	□ 374	□ 234	□ 336	□ 116	□ 82	□ 219	□ 139	□ 355	□ 330
好	標	專	未	組	危	俗	座	段	兩
□ 479	□ 452	□ 334	□ 143	□ 358	□ 288	□ 218	□ 369	□ 92	□ 114
柳	授	精	確	舍	普	援	歡	鄉	評
□ 125	□ 227	□ 347	□ 488	□ 191	□ 165	□ 283	□ 489	□ 465	□ 444
難	揮	壁	築	誌	息	常	獎	測	府
□ 84	□ 496	□ 159	□ 410	□ 382	□ 241	□ 199	□ 321	□ 417	□ 170
禁	管	吸	誠	置	境	員	憲	刑	陰
□ 76	□ 55	□ 497	□ 208	□ 419	□ 36	□ 281	□ 468	□ 476	□ 299
權	破	推	解	潔	票	舌	儀	星	恩
□ 69	□ 440	□ 408	□ 463	□ 31	□ 453	□ 204	□ 302	□ 209	□ 298
驗	傷	佛	叔	織	回	演	帳	粉	窮
□ 470	□ 197	□ 178	□ 231	□ 386	□ 492	□ 262	□ 323	□ 176	□ 65
系	除	往	革	氏	姊	將	庫	點	拍
□ 39	□ 354	□ 274	□ 471	□ 244	□ 313	□ 322	□ 48	□ 341	□ 146

※ 두글자 모두이거나, 아니면 어느 한쪽글자는 4급 쓰기 배정漢字(5급 배정漢字) 500字내에서 출제됩니다.

可否 (옳을 가, 아닐 부)

加減 (더할 가, 덜 감)

干戈 (방패 간, 창 과)

甘苦 (달 감, 쓸 고)

江山 (물 강, 뫼 산)

降登 (내릴 강, 오를 등)

强弱 (강할 강, 약할 약)

開閉 (열 개, 닫을 폐)

去來 (갈 거, 올 래)

巨小 (클 거, 작을 소)

京鄕 (서울 경, 시골 향)

輕重 (가벼울 경, 무거울 중)

高低 (높을 고, 낮을 저)

古今 (예 고, 이제 금)

苦樂 (괴로울 고, 즐길 락)

曲直 (굽을 곡, 곧을 직)

骨肉 (뼈 골, 살 육)

公私 (공평할 공, 사사 사)

功過 (공 공, 허물 과)

攻防 (칠 공, 막을 방)

官民 (벼슬 관, 백성 민)

敎學 (가르칠 교, 배울 학)

君臣 (임금 군, 신하 신)

屈直 (굽을 굴, 곧을 직)

起伏 (일어날 기, 엎드릴 복)

吉凶 (길할 길, 흉할 흉)

難易 (어려울 난, 쉬울 이)

男女 (사내 남, 계집 녀)

南北 (남녘 남, 북녘 북)

多少 (많을 다, 적을 소)

單複 (홑 단, 겹칠 복)

斷續 (끊을 단, 이을 속)

當落 (마땅할 당, 떨어질 락)

大小 (큰 대, 작을 소)

都農 (도읍 도, 농사 농)

動靜 (움직일 동, 고요할 정)

同異 (같을 동, 다를 이)

東西 (동녘 동, 서녘 서)

得失 (얻을 득, 잃을 실)

勞使 (일할 로, 부릴 사)

老少 (늙을 로, 젊을 소)

陸海 (뭍 륙, 바다 해)

利害 (이로울 리, 해로울 해)

賣買 (팔 매, 살 매)

明暗 (밝을 명, 어두울 암)

問答 (물을 문, 대답할 답)

文武 (글월 문, 호반 무)

物心 (물건 물, 마음 심)

班常 (양반 반, 상사람 상)

發着 (떠날 발, 다다를 착)

方圓 (모 방, 둥글 원)

本末 (밑 본, 끝 말)

夫婦 (지아비 부, 아내 부)

分合 (나눌 분, 합할 합)

悲歡 (슬플 비, 기쁠 환)

貧富 (가난 빈, 부자 부)

氷炭 (얼음 빙, 숯 탄)

死生 (죽을 사, 살 생)

師弟 (스승 사, 제자 제)

死活 (죽을 사, 살 활)

山川 (뫼 산, 내 천)

山河 (뫼 산, 물 하)

散集 (흩을 산, 모일 집)

上下 (위 상, 아래 하)

賞罰 (상줄 상, 벌할 벌)

殺生 (죽일 살, 살 생)

善惡 (착할 선, 악할 악)

先後 (먼저 선, 뒤 후)

成敗 (이룰 성, 패할 패)

續切 (이을 속, 끊을 절)

損益 (덜 손, 더할 익)

送迎 (보낼 송, 맞을 영)

水陸 (물 수, 뭍 륙)

手足 (손 수, 발 족)

收支 (거둘 수, 지급할 지)

受給 (받을 수, 줄 급)

授受 (줄 수, 받을 수)

順逆 (좇을 순, 거스릴 역)

勝負 (이길 승, 질 부)

勝敗 (이길 승, 패할 패)

是非 (옳을 시, 그릇될 비)

始終 (비로소 시, 끝 종)

始末 (비로소 시, 끝 말)

信疑 (믿을 신, 의심할 의)

新舊 (새 신, 예 구)

心身 (마음 심, 몸 신)

安危 (편안할 안, 위태로울 위)

言行 (말씀 언, 행할 행)

與野 (참여할 여, 민간 야)

如差 (같을 여, 다를 차)

溫冷 (따뜻할 온, 찰 랭)

往來 (갈 왕, 올 래)

往復 (갈 왕, 회복할 복)

遠近 (멀 원, 가까울 근)

有無 (있을 유, 없을 무)

恩怨 (은혜 은, 원망할 원)

隱現 (숨을 은, 나타날 현)
陰陽 (그늘 음, 볕 양)
因果 (인할 인, 실과 과)
自他 (스스로 자, 남 타)
自至 (부터 자, 이를 지)
昨今 (어제 작, 오늘 금)
長短 (긴 장, 짧을 단)
將卒 (장수 장, 군사 졸)
將兵 (장수 장, 군사 병)
前後 (앞 전, 뒤 후)
戰和 (싸울 전, 화할 화)
正誤 (바를 정, 그르칠 오)
朝夕 (아침 조, 저녁 석)

朝野 (조정 조, 민간 야)
祖孫 (할아비 조, 손자 손)
存亡 (있을 존, 망할 망)
左右 (왼 좌, 오른 우)
主客 (주인 주, 손 객)
晝夜 (낮 주, 밤 야)
進退 (나갈 진, 물러날 퇴)
眞假 (참 진, 거짓 가)
集配 (모을 집, 나눌 배)
集散 (모을 집, 흩을 산)
天地 (하늘 천, 따지)
春秋 (봄 춘, 가을 추)
出缺 (날 출, 빠질 결)

出入 (나갈 출, 들 입)
出納 (날 출, 드릴 납)
忠逆 (충성 충, 거스릴 역)
投打 (던질 투, 칠 타)
豊凶 (풍성할 풍, 흉년 흉)
學訓 (배울 학, 가르칠 훈)
寒暖 (찰 한, 더울 난)
虛實 (헛될 허, 참 실)
好惡 (좋을 호, 나쁠 악)
和戰 (화할 화, 싸울 전)
黑白 (검을 흑, 흰 백)
興亡 (일 흥, 망할 망)
喜怒 (기쁠 희, 성낼 노)
喜悲 (기쁠 희, 슬플 비)

❊ 상대어 (相對語), 반대어 (反對語) 뜻이 서로 반대되는 한자어

可決 (가결) ↔ 否決 (부결)
加入 (가입) ↔ 脫退 (탈퇴)
減少 (감소) ↔ 增加 (증가)
感情 (감정) ↔ 理性 (이성)
個別 (개별) ↔ 合同 (합동)
開會 (개회) ↔ 閉會 (폐회)
客觀 (객관) ↔ 主觀 (주관)
拒絶 (거절) ↔ 承認 (승인)
健康 (건강) ↔ 病弱 (병약)
缺席 (결석) ↔ 出席 (출석)
結婚 (결혼) ↔ 離婚 (이혼)
輕減 (경감) ↔ 加重 (가중)
輕視 (경시) ↔ 重視 (중시)
固定 (고정) ↔ 流動 (유동)
曲線 (곡선) ↔ 直線 (직선)
困難 (곤란) ↔ 容易 (용이)

公的 (공적) ↔ 私的 (사적)
過去 (과거) ↔ 未來 (미래)
光明 (광명) ↔ 暗黑 (암흑)
權利 (권리) ↔ 義務 (의무)
君子 (군자) ↔ 小人 (소인)
樂觀 (낙관) ↔ 悲觀 (비관)
朗讀 (낭독) ↔ 默讀 (묵독)
內容 (내용) ↔ 形式 (형식)
能動 (능동) ↔ 受動 (수동)
單式 (단식) ↔ 複式 (복식)
單純 (단순) ↔ 複雜 (복잡)
單一 (단일) ↔ 複合 (복합)
獨立 (독립) ↔ 從屬 (종속)
登場 (등장) ↔ 退場 (퇴장)
母音 (모음) ↔ 子音 (자음)
無形 (무형) ↔ 有形 (유형)

問題 (문제) ↔ 解答 (해답)
文語 (문어) ↔ 口語 (구어)
文官 (문관) ↔ 武官 (무관)
文化 (문화) ↔ 自然 (자연)
物質 (물질) ↔ 精神 (정신)
未備 (미비) ↔ 完備 (완비)
發達 (발달) ↔ 退步 (퇴보)
放心 (방심) ↔ 操心 (조심)
背恩 (배은) ↔ 報恩 (보은)
別居 (별거) ↔ 同居 (동거)
保守 (보수) ↔ 進步 (진보)
保守 (보수) ↔ 改革 (개혁)
服從 (복종) ↔ 反抗 (반항)
本業 (본업) ↔ 副業 (부업)
部分 (부분) ↔ 全體 (전체)
否認 (부인) ↔ 是認 (시인)

상대어(相對語), 반대어(反對語)

뜻이 반대되는 한자어

富者(부자) ↔ 貧者(빈자)
分斷(분단) ↔ 連結(연결)
分離(분리) ↔ 統合(통합)
不法(불법) ↔ 合法(합법)
不運(불운) ↔ 幸運(행운)
不幸(불행) ↔ 幸福(행복)
貧困(빈곤) ↔ 富裕(부유)
祕密(비밀) ↔ 公開(공개)
死後(사후) ↔ 生前(생전)
相對(상대) ↔ 絶對(절대)
生花(생화) ↔ 造花(조화)
善意(선의) ↔ 惡意(악의)
先天(선천) ↔ 後天(후천)
成熟(성숙) ↔ 未熟(미숙)
成功(성공) ↔ 失敗(실패)
消極(소극) ↔ 積極(적극)
所得(소득) ↔ 損失(손실)
消費(소비) ↔ 生產(생산)
勝利(승리) ↔ 敗北(패배)
始發(시발) ↔ 終着(종착)
實質(실질) ↔ 形式(형식)

安全(안전) ↔ 危險(위험)
逆行(역행) ↔ 順行(순행)
溫情(온정) ↔ 冷情(냉정)
原則(원칙) ↔ 變則(변칙)
原因(원인) ↔ 結果(결과)
恩惠(은혜) ↔ 怨恨(원한)
異常(이상) ↔ 正常(정상)
利益(이익) ↔ 損失(손실)
理想(이상) ↔ 現實(현실)
人爲(인위) ↔ 自然(자연)
入金(입금) ↔ 出金(출금)
立體(입체) ↔ 平面(평면)
入港(입항) ↔ 出港(출항)
自動(자동) ↔ 手動(수동)
自意(자의) ↔ 他意(타의)
自立(자립) ↔ 依存(의존)
長點(장점) ↔ 短點(단점)
長篇(장편) ↔ 短篇(단편)
敵對(적대) ↔ 友好(우호)
前半(전반) ↔ 後半(후반)
前進(전진) ↔ 後進(후진)

切斷(절단) ↔ 連結(연결)
絶望(절망) ↔ 希望(희망)
正當(정당) ↔ 不當(부당)
正常(정상) ↔ 異常(이상)
正午(정오) ↔ 子正(자정)
晝間(주간) ↔ 夜間(야간)
直接(직접) ↔ 間接(간접)
進級(진급) ↔ 降等(강등)
質疑(질의) ↔ 應答(응답)
增進(증진) ↔ 減退(감퇴)
差別(차별) ↔ 平等(평등)
着席(착석) ↔ 起立(기립)
最初(최초) ↔ 最終(최종)
退去(퇴거) ↔ 轉入(전입)
退院(퇴원) ↔ 入院(입원)
快樂(쾌락) ↔ 苦痛(고통)
破婚(파혼) ↔ 約婚(약혼)
敗戰(패전) ↔ 勝戰(승전)
豊年(풍년) ↔ 凶年(흉년)
形式(형식) ↔ 內容(내용)
好況(호황) ↔ 不況(불황)
稀貴(희귀) ↔ 許多(허다)

☞ **26쪽의 정답**

① 來 ② 小 ③ 冷 ④ 足 ⑤ 退 ⑥ 夏 ⑦ 夕 ⑧ 終 ⑨ 直 ⑩ 卒, 兵 ⑪ 終, 末 ⑫ 別 ⑬ 溫 ⑭ 後 ⑮ 入 ⑯ 易 ⑰ 女 ⑱ 直 ⑲ 民 ⑳ 和 ㉑ 失 ㉒ 今 ㉓ 敗 ㉔ 小 ㉕ 登 ㉖ 訓 ㉗ 短 ㉘ 北 ㉙ 近 ㉚ 山 ㉛ 敗 ㉜ 臣 ㉝ 重 ㉞ 河 ㉟ 害 ㊱ 炭 ㊲ 集, 會 ㊳ 弟 ㊴ 客 ㊵ 弱 ㊶ 活 ㊷ 果 ㊸ 秋 ㊹ 合 ㊺ 和 ㊻ 海 ㊼ 夜 ㊽ 下 ㊾ 生 ㊿ 少 (51) 末 (52) 凶 (53) 誤 (54) 亡 (55) 野 (56) 京 (57) 自 (58) 班 (59) 文 (60) 問 (61) 恩 (62) 可 (63) 明 (64) 安 (65) 高 (66) 賞 (67) 開 (68) 祖 (69) 賣 (70) 寒 (71) 同 (72) 來 (73) 集 (74) 加 (75) 甘 (76) 動 (77) 勝 (78) 始, 本 (79) 有 (80) 方 (81) 心 (82) 支 (83) 農 (84) 惡 (85) 樂 (86) 陽 (87) 非 (88) 順,忠 (89) 勞 (90) 夫 (91) 功 (92) 班, 分 (93) 如

☞ **27쪽 상단의 정답**

(94) 亡 (95) 惡 (96) 遠 (97) 後 (98) 火 (99) 心 (100) 來 (101) 落 (102) 學 (103) 西 (104) 給 (105) 發 (106) 正 (107) 公 (108) 安 (109) 信 (110) 黑 (111) 新 (112) 往 (113) 集 (114) 豊 (115) 投 (116) 出 (117) 主 (118) 今 (119) 怒, 悲 (120) 暖

✕ 다음 漢字와 반대(대립)되는 漢字를 써서 單語(漢字語)를 완성하시오.

※ 맨 나중에는 가위로 잘라서 섞어진 상태에서 시험을 봅니다.　　　　※ 정답은 25쪽 하단에 있음.

1. 去 ↔ ( )	16. 難 ↔ ( )	31. 勝 ↔ ( )
2. 大 ↔ ( )	17. 男 ↔ ( )	32. 君 ↔ ( )
3. 暖 ↔ ( )	18. 屈 ↔ ( )	33. 輕 ↔ ( )
4. 手 ↔ ( )	19. 官 ↔ ( )	34. 山 ↔ ( )
5. 進 ↔ ( )	20. 爭 ↔ ( )	35. 利 ↔ ( )
6. 冬 ↔ ( )	21. 得 ↔ ( )	36. 氷 ↔ ( )
7. 朝 ↔ ( )	22. 古 ↔ ( )	37. 散 ↔ ( )
8. 初 ↔ ( )	23. 成 ↔ ( )	38. 師 ↔ ( )
9. 曲 ↔ ( )	24. 巨 ↔ ( )	39. 主 ↔ ( )
10. 將 ↔ ( )	25. 降 ↔ ( )	40. 強 ↔ ( )
11. 始 ↔ ( )	26. 學 ↔ ( )	41. 死 ↔ ( )
12. 合 ↔ ( )	27. 長 ↔ ( )	42. 因 ↔ ( )
13. 冷 ↔ ( )	28. 南 ↔ ( )	43. 春 ↔ ( )
14. 前 ↔ ( )	29. 遠 ↔ ( )	44. 分 ↔ ( )
15. 出 ↔ ( )	30. 江 ↔ ( )	45. 戰 ↔ ( )

.

✕ 다음 漢字와 반대(대립)되는 漢字를 써서 單語(漢字語)를 완성하시오.

46. 陸 ↔ ( )	62. ( ) ↔ 否	78. ( ) ↔ 末
47. 晝 ↔ ( )	63. ( ) ↔ 暗	79. ( ) ↔ 無
48. 上 ↔ ( )	64. ( ) ↔ 危	80. ( ) ↔ 圓
49. 死 ↔ ( )	65. ( ) ↔ 低	81. ( ) ↔ 身
50. 老 ↔ ( )	66. ( ) ↔ 罰	82. 收 ↔ ( )
51. 本 ↔ ( )	67. ( ) ↔ 閉	83. 都 ↔ ( )
52. 吉 ↔ ( )	68. ( ) ↔ 孫	84. 好 ↔ ( )
53. 正 ↔ ( )	69. ( ) ↔ 買	85. 苦 ↔ ( )
54. 興 ↔ ( )	70. ( ) ↔ 暖	86. 陰 ↔ ( )
55. 與 ↔ ( )	71. ( ) ↔ 異	87. 是 ↔ ( )
56. ( ) ↔ 鄕	72. ( ) ↔ 往	88. ( ) ↔ 逆
57. ( ) ↔ 他	73. ( ) ↔ 配	89. ( ) ↔ 使
58. ( ) ↔ 常	74. ( ) ↔ 減	90. ( ) ↔ 婦
59. ( ) ↔ 武	75. ( ) ↔ 苦	91. ( ) ↔ 過
60. ( ) ↔ 答	76. ( ) ↔ 靜	92. ( ) ↔ 合
61. ( ) ↔ 怨	77. ( ) ↔ 負	93. ( ) ↔ 差

✺ 다음 漢字와 반대(대립되는) 漢字를 써서 單語(漢字語)를 완성하시오.

※ 정답은 25쪽 하단에 있음.

94. 存 ↔ ( )	103. 東 ↔ ( )	112. ( ) ↔ 復
95. 善 ↔ ( )	104. 受 ↔ ( )	113. ( ) ↔ 散
96. 近 ↔ ( )	105. ( ) ↔ 着	114. ( ) ↔ 凶
97. 先 ↔ ( )	106. ( ) ↔ 誤	115. ( ) ↔ 打
98. 水 ↔ ( )	107. ( ) ↔ 私	116. ( ) ↔ 缺
99. 物 ↔ ( )	108. ( ) ↔ 危	117. ( ) ↔ 客
100. 往 ↔ ( )	109. ( ) ↔ 疑	118. 昨 ↔ ( )
101. 當 ↔ ( )	110. ( ) ↔ 白	119. 喜 ↔ ( )
102. 敎 ↔ ( )	111. ( ) ↔ 舊	120. 寒 ↔ ( )

✺ 다음 單語의 反對(相對)語를 漢字로 쓰시오.

※ 정답은 31쪽 하단에 있음.

1. 否決 ↔ (가결)	21. 自意 ↔ (타의)	41. 造花 ↔ (생화)
2. 內容 ↔ (형식)	22. 敵對 ↔ (우호)	42. 先天 ↔ (후천)
3. 默讀 ↔ (음독)	23. 前進 ↔ (후진)	43. 不運 ↔ (행운)
4. 從屬 ↔ (독립)	24. 操心 ↔ (방심)	44. 副業 ↔ (본업)
5. 自動 ↔ (수동)	25. 戰爭 ↔ (평화)	45. 惡意 ↔ (선의)
6. 豊年 ↔ (흉년)	26. 精神 ↔ (물질)	46. 退場 ↔ (입장)
7. 部分 ↔ (전체)	27. 不法 ↔ (합법)	47. 解答 ↔ (문제)
8. 長點 ↔ (단점)	28. 最初 ↔ (최종)	48. 無形 ↔ (유형)
9. 理想 ↔ (현실)	29. 差別 ↔ (평등)	49. 受動 ↔ (능동)
10. 善意 ↔ (악의)	30. 正午 ↔ (자정)	50. 固定 ↔ (유동)
11. 先天 ↔ (후천)	31. 晝間 ↔ (야간)	51. 曲線 ↔ (직선)
12. 祕密 ↔ (공개)	32. 起立 ↔ (착석)	52. 暗黑 ↔ (광명)
13. 入金 ↔ (출금)	33. 敗戰 ↔ (승전)	53. 過去 ↔ (미래)
14. 死後 ↔ (생전)	34. 正當 ↔ (부당)	54. 私的 ↔ (공적)
15. 不幸 ↔ (행복)	35. 實質 ↔ (형식)	55. 樂觀 ↔ (비관)
16. 母音 ↔ (자음)	36. 原則 ↔ (변칙)	56. 君子 ↔ (소인)
17. 脫退 ↔ (가입)	37. 冷情 ↔ (온정)	57. 健康 ↔ (병약)
18. 感情 ↔ (이성)	38. 危險 ↔ (안전)	58. 缺席 ↔ (출석)
19. 個別 ↔ (합동)	39. 始發 ↔ (종착)	59. 消費 ↔ (생산)
20. 客觀 ↔ (주관)	40. 絕對 ↔ (상대)	60. 原因 ↔ (결과)

※ 두 글자중 최소한 어느 한쪽 글자는 4급쓰기 배정漢字(5급 배정漢字) 500字 내에서 출제됩니다.

街路 (거리 가, 길 로)	念慮 (생각할 념, 생각할 려)	事業 (일 사, 업 업)
家屋 (집 가, 집 옥)	端末 (끝 단, 끝 말)	査察 (조사할 사, 살필 찰)
歌謠 (노래 가, 노래 요)	單獨 (홑 단, 홀로 독)	想考 (생각할 상, 생각할 고)
家宅 (집 가, 집 택)	單一 (홑 단, 한일)	傷害 (다칠 상, 해칠 해)
感覺 (느낄 감, 느낄 각)	談話 (말씀 담, 말씀 화)	省略 (덜 생, 간략할 략)
强健 (굳셀 강, 굳셀 건)	待遇 (대접할 대, 대접할 우)	生産 (날 생, 낳을 산)
改革 (고칠 개, 고칠 혁)	道路 (길 도, 길 로)	生活 (살 생, 살 활)
建立 (세울 건, 설 립)	逃亡 (도망할 도, 도망할 망)	書冊 (책 서, 책 책)
堅固 (굳을 견, 굳을 고)	都市 (도읍 도, 저자 시)	善良 (착할 선, 어질 량)
競爭 (다툴 경, 다툴 쟁)	都邑 (도읍 도, 고을 읍)	選別 (가릴 선, 분별할 별)
階級 (계단 계, 등급 급)	到達 (이를 도, 이를 달)	選擇 (가릴 선, 가릴 택)
計略 (꾀 계, 꾀 략)	到着 (이를 도, 다다를 착)	設立 (세울 설, 설 립)
計量 (셀 계, 헤아릴 량)	圖畫 (그림 도, 그림 화)	省察 (살필 성, 살필 찰)
計算 (셀 계, 셀 산)	洞里 (마을 동, 마을 리)	損失 (덜 손, 잃을 실)
孤獨 (외로울 고, 홀로 독)	旅客 (나그네 려, 손 객)	損害 (덜 손, 해할 해)
考慮 (생각할 고, 생각할 려)	練習 (익힐 련, 익힐 습)	授與 (줄 수, 줄 여)
困難 (곤할 곤, 어려울 난)	利益 (이로울 리, 더할 익)	樹林 (나무 수, 수풀 림)
過去 (지날 과, 갈 거)	文句 (글월 문, 글귀 구)	樹木 (나무 수, 나무 목)
過失 (허물 과, 잘못 실)	文書 (글월 문, 글 서)	順序 (차례 순, 차례 서)
果實 (열매 과, 열매 실)	文章 (글월 문, 글월 장)	順從 (좇을 순, 좇을 종)
觀覽 (볼 관, 볼 람)	門戶 (문 문, 문 호)	崇高 (높을 숭, 높을 고)
光明 (빛 광, 밝을 명)	物件 (물건 물, 물건 건)	身體 (몸 신, 몸 체)
交代 (주고받을 교, 바꿀 대)	背後 (등 배, 뒤 후)	心情 (마음 심, 뜻 정)
交際 (사귈 교, 사귈 제)	法規 (법 법, 법 규)	實果 (열매 실, 열매 과)
教訓 (가르칠 교, 가르칠 훈)	法律 (법 법, 법칙 률)	眼目 (눈 안, 눈 목)
區別 (나눌 구, 분별할 별)	法典 (법 법, 법 전)	安易 (편안할 안, 쉬울 이)
區分 (나눌 구, 나눌 분)	法則 (법 법, 법칙 칙)	言語 (말씀 언, 말씀 어)
區域 (지경 구, 지경 역)	變改 (변할 변, 고칠 개)	研究 (갈 연, 연구할 구)
屈曲 (굽을 굴, 굽을 곡)	變化 (변할 변, 될 화)	緣由 (인연 연, 말미암을 유)
規範 (법 규, 법 범)	兵士 (군사 병, 군사 사)	永遠 (길 영, 멀 원)
均等 (고를 균, 같을 등)	兵卒 (군사 병, 군사 졸)	禮儀 (예도 례, 거동 의)
根本 (뿌리 근, 근본 본)	服從 (좇을 복, 좇을 종)	完全 (완전할 완, 온전할 전)
急速 (급할 급, 빠를 속)	奉仕 (받들 봉, 섬길 사)	要求 (구할 요, 구할 구)
技術 (재주 기, 재주 술)	思考 (생각할 사, 생각할 고)	運動 (움직일 운, 움직일 동)
年歲 (해 년, 해 세)	事務 (일 사, 일 무)	運轉 (옮길 운, 옮길 전)

肉身(몸 육, 몸 신)	停止(머무를 정, 그칠 지)	快速(빠를 쾌, 빠를 속)
怨望(원망할 원, 원망할 망)	正直(바를 정, 바를 직)	打擊(칠 타, 칠 격)
怨恨(원망할 원, 한 한)	調和(고를 조, 고를 화)	打拍(칠 타. 칠 박)
危急(위태로울 위, 급할 급)	存在(있을 존, 있을 재)	鬪爭(싸울 투, 다툴 쟁)
偉大(클 위, 큰 대)	終末(끝 종, 끝 말)	敗北(패할 패, 달아날 배)
衣服(옷 의, 옷 복)	眞實(참 진, 참 실)	平和(화친할 평, 화목할 화)
音聲(소리 음, 소리 성)	種子(씨 종, 씨 자)	河川(물 하, 내 천)
音樂(소리 음, 풍류 악)	質問(물을 질, 물을 문)	寒冷(찰 한, 찰 랭)
子息(아들 자, 아들 식)	集團(모을 집, 모을 단)	解放(풀 해, 놓을 방)
資質(바탕 자, 바탕 질)	參與(참여할 참, 더불 여)	海洋(바다 해, 큰바다 양)
場所(마당 장, 곳 소)	唱歌(노래 창, 노래 가)	幸福(다행 행, 복 복)
災害(재앙 재, 해할 해)	責任(맡을 책, 맡을 임)	虛空(빌 허, 빌 공)
財貨(재물 재, 재화 화)	靑綠(푸를 청, 푸를 록)	憲法(법 헌, 법 법)
戰爭(싸울 전, 다툴 쟁)	出産(날 출, 낳을 산)	休息(쉴 휴, 쉴 식)
戰鬪(싸울 전, 싸울 투)	出生(날 출, 날 생)	希望(바랄 희, 바랄 망)
停留(머무를 정, 머무를 류)	快樂(상쾌할 쾌, 즐거울 락)	

✦ 다음 漢字와 뜻이 같거나 비슷한 漢字를 ( )에 넣어 單語를 완성하시오.

※ 정답은 31쪽 하단에 있음.

1. ( ) - 略	15. ( ) - 訓	29. 背 - ( )
2. ( ) - 息	16. ( ) - 察	30. 都 - ( )
3. ( ) - 拍	17. ( ) - 客	31. 偉 - ( )
4. ( ) - 産	18. ( ) - 益	32. 災 - ( )
5. ( ) - 話	19. ( ) - 察	33. 階 - ( )
6. ( ) - 北	20. 設 - ( )	34. 唱 - ( )
7. ( ) - 語	21. 損 - ( )	35. 想 - ( )
8. ( ) - 聲	22. 責 - ( )	36. 質 - ( )
9. ( ) - 樂	23. 眼 - ( )	37. 怨 - ( )
10. ( ) - 儀	24. 虛 - ( )	38. 區 - ( )
11. ( ) - 貨	25. 思 - ( )	39. 選 - ( )
12. ( ) - 團	26. 靑 - ( )	40. 資 - ( )
13. ( ) - 務	27. 門 - ( )	41. 快 - ( )
14. ( ) - 業	28. 完 - ( )	42. 河 - ( )

다음 漢字와 뜻이 같거나 비슷한 漢字를 ( )에 넣어 單語를 완성하시오.

※ 정답은 31쪽 하단에 있음.

1. 算 － (　　)	15. 競 － (　　)	29. 委 － (　　)
2. 文 － (　　)	16. 心 － (　　)	30. 境 － (　　)
3. 發 － (　　)	17. 座 － (　　)	31. 規 － (　　)
4. 共 － (　　)	18. 擔 － (　　)	32. 希 － (　　)
5. 號 － (　　)	19. 藝 － (　　)	33. 授 － (　　)
6. 度 － (　　)	20. 平 － (　　)	34. 練 － (　　)
7. 報 － (　　)	21. 養 － (　　)	35. 端 － (　　)
8. 社 － (　　)	22. 圖 － (　　)	36. 街 － (　　)
9. 居 － (　　)	23. 兵 － (　　)	37. 身 － (　　)
10. 憲 － (　　)	24. 製 － (　　)	38. 範 － (　　)
11. 賢 － (　　)	25. 調 － (　　)	39. 過 － (　　)
12. 技 － (　　)	26. 退 － (　　)	40. 戰 － (　　)
13. 巨 － (　　)	27. 君 － (　　)	41. 舍 － (　　)
14. 教 － (　　)	28. 孤 － (　　)	42. 正 － (　　)

다음 漢字와 뜻이 같거나 비슷한 漢字를 ( )에 넣어 單語를 완성하시오.

43. 停 － (　　)	55. (　　) － 初	67. (　　) － 息
44. 參 － (　　)	56. (　　) － 別	68. (　　) － 洋
45. 根 － (　　)	57. (　　) － 化	69. (　　) － 止
46. 物 － (　　)	58. (　　) － 留	70. (　　) － 卒
47. 果 － (　　)	59. (　　) － 域	71. (　　) － 慮
48. 堅 － (　　)	60. (　　) － 助	72. (　　) － 獨
49. (　　) － 覽	61. (　　) － 就	73. (　　) － 想
50. (　　) － 歲	62. (　　) － 動	74. (　　) － 用
51. (　　) － 康	63. (　　) － 則	75. (　　) － 路
52. (　　) － 屋	64. (　　) － 擇	76. (　　) － 謠
53. (　　) － 備	65. (　　) － 律	77. (　　) － 識
54. (　　) － 曲	66. (　　) － 典	78. (　　) － 邑

※ 다음 漢字와 뜻이 같거나 비슷한 漢字를 (　　)에 넣어 漢字語를 완성하시오.

※ 정답은 31쪽 하단에 이어짐

79. (　　) － 算
80. (　　) － 福
81. (　　) － 轉
82. (　　) － 章
83. (　　) － 遠
84. (　　) － 求
85. 奉 － (　　)
86. 寒 － (　　)
87. 解 － (　　)
88. 樹 － (　　)
89. 差 － (　　)
90. 增 － (　　)
91. 旅 － (　　)
92. 朱 － (　　)
93. 存 － (　　)
94. 給 － (　　)
95. 處 － (　　)
96. 急 － (　　)
97. 經 － (　　)
98. 兒 － (　　)
99. 糧 － (　　)
100. 虛 － (　　)
101. 法 － (　　)
102. (　　) － 朗
103. (　　) － 錄
104. (　　) － 擊
105. (　　) － 服
106. (　　) － 立
107. (　　) － 留
108. (　　) － 配
109. (　　) － 話
110. (　　) － 蓄
111. (　　) － 聲
112. (　　) － 宅
113. (　　) － 鬪
114. (　　) － 序
115. (　　) － 從
116. (　　) － 分
117. (　　) － 遇
118. (　　) － 着
119. (　　) － 達
120. (　　) － 代
121. (　　) － 際
122. (　　) － 失
123. (　　) － 謠

☞ 27쪽 하단의 정답

① 可決 ② 形式 ③ 音讀 ④ 獨立 ⑤ 手動 ⑥ 凶年 ⑦ 全體 ⑧ 短點 ⑨ 現實 ⑩ 惡意 ⑪ 後天 ⑫ 公開 ⑬ 出金 ⑭ 生前 ⑮ 幸福 ⑯ 子音 ⑰ 加入 ⑱ 理性 ⑲ 合同 ⑳ 主觀 ㉑ 他意 ㉒ 友好 ㉓ 後進 ㉔ 放心 ㉕ 平和 ㉖ 物質 ㉗ 合法 ㉘ 最終 ㉙ 平等 ㉚ 子正 ㉛ 夜間 ㉜ 着席 ㉝ 勝戰 ㉞ 不當 ㉟ 形式 ㊱ 變則 ㊲ 溫情 ㊳ 安全 ㊴ 終着 ㊵ 相對 ㊶ 生花 ㊷ 後天 ㊸ 幸運 ㊹ 本業 ㊺ 善意 ㊻ 入場 ㊼ 問題 ㊽ 有形 ㊾ 能動 ㊿ 流動 (51) 直線 (52) 光明 (53) 未來 (54) 公的 (55) 悲觀 (56) 小人 (57) 病弱 (58) 出席 (59) 生産 (60) 結果

☞ 29쪽의 정답

① 省 ② 休, 子 ③ 打 ④ 生, 出 ⑤ 談 ⑥ 敗 ⑦ 言 ⑧ 音 ⑨ 音 ⑩ 禮 ⑪ 財 ⑫ 集 ⑬ 事, 業 ⑭ 事 ⑮ 教 ⑯ 査 ⑰ 旅 ⑱ 利 ⑲ 省 ⑳ 立 ㉑ 害, 失 ㉒ 任 ㉓ 目 ㉔ 空 ㉕ 考 ㉖ 綠 ㉗ 戶 ㉘ 全 ㉙ 後 ㉚ 市, 邑 ㉛ 大 ㉜ 害 ㉝ 級 ㉞ 歌 ㉟ 考, 念 ㊱ 問 ㊲ 望,恨 ㊳ 分,別 ㊴ 別,擇 ㊵ 質 ㊶ 樂, 速 ㊷ 川

☞ 30~31쪽의 정답

① 數 ② 書, 章, 句 ③ 展 ④ 同 ⑤ 名 ⑥ 式 ⑦ 告 ⑧ 會 ⑨ 住 ⑩ 法 ⑪ 良 ⑫ 術 ⑬ 大 ⑭ 訓 ⑮ 爭 ⑯ 情 ⑰ 席 ⑱ 任 ⑲ 術 ⑳ 和 ㉑ 育 ㉒ 畫 ㉓ 士, 卒 ㉔ 作, 造 ㉕ 和 ㉖ 去 ㉗ 王 ㉘ 獨 ㉙ 任 ㉚ 界 ㉛ 則 ㉜ 望 ㉝ 與 ㉞ 習 ㉟ 末 ㊱ 道, 路 ㊲ 體 ㊳ 例 ㊴ 去 ㊵ 爭 ㊶ 屋 ㊷ 直 ㊸ 止 ㊹ 與 ㊺ 本 ㊻ 品 ㊼ 實 ㊽ 固 ㊾ 觀 ㊿ 年 (51) 健 (52) 家 (53) 具 (54) 歌 (55) 始 (56) 區, 分 (57) 變 (58) 停 (59) 區 (60) 救 (61) 進, 成 (62) 運 (63) 法, 規 (64) 選 (65) 法, 規 (66) 法 (67) 休, 子 (68) 海 (69) 停 (70) 軍, 兵 (71) 念, 考 (72) 單 (73) 思 (74) 費 (75) 道 (76) 歌 (77) 知 (78) 郡 (79) 計 (80) 幸 (81) 運 (82) 文 (83) 永 (84) 要 (85) 仕 (86) 冷 (87) 放 (88) 林, 木 (89) 別, 異 (90) 加 (91) 客 (92) 紅 (93) 在 (94) 與 (95) 所 (96) 速 (97) 歷, 過 (98) 童 (99) 食 (100) 空 (101) 則,規,律,典 (102) 明 (103) 記 (104) 打 (105) 衣 (106) 建 (107) 停 (108) 分 (109) 談 (110) 貯 (111) 音 (112) 家 (113) 戰, 爭 (114) 順 (115) 服,順 (116) 區 (117) 待 (118) 到 (119) 到 (120) 交 (121) 交 (122) 過 (123) 歌

✕ 同音異議語(동음이의어)

※ 다음 漢字語와 音은 같으나 뜻이 다른 漢字語를 제시된 뜻에 맞게 쓰시오. (長短音 관계없음)

※ 정답은 33쪽

1. 傾注-(　) : 서로 빠르기를 다투는 육상경기의 하나

2. 考試-(　) : 글로 써서 널리 알림

3. 公使-(　) : 토목 건축 등의 작업

4. 公定-(　) : 공평하고 올바름

5. 對備-(　) : 두 가지 것을 서로 비교하는 것

6. 待機-(　) : 공기

7. 大韓-(　) : 24절기의 하나

8. 動靜-(　) : 남을 이해하고 어려움을 생각해 줌

9. 賣占-(　) : 물건을 파는 가게

10. 明文-(　) : 문벌이 좋은 집안

11. 文號-(　) : 외부와 교류하기 위한 통로나 수단

12. 美名-(　) : 날이 밝기 전

13. 半減-(　) : 반항의 뜻을 품은 감정

14. 反轉-(　) : 전쟁에 반대함

15. 婦人-(　) : 남의 아내에 대한 높임말로써 특정인을 지칭함

16. 不義-(　) : 생각하지 아니하던 판, 의외

17. 悲鳴-(　) : 제 목숨대로 다 살지 못함

18. 飛行-(　) : 못된 행위

19. 士氣-(　) : 역사적인 사실을 적어놓은 책

20. 謝禮-(　) : 어떤 일에 관하여 실제로 일어난 낱낱의 사건

21. 辭典-(　) : 어떤 일을 하기 전

22. 宣戰-(　) : 실력 이상으로 잘 싸우는 것

23. 時機-(　) : 정해진 때

24. 新裝-(　) : 키

25. 愛護-(　) : 사랑하여 즐김

26. 夜深-(　) : 자기 분수에 맞지 않게 품은 욕심이나 욕망

27. 養護-(　) : 아주 좋음

28. 逆說-(　) : 강하게 주장함

29. 遺傳-(　) : 석유가 나는 곳

30. 人士-(　) : 남에게 공경하는 뜻으로 하는 예의

31. 資源-(　) : 어떤 일을 자기 스스로 하고자 하여 나서는 것

32. 自制-(　) : 남을 높이어 그의 아들을 이르는 말

33. 在庫-(　) : 다시 생각함

34. 主義-(　) : 마음에 새겨두어 조심함

35. 天才-(　) : 자연현상으로 일어나는 재난으로 지진, 홍수 따위

36. 招待-(　) : 어떤 계통의 첫 대, 또는 사람

37. 標示-(　) : 겉으로 나타내어 보임

38. 好轉-(　) : 싸우기를 좋아함

☞ **33쪽의 정답**

① 競技 ② 人情 ③ 電氣 ④ 信任 ⑤ 神父 ⑥ 歷史 ⑦ 通話 ⑧ 給水 ⑨ 大事 ⑩ 童心 ⑪ 過失 ⑫ 不正
⑬ 最古 ⑭ 韓食 ⑮ 植樹 ⑯ 自身 ⑰ 國事 ⑱ 失神 ⑲ 敬老 ⑳ 同期 ㉑ 方位 ㉒ 意思 ㉓ 童話 ㉔ 消火

※ 다음 漢字語의 同音異義語를 쓰되 제시된 뜻에 맞게 하시오.

※ 정답은 32쪽

1. 景氣=(　　　):일정한 규칙 아래 기량과 기술을 겨룸

2. 認定=(　　　):사람이 본디 지니고 있는 모든 감정

3. 傳記=(　　　):전자의 이동으로 생기는 에너지의 한 형태

4. 新任=(　　　):믿고 일을 맡김

5. 新婦=(　　　):천주교 사제나 서품을 받은 성직자

6. 力士=(　　　):인간 사회가 거쳐온 변천의 모습

7. 通貨=(　　　):전화로 말을 주고 받음

8. 級數=(　　　):물을 공급함

9. 大使=(　　　):큰 일

10. 同心=(　　　):어린이의 마음

11. 果實=(　　　):잘못이나 허물

12. 不貞=(　　　):바르지 않음

13. 最高=(　　　):가장 오래됨

14. 寒食=(　　　):우리나라 방식의 음식

15. 食水=(　　　):나무를 심음

16. 自信=(　　　):제 몸

17. 國史=(　　　):나라의 중대한 일

18. 失身=(　　　):정신을 잃음

19. 經路=(　　　):노인을 공경함

20. 同氣=(　　　):같은 시기

21. 防衛=(　　　):동서남북을 기준으로 하여 정한 방향

22. 醫師=(　　　):무엇을 하려고 하는 생각이나 마음

23. 同化=(　　　):어린이를 위해 쓴 이야기

24. 消化=(　　　):불을 끄는 일

☞ **32쪽의 정답**

① 競走 ② 告示 ③ 工事 ④ 公正 ⑤ 對比 ⑥ 大氣 ⑦ 大寒 ⑧ 同情 ⑨ 賣店 ⑩ 名門 ⑪ 門戶 ⑫ 未明 ⑬ 反感 ⑭ 反戰 ⑮ 夫人 ⑯ 不意 ⑰ 非命 ⑱ 非行 ⑲ 史記 ⑳ 事例 ㉑ 事前 ㉒ 善戰 ㉓ 時期 ㉔ 身長 ㉕ 愛好 ㉖ 野心 ㉗ 良好 ㉘ 力說 ㉙ 油田 ㉚ 人事 ㉛ 自願 ㉜ 子弟 ㉝ 再考 ㉞ 注意 ㉟ 天災 ㊱ 初代 ㊲ 表示 ㊳ 好戰

☞ **36쪽의 정답**

① 財物 ② 天災 ③ 罪人 ④ 他國 ⑤ 食卓 ⑥ 住宅 ⑦ 完敗 ⑧ 品質 ⑨ 必要 ⑩ 河川 ⑪ 效力 ⑫ 凶年 ⑬ 終着 ⑭ 養成 ⑮ 宅地 ⑯ 板子 ⑰ 凶惡 ⑱ 黑白 ⑲ 參與 ⑳ 元日 ㉑ 領海 ㉒ 惡行 ㉓ 養子 ㉔ 地位 ㉕ 赤字 ㉖ 傳說 ㉗ 法典 ㉘ 命令 ㉙ 領空 ㉚ 料理 ㉛ 材料 ㉜ 種類 ㉝ 展開 ㉞ 一切 ㉟ 傳記 ㊱ 禮節 ㊲ 赤色 ㊳ 以上 ㊴ 性格 ㊵ 臣下 ㊶ 實在 ㊷ 兒童 ㊸ 惡談 ㊹ 養育 ㊺ 童話 ㊻ 島民 ㊼ 景氣 ㊽ 陸地 ㊾ 食事 ㊿ 兵士 51 自願 52 地理 53 耳目 54 因果

⊙ 다음 뜻에 맞는 漢字語를 漢字로 쓰시오. (* 틀린 漢字語는 몇번씩 쓰고 익힌 다음 쓰기 검사를 하세요.)

※ 쓰기검사방법 – 먼저 틀린 문제의 우리말 단어를 10개이상 써 놓고 그 밑에 漢字로 틀리지 않게 쓸 수 있어야 함.　　　　※ 정답은 36쪽

1. 재래시장 상품가격이 싸다. 　　　　　(　　)
2. 물건값은 정가대로 팔아야 한다. 　　(　　)
3. 새해 예산안이 국회에서 가결되었다. (　　)
4. 기차가 오는 동안 객실에서 기다렸다. (　　)
5. 인천에서 여객船을 타고 송도에 도착했다.
　　　　　　　　　　　　　　　　(　　)
6. 외국여행은 국내여행보다 여비가 많이 든다.
　　　　　　　　　　　　　　　　(　　)
7. 시장에 각종 물건들이 진열되었다. 　(　　)
8. 사람은 우선 건강해야 공부도 잘한다. (　　)
9. 단체로 타이어제조공장에 견학을 갔다. (　　)
10. 머뭇거리지 말고 속히 결정하세요. 　(　　)
11. 시작보다는 결과가 더 중요하다. 　　(　　)
12. 노인을 공경하는 경로 사상을 갖자. 　(　　)
13. 누구나 경쟁에서 이기려고 노력한다. (　　)
14. 좋은 노랫말로 작곡된 즐거운 노래 　(　　)
15. 오후 6시가 돼서 하루 일과를 끝냈다. (　　)

16. 교통사고는 운전자의 과실로 된 범죄이다.
　　　　　　　　　　　　　　　　(　　)
17. 인터넷광고를 통해 물건을 싸게 팔았다. (　　)
18. 한강 철교 밑으로 유람선이 지나갔다. (　　)
19. 문구점에 가서 연필을 샀다. 　　　　(　　)
20. 야구장에 관객이 많이 모였다. 　　　(　　)
21. 나는 여러 친구들과 축구를 했다. 　(　　)
22. 생명은 천하보다 귀중하다. 　　　　(　　)
23. 학교생활 규칙을 잘 지킵시다. 　　　(　　)
24. 운전자는 교통법규를 잘 지켜야 한다. (　　)
25. 기본 공식을 알아야 응용문제를 풀 수 있다.
　　　　　　　　　　　　　　　　(　　)
26. 좋은 기술로 좋은 상품을 만들었다. (　　)
27. 기차를 타고 여행을 떠났다. 　　　　(　　)
28. 우리의 염원은 평화통일이다. 　　　(　　)
29. 학교에서 단체로 수학여행을 갔다. 　(　　)
30. 온 국민이 단결해야 선진국이 될 수 있다. (　　)

※ 다음의 訓과 音으로 연결된 單語를 漢字로 쓰시오.

31. 더할가 – 셈산 　　　　(　　)
32. 더할가 – 들입 　　　　(　　)
33. 고칠개 – 착할선 　　　(　　)
34. 고칠개 – 어질량 　　　(　　)
35. 갈거 – 올래 　　　　　(　　)
36. 일사 – 물건건 　　　　(　　)
37. 세울건 – 설립 　　　　(　　)
38. 세울건 – 나라국 　　　(　　)
39. 격식격 – 법식 　　　　(　　)
40. 맺을결 – 열매실 　　　(　　)
41. 고할고 – 알지 　　　　(　　)
42. 공평할공 – 고할고 　　(　　)
43. 생각할사 – 생각할고 　(　　)
44. 굽을곡 – 곧을직 　　　(　　)
45. 굽을곡 – 고를조 　　　(　　)
46. 넓을광 – 들야 　　　　(　　)
47. 예구 – 법식 　　　　　(　　)

48. 물건품 – 귀할귀 　　(　　)
49. 기약할기 – 맺을약 　(　　)
50. 때시 – 기약할기 　　(　　)
51. 길할길 – 흉할흉 　　(　　)
52. 능할능 – 움직일동 　(　　)
53. 마땅할당 – 그럴연 　(　　)
54. 큰덕 – 바랄망 　　　(　　)
55. 떨어질락(낙) – 섬도 (　　)
56. 도읍도 – 고을읍 　　(　　)
57. 홑단 – 홀로독 　　　(　　)
58. 떨어질락(낙) – 차례제 (　　)
59. 밝을랑(낭) – 읽을독 (　　)
60. 찰랭(냉) – 해할해 　(　　)
61. 거느릴령(영) – 흙토 (　　)
62. 일할로(노) – 부릴사 (　　)
63. 흐를류(유) – 통할통 (　　)
64. 사람인 – 무리류 　　(　　)

65. 망할망 – 나라국 　　(　　)
66. 살매 – 들입 　　　　(　　)
67. 법법 – 법칙칙 　　　(　　)
68. 변할변 – 옷복 　　　(　　)
69. 병사병 – 군사졸 　　(　　)
70. 처음비 – 할아비조 　(　　)
71. 얼음빙 – 바다해 　　(　　)
72. 낳을산 – 집실 　　　(　　)
73. 상줄상 – 쇠금 　　　(　　)
74. 장사상 – 사람인 　　(　　)
75. 서로상 – 대할대 　　(　　)
76. 가릴선 – 들거 　　　(　　)
77. 배선 – 어른장 　　　(　　)
78. 쇠철 – 배선 　　　　(　　)
79. 성품성 – 다를별 　　(　　)
80. 씻을세 – 낯면 　　　(　　)

⊙ 다음 뜻에 맞는 漢字語를 漢字로 쓰시오. (* 틀린 漢字語는 몇번씩 쓰고 익힌 다음 쓰기 검사를 하세요.)

※ 정답은 36쪽 하단

1. 가족이 모두 건강해서 행복하다. (　　)
2. 아이스하키는 빙상에서 하는 운동이다. (　　)
3. 자기의사를 남에게 표현하는 언어능력 (　　)
4. 죄를 지으면 경찰서에서 조사를 받는다. (　　)
5. 비행기를 타기전에 소지품 검사를 받는다.
   (　　)
6. 아기를 낳기전에 산모의 건강부터 살핀다. (　　)
7. 잘 이해하도록 충분한 설명을 해주세요. (　　)
8. 좋은 마음씨, 좋은 성품 (　　)
9. 세면할때는 제일 먼저 눈을 씻는다. (　　)
10. 세월은 빨라서 언제나 아쉽다. (　　)
11. 할머니의 연세가 80이 넘었다. (　　)
12. 일을 서두르지 않고 순서대로 했다. (　　)
13. 짐승은 선악을 판별하는 분별력이 없다. (　　)
14. 부모님은 자녀 양육에 전력을 기울인다. (　　)
15. 고기가 많이 잡혀 어부들이 기뻐했다. (　　)
16. 공부를 열심히 해야겠다. (　　)
17. 건물 옥상에서 시가지를 바라보았다. (　　)
18. 비오기전에 일을 완전히 끝마쳤다. (　　)
19. 수요일은 견학가는 날이다. (　　)
20. 여름방학때 해수욕을 했다. (　　)
21. 학교가 끝나고 학원에 갔다. (　　)

22. 폭발사고 원인을 찾아냈다. (　　)
23. 맡은바 책임을 다하고 권리를 주장할 수 있다.
   (　　)
24. 나는 우리반 반장으로 임명되었다. (　　)
25. 병이 재발하지 않도록 확실하게 치료를 받았다.
   (　　)
26. 좋은 재목을 써서 집을 지었다. (　　)
27. 많은 돈과 재산 만이 행복이 아니다. (　　)
28. 기상 악화로 재해가 자주 발생했다. (　　)
29. 겨울철에는 화재가 자주 발생한다. (　　)
30. 지구상에 전쟁이 영원히 없으면 좋겠다. (　　)
31. 작은돈도 저금하는 습관이 중요하다. (　　)
32. 미술전시 대회에서 좋은 작품을 골랐다. (　　)
33. 노력하는 사람만이 발전할 수 있다. (　　)
34. 나는 금년에 초등학교를 졸업했다. (　　)
35. 많은 수확을 하기 위해 좋은 종자를 심었다.
   (　　)
36. 남에게 해를 끼치면 죄악이 된다. (　　)
37. 수업시간에 모르는 것은 모두 질문했다. (　　)
38. 과거에 너무 매달리는 것은 좋지 않다. (　　)
39. 세계역도 선수들중 장미란이 최고다. (　　)
40. 온가족이 동생의 생일을 축복해 주었다. (　　)

※ 다음의 訓과 音으로 연결된 單語를 漢字로 쓰시오.

41. 능할능 – 힘력 (　　)
42. 가르칠교 – 단단 (　　)
43. 모일회 – 말씀담 (　　)
44. 길도 – 큰덕 (　　)
45. 이를도 – 붙을착 (　　)
46. 도읍도 – 저자시 (　　)
47. 홀로독 – 설립 (　　)
48. 홀로독 – 부를창 (　　)
49. 밝을명 – 밝을랑 (　　)
50. 찰랭(냉) – 물수 (　　)
51. 익힐련(연) – 익힐습 (　　)

52. 뭍륙(육) – 군사군 (　　)
53. 끝말 – 세상세 (　　)
54. 흐를류(유) – 물수 (　　)
55. 변할변 – 될화 (　　)
56. 날생 – 낳을산 (　　)
57. 맺을약 – 묶을속 (　　)
58. 순할순 – 이치리 (　　)
59. 신선선 – 계집녀 (　　)
60. 배선 – 몸체 (　　)
61. 착할선 – 행할행 (　　)
62. 알지 – 알식 (　　)

63. 장사상 – 가게점 (　　)
64. 고기잡을어 – 마당장 (　　)
65. 고기잡을어 – 그릇구 (　　)
66. 고기어 – 무리류 (　　)
67. 셋삼 – 일억억 (　　)
68. 벗우 – 뜻정 (　　)
69. 누를황 – 소우 (　　)
70. 푸를청 – 구름운 (　　)
71. 빼어날영 – 수컷웅 (　　)
72. 으뜸원 – 쇠금 (　　)
73. 집원 – 어른장 (　　)

⊙ 다음 뜻에 맞는 漢字語를 漢字로 쓰시오. (* 틀린 漢字語는 몇번씩 쓰고 익힌 다음 쓰기 검사를 하세요.)

※ 정답은 33쪽 하단

1. 남의 재물을 탐내면 도둑이 된다.　(　　)
2. 태풍, 지진등의 천재지변이 발생했다.　(　　)
3. 교도소는 죄인을 교화시키는 곳이다.　(　　)
4. 그는 국내에 있지않고 타국으로 떠났다.　(　　)
5. 김치, 된장찌개등이 식탁 위에 놓였다.　(　　)
6. 아파트는 현대인의 대표적인 주택이다.　(　　)
7. 축구경기에서 5:0으로 완패하였다.　(　　)
8. 국산품은 세계시장에서 품질이 우수하다.
　(　　)
9. 사람이 필요로 하는것을 모두 가질수 없다.
　(　　)
10. 비온 뒤로 하천의 물이 많이 불었다.　(　　)

11. 좋은 약도 자주 먹으면 효력이 떨어진다.　(　　)
12. 오랜 가뭄 끝에 흉년이 들었다.　(　　)
13. 기차는 드디어 종착역에 도착했다.　(　　)
14. 훌륭한 인재를 양성하는 교육프로그램　(　　)
15. 아파트를 짓기 위해 택지를 고르고 있다.
　(　　)
16. 울타리에 판자를 대고 못질을 했다.　(　　)
17. 살인범처럼 흉악 犯人에게 전자발찌를 채웠다.
　(　　)
18. 바둑판 위에 흑백의 조약돌들　(　　)
19. 교육에 자주 참여할수록 지식이 늘었다.　(　　)
20. 새해 첫날을 원일이라고 한다.　(　　)

※ 다음의 訓과 音으로 연결된 單語를 漢字로 쓰시오.

21. 거느릴령(영) – 바다해 (　　)
22. 악할악 – 행할행 (　　)
23. 기를양 – 아들자 (　　)
24. 따지 – 자리위 (　　)
25. 붉을적 – 글자자 (　　)
26. 전할전 – 말씀설 (　　)
27. 법법 – 법전 (　　)
28. 명할명 – 하여금령 (　　)
29. 거느릴령(영) – 하늘공 (　　)
30. 헤아릴료(요) – 다스릴리 (　　)
31. 재목재 – 헤아릴료 (　　)
32. 씨종 – 무리류 (　　)

33. 펼전 – 열개 (　　)
34. 한일 – 온통체 (　　)
35. 전할전 – 기록할기 (　　)
36. 예도례(예) – 마디절 (　　)
37. 붉은적 – 빛색 (　　)
38. 써이 – 윗상 (　　)
39. 성품성 – 격식격 (　　)
40. 신하신 – 아래하 (　　)
41. 진실할실 – 있을재 (　　)
42. 아이아 – 아이동 (　　)
43. 악할악 – 말씀담 (　　)
44. 기를양 – 기를육 (　　)

45. 아이동 – 말씀화 (　　)
46. 섬도 – 백성민 (　　)
47. 볕경 – 기운기 (　　)
48. 뭍륙 – 따지 (　　)
49. 밥식 – 일사 (　　)
50. 병사병 – 선비사 (　　)
51. 스스로자 – 바랄원 (　　)
52. 따지 – 다스릴리 (　　)
53. 귀이 – 눈목 (　　)
54. 인할인 – 열매과 (　　)

☞ 34쪽의 정답

① 價格 ② 定價 ③ 可決 ④ 客室 ⑤ 旅客 ⑥ 旅費 ⑦ 物件 ⑧ 健康 ⑨ 見學 ⑩ 決定 ⑪ 結果 ⑫ 敬老
⑬ 競爭 ⑭ 作曲 ⑮ 日課 ⑯ 過失 ⑰ 廣告 ⑱ 鐵橋 ⑲ 文具店 ⑳ 觀客 ㉑ 親舊 ㉒ 貴重 ㉓ 規則 ㉔ 法規
㉕ 基本 ㉖ 技術 ㉗ 汽車 ㉘ 念願 ㉙ 團體 ㉚ 團結 ㉛ 加算 ㉜ 加入 ㉝ 改善 ㉞ 改良 ㉟ 去來 ㊱ 事件
㊲ 建立 ㊳ 建國 ㊴ 格式 ㊵ 結實 ㊶ 告知 ㊷ 公告 ㊸ 思考 ㊹ 曲直 ㊺ 曲調 ㊻ 廣野 ㊼ 舊式 ㊽ 品貴
㊾ 期約 ㊿ 時期 51 吉凶 52 能動 53 當然 54 德望 55 落島 56 都邑 57 單獨 58 落第 59 朗讀 60 冷害
61 領土 62 勞使 63 流通 64 人類 65 亡國 66 買入 67 法則 68 變服 69 兵卒 70 鼻祖 71 水海 72 産室
73 賞金 74 商人 75 相對 76 選擧 77 船長 78 鐵船 79 性別 80 洗面

☞ 35쪽의 정답

① 幸福 ② 水上 ③ 意思 ④ 調査 ⑤ 檢査 ⑥ 産母 ⑦ 說明 ⑧ 性品 ⑨ 洗面 ⑩ 歲月 ⑪ 年歲 ⑫ 順序
⑬ 善惡 ⑭ 養育 ⑮ 漁夫(父) ⑯ 熱心 ⑰ 屋上 ⑱ 完全 ⑲ 水曜日 ⑳ 海水 ㉑ 學院 ㉒ 原因 ㉓ 責任
㉔ 任命 ㉕ 再發 ㉖ 材木 ㉗ 財産 ㉘ 災害 ㉙ 火災 ㉚ 戰爭 ㉛ 貯金 ㉜ 展示 ㉝ 發展 ㉞ 卒業 ㉟ 種子
㊱ 罪惡 ㊲ 質問 ㊳ 過去 ㊴ 最高 ㊵ 祝福 ㊶ 能力 ㊷ 敎壇 ㊸ 會談 ㊹ 道德 ㊺ 到着 ㊻ 都市 ㊼ 獨立
㊽ 獨唱 ㊾ 明朗 ㊿ 冷水 51 練習 52 陸軍 53 末世 54 流水 55 變化 56 生産 57 約束 58 順理 59 仙女
60 船體 61 善行 62 知識 63 商店 64 漁場 65 漁具 66 魚類 67 參億 68 友情 69 黃牛 70 靑雲 71 英雄
72 元金 73 院長

⊙ 다음 뜻에 맞는 漢字語를 漢字로 쓰시오. (* 틀린 漢字語는 몇번씩 쓰고 익힌 다음 쓰기 검사를 하세요.)

※ 쓰기검사방법 – 먼저 틀린 문제의 우리말 단어를 10개이상 써 놓고 그 밑에 漢字로 틀리지 않게 쓸 수 있어야 함.

※ 정답은 39쪽에 있음.

1. 식탁(식사용의 탁자) ···················· (   )
2. 초면(처음 얼굴을 대함) ················ (   )
3. 건아(튼튼한 아이) ······················· (   )
4. 급유(기름을 줌) ·························· (   )
5. 경치(자연의 아름다운 현상) ············ (   )
6. 덕담(잘 되기를 비는 말) ··············· (   )
7. 도읍(서울) ································ (   )
8. 회담(한 자리에 모여서 토론함) ········ (   )
9. 사명(맡겨진 임무) ······················ (   )
10. 건실(건강하고 착실함) ················· (   )
11. 급사(잔심부름을 하는 사람) ·········· (   )
12. 종말(맨 나중의 끝) ···················· (   )
13. 과제(주어진 문제나 임무) ············· (   )
14. 당선(선거에 뽑힘) ····················· (   )
15. 인재(학식과 능력이 뛰어난 사람) ···· (   )
16. 건전(건강하고 완전함) ················· (   )
17. 법원(사법권을 행사하는 곳) ·········· (   )
18. 초야(첫날밤) ··························· (   )
19. 선별(가려서 나눔) ····················· (   )
20. 하등(나쁜 물품) ······················· (   )
21. 대패(크게 망침) ······················· (   )
22. 철마(기차를 비유하여 쓰는 언어) ····· (   )
23. 표정(감정이나 심리상태 따위를 겉으로 나타냄)
    ······································· (   )
24. 반도(3면이 바다인 큰 육지) ·········· (   )
25. 합리(이치에 맞음) ····················· (   )

26. 대충(다른 것을 대신 채움) ············ (   )
27. 경마(경기에 쓰는 말) ·················· (   )
28. 기간(시기의 사이) ····················· (   )
29. 단상(교단이나 강단) ··················· (   )
30. 안주(자리잡고 편안히 삶) ············· (   )
31. 절약(아끼어씀) ························· (   )
32. 무효(효과가 없음) ····················· (   )
33. 태초(천지가 개벽한 맨 처음) ·········· (   )
34. 급락(갑자기 떨어짐) ··················· (   )
35. 경중(가볍고 무거움) ··················· (   )
36. 원경(멀리서 보는 경치) ··············· (   )
37. 정지(일을 중도에서 그만둠) ·········· (   )
38. 곡선(굽은 선) ·························· (   )
39. 참고(살펴서 생각함) ··················· (   )
40. 가열(더운 기온을 더함) ··············· (   )
41. 예시(예를 들어 보임) ·················· (   )
42. 음료(술, 차, 사이다 등) ··············· (   )
43. 이상(가장 착하고 좋은 생각) ·········· (   )
44. 조심(마음을 삼가함) ··················· (   )
45. 낙도(떨어져 있는 섬) ·················· (   )
46. 안건(토의하거나 조사하여야 할 사실) ···· (   )
47. 낙엽(떨어진 잎) ······················· (   )
48. 죄목(죄의 종류) ······················· (   )
49. 가창(노래를 부름) ····················· (   )
50. 양옥(서양식으로 지은 집) ············· (   )

☞ 39쪽의 정답

① 宿願	② 亡命	③ 水災	④ 美談	⑤ 終結	⑥ 武道	⑦ 商船	⑧ 許可	⑨ 品位	⑩ 建軍	⑪ 親善	⑫ 完勝
⑬ 賣買	⑭ 願書	⑮ 朝鮮	⑯ 理致	⑰ 內患	⑱ 患者	⑲ 林野	⑳ 加害	㉑ 同窓	㉒ 敗亡	㉓ 武力	㉔ 再會
㉕ 正義	㉖ 景觀	㉗ 陸橋	㉘ 正員	㉙ 談話	㉚ 入選	㉛ 高原	㉜ 買入	㉝ 鼻祖	㉞ 强打	㉟ 不吉	㊱ 原則
㊲ 歸結	㊳ 寫本	㊴ 科擧	㊵ 醫院	㊶ 輕視	㊷ 特許	㊸ 救命	㊹ 任期	㊺ 號令	㊻ 技能	㊼ 形體	㊽ 貴族
㊾ 凶作	㊿ 宿患										

⊙ 다음 뜻에 맞는 漢字語를 漢字로 쓰시오. (＊ 틀린 漢字語는 몇번씩 쓰고 익힌 다음 쓰기 검사를 하세요.)

※ 해답은 40쪽에 있음.

1. 현대 (오늘의 시대) ······························· (　　　)
2. 교칙 (학교의 규칙) ······························· (　　　)
3. 선창 (맨 먼저 부름) ······························· (　　　)
4. 고안 (생각해 냄) ······························· (　　　)
5. 단기 (짧은 시간) ······························· (　　　)
6. 저수 (물을 모아둠) ······························· (　　　)
7. 법규 (법과 규칙) ······························· (　　　)
8. 가능 (할 수 있음, 또는 될 수 있음) ········ (　　　)
9. 초대 (최초의 사람) ······························· (　　　)
10. 봉사 (자신을 돌보지 않고 남을 위해서 애써서 일함)
······························· (　　　)
11. 전원 (시골) ······························· (　　　)
12. 가곡 (노래의 곡조) ······························· (　　　)
13. 구국 (나라를 구하여 냄) ···················· (　　　)
14. 한기 (차가운 기운) ······························· (　　　)
15. 원근 (멀고 가까움) ······························· (　　　)
16. 무료 (요금을 받지 않음) ···················· (　　　)
17. 규정 (규칙을 정함) ······························· (　　　)
18. 냉기 (차가운 공기) ······························· (　　　)
19. 우기 (비가 자주 오는 시기) ················ (　　　)
20. 어선 (고기잡이 배) ······························· (　　　)
21. 빙판 (얼음이 깔린 길바닥) ················ (　　　)
22. 원래 (전부터) ······························· (　　　)
23. 경기 (서로가 재주를 비교하여 경쟁함) ······· (　　　)
24. 특기 (특별한 기능이나 기술) ·············· (　　　)
25. 노환 (늙어서 병이듦) ························· (　　　)

26. 소원 (무슨 일이 이루어지기를 바람) ········· (　　　)
27. 임산 (산림의 산물) ······························· (　　　)
28. 종류 (사물의 부분을 나누는 갈래) ········ (　　　)
29. 냉정 (매정하고 쌀쌀함) ···················· (　　　)
30. 사상 (죽거나 다침) ······························· (　　　)
31. 고도 (오래된 도시) ······························· (　　　)
32. 설경 (눈 내리는 경치) ······················· (　　　)
33. 초안 (기초가 되는 글) ······················· (　　　)
34. 고전 (옛날의 법식이나 의식) ·············· (　　　)
35. 재건 (다시 일으켜 세움) ···················· (　　　)
36. 화단 (꽃밭) ······························· (　　　)
37. 상담 (서로 상의함) ······························· (　　　)
38. 책망 (허물을 꾸짖음) ························· (　　　)
39. 소비 (돈이나 물품시간 따위를 써서 없앰) ···· (　　　)
40. 역사 (인류사회의 변천과 흥망의 과정) ······ (　　　)
41. 우량 (비의 양) ······························· (　　　)
42. 합창 (두 사람 이상이 노래를 부름) ········ (　　　)
43. 동계 (겨울동안의 기간) ···················· (　　　)
44. 식별 (알아서 구별함) ························· (　　　)
45. 요인 (원인이 되는 요소) ···················· (　　　)
46. 최선 (가장 착함) ······························· (　　　)
47. 위업 (위대한 사업이나 업적) ·············· (　　　)
48. 호수 (넓은 음푹 한 곳에 물이 괸 곳) ······· (　　　)
49. 여비 (여행할 때 쓰는 돈) ···················· (　　　)
50. 매점 (물건파는 가게) ························· (　　　)

☞ **40쪽의 정답**

① 着陸	② 言約	③ 敗家	④ 景觀	⑤ 浴室	⑥ 黑板	⑦ 敗北	⑧ 發展	⑨ 週期	⑩ 改正	⑪ 結氷	⑫ 熱量
⑬ 路線	⑭ 操作	⑮ 立法	⑯ 唱法	⑰ 失敗	⑱ 末期	⑲ 冷待	⑳ 强健	㉑ 救出	㉒ 親庭	㉓ 球技	㉔ 陰地
㉕ 告示	㉖ 卓見	㉗ 通過	㉘ 私費	㉙ 原料	㉚ 領海	㉛ 原因	㉜ 災害	㉝ 火災	㉞ 落選	㉟ 計量	㊱ 鐵則
㊲ 品貴	㊳ 思考	㊴ 光景	㊵ 期必	㊶ 祝歌	㊷ 亡國	㊸ 未來	㊹ 案內	㊺ 字典	㊻ 料金	㊼ 要領	㊽ 費用
㊾ 高貴	㊿ 可動										

⊙ 다음 뜻에 맞는 漢字語를 漢字로 쓰시오. (＊ 틀린 漢字語는 몇번씩 쓰고 익힌 다음 쓰기 검사를 하세요.)

※ 해답은 37쪽에 있음.

1. 숙원 (오래된 소원) ······················· (   )
2. 망명 (남의 나라로 몸을 피하여 옮) ·········· (   )
3. 수재 (홍수의 피해) ······················ (   )
4. 미담 (남을 감동시킬만한 갸륵한 행동에 관한 이야기)
   ······························· (   )
5. 종결 (완전히 끝남) ····················· (   )
6. 무도 (무술) ··························· (   )
7. 상선 (장사하는 배) ···················· (   )
8. 허가 (허락하여 받아들임) ·············· (   )
9. 품위 (사람이나 물건이 지닌 좋은 인상) ······ (   )
10. 건군 (군대를 창건함) ················· (   )
11. 친선 (친하여 사이가 좋음) ············· (   )
12. 완승 (완전하게 승리함) ··············· (   )
13. 매매 (팔고 삶) ······················· (   )
14. 원서 (지원하거나 청원하는 뜻을 적은 서류) ··· (   )
15. 조선 (우리나라 상고시대의 나라 이름) ······ (   )
16. 이치 (정당한 조리) ···················· (   )
17. 내환 (국내의 환란) ···················· (   )
18. 환자 (병든 사람) ····················· (   )
19. 임야 (나무가 늘어서 있는 넓은 땅) ········ (   )
20. 가해 (남에게 해를 끼침) ··············· (   )
21. 동창 (같은 학교나 스승에게 배우는 사람) ··· (   )
22. 패망 (싸움에서 져 망함) ··············· (   )
23. 무력 (군대의 힘) ····················· (   )
24. 재회 (다시 모이거나 만남) ············· (   )
25. 정의 (알맞은 도리) ···················· (   )

26. 경관 (경치) ························· (   )
27. 육교 (도로나 철도 위에 설치된 다리) ········ (   )
28. 정원 (정식 인원으로써 자격을 가진 사람) ··· (   )
29. 담화 (이야기 함) ····················· (   )
30. 입선 (심사에 뽑힘) ··················· (   )
31. 고원 (높은 지대) ····················· (   )
32. 매입 (사들임) ······················· (   )
33. 비조 (어떤 일을 가장 먼저 시작한 사람) ··· (   )
34. 강타 (강하게 침) ····················· (   )
35. 불길 (좋지 않음) ····················· (   )
36. 원칙 (근본원칙) ····················· (   )
37. 귀결 (끝을 맺음) ····················· (   )
38. 사본 (옮기어 베낌) ··················· (   )
39. 과거 (옛날에 문무관을 등용하던 시험) ······ (   )
40. 의원 (병원보다 규모가 작으면서 병자나 부상자의
    치료를 위해 특별한 시설을 갖춘 곳) ······ (   )
41. 경시 (가볍게 봄) ····················· (   )
42. 특허 (특별히 허락함) ················· (   )
43. 구명 (목숨을 건져줌) ················· (   )
44. 임기 (일정한 책임을 맡아보는 기간) ······ (   )
45. 호령 (지휘하는 명령) ················· (   )
46. 기능 (기술적인 능력이나 재능) ·········· (   )
47. 형체 (물건의 모양) ··················· (   )
48. 귀족 (신분이나 벼슬이 높은 사람) ········ (   )
49. 흉작 (농작물이 잘 되지 않음) ··········· (   )
50. 숙환 (오래 묵은 병) ·················· (   )

☞ 37쪽의 정답

① 食卓	② 初面	③ 健兒	④ 給油	⑤ 景致	⑥ 德談	⑦ 都邑	⑧ 會談	⑨ 使命	⑩ 健實	⑪ 給使	⑫ 終末
⑬ 課題	⑭ 當選	⑮ 人材	⑯ 健全	⑰ 法院	⑱ 初夜	⑲ 選別	⑳ 下等	㉑ 大敗	㉒ 鐵馬	㉓ 表情	㉔ 半島
㉕ 合理	㉖ 代充	㉗ 競馬	㉘ 期間	㉙ 壇上	㉚ 安住	㉛ 節約	㉜ 無效	㉝ 太初	㉞ 急落	㉟ 輕重	㊱ 遠景
㊲ 停止	㊳ 曲線	㊴ 參考	㊵ 加熱	㊶ 例示	㊷ 飮料	㊸ 理想	㊹ 操心	㊺ 落島	㊻ 案件	㊼ 落葉	㊽ 罪目
㊾ 歌唱	㊿ 洋屋										

⊙ 다음 뜻에 맞는 漢字語를 漢字로 쓰시오. (* 틀린 漢字語는 몇번씩 쓰고 익힌 다음 쓰기 검사를 하세요.)

※ 해답은 38쪽에 있음.

1. 착륙(비행기나 비행선 따위가 육지에 내려옴)‥( )

2. 언약(말로 약속함) ‥‥‥‥‥‥‥‥‥‥‥( )

3. 패가(가산을 다 써 없앰) ‥‥‥‥‥‥‥( )

4. 경관(경치(景致)) ‥‥‥‥‥‥‥‥‥‥‥( )

5. 욕실(목욕하는 방) ‥‥‥‥‥‥‥‥‥‥( )

6. 흑판(검은 칠판) ‥‥‥‥‥‥‥‥‥‥‥( )

7. 패배(싸움에서 져서 도망감) ‥‥‥‥‥( )

8. 발전(보다 좋은 상태로 되어감) ‥‥‥‥( )

9. 주기(한 바퀴 도는 시기) ‥‥‥‥‥‥‥( )

10. 개정(바르게 고침) ‥‥‥‥‥‥‥‥‥( )

11. 결빙(물이 얾) ‥‥‥‥‥‥‥‥‥‥‥( )

12. 열량(열의 양) ‥‥‥‥‥‥‥‥‥‥‥( )

13. 노선(버스 등 교통기관이 다니는 일정한 길)‥( )

14. 조작(사물을 조종함) ‥‥‥‥‥‥‥‥( )

15. 입법(법을 제정함) ‥‥‥‥‥‥‥‥‥( )

16. 창법(노래 부르는 법) ‥‥‥‥‥‥‥‥( )

17. 실패(일을 잘못하여 그르침) ‥‥‥‥‥( )

18. 말기(어떤 기간이나 일의 끝무렵) ‥‥‥‥( )

19. 냉대(푸대접) ‥‥‥‥‥‥‥‥‥‥‥( )

20. 강건(강하고 튼튼함) ‥‥‥‥‥‥‥‥( )

21. 구출(구원하여 줌) ‥‥‥‥‥‥‥‥‥( )

22. 친정(시집간 여자의 본가) ‥‥‥‥‥‥( )

23. 구기(공을 사용하는 운동경기) ‥‥‥‥( )

24. 음지(그늘진 곳) ‥‥‥‥‥‥‥‥‥‥( )

25. 고시(알릴 것을 게시함) ‥‥‥‥‥‥‥( )

26. 탁견(뛰어난 의견)‥‥‥‥‥‥‥‥‥‥( )

27. 통과(통하여 지나감) ‥‥‥‥‥‥‥‥‥( )

28. 사비(개인이 쓰는 비용) ‥‥‥‥‥‥‥( )

29. 원료(물건을 만드는 재료) ‥‥‥‥‥‥( )

30. 영해(그 나라에 속한 바다) ‥‥‥‥‥‥( )

31. 원인(사물의 말미암은 까닭) ‥‥‥‥‥( )

32. 재해(재앙으로 받은 피해) ‥‥‥‥‥‥( )

33. 화재(불로 인한 재난) ‥‥‥‥‥‥‥‥( )

34. 낙선(선거에서 떨어짐) ‥‥‥‥‥‥‥( )

35. 계량(양의 크기를 잼) ‥‥‥‥‥‥‥‥( )

36. 철칙(변경할 수 없는 규칙) ‥‥‥‥‥‥( )

37. 품귀(물건이 귀함) ‥‥‥‥‥‥‥‥‥( )

38. 사고(생각하고 궁리함) ‥‥‥‥‥‥‥( )

39. 광경(눈에 보이는 경치) ‥‥‥‥‥‥‥( )

40. 기필(꼭 이루어지길 바람) ‥‥‥‥‥‥( )

41. 축가(축하하기 위해 부른 노래) ‥‥‥‥( )

42. 망국(망한 나라) ‥‥‥‥‥‥‥‥‥‥( )

43. 미래(아직 오지 아니한 앞날) ‥‥‥‥‥( )

44. 안내(인도하여 알려줌) ‥‥‥‥‥‥‥( )

45. 자전(한문을 그 뜻과 해석을 달아 모아놓은 책)

‥‥‥‥‥‥‥‥‥‥‥‥‥‥‥‥‥‥( )

46. 요금(대가를 지불하는 금액) ‥‥‥‥‥( )

47. 요령(중요한 줄거리) ‥‥‥‥‥‥‥‥( )

48. 비용(드는 돈) ‥‥‥‥‥‥‥‥‥‥‥( )

49. 고귀(높고 귀함) ‥‥‥‥‥‥‥‥‥‥( )

50. 가동(움직이게 할 수 있음) ‥‥‥‥‥‥( )

☞ 38쪽의 정답

① 現代	② 校則	③ 先唱	④ 考案	⑤ 短期	⑥ 貯水	⑦ 法規	⑧ 可能	⑨ 初代	⑩ 奉仕	⑪ 田園	⑫ 歌曲
⑬ 救國	⑭ 寒氣	⑮ 遠近	⑯ 無料	⑰ 規定	⑱ 冷氣	⑲ 雨期	⑳ 漁船	㉑ 氷板	㉒ 元來	㉓ 競技	㉔ 特技
㉕ 老患	㉖ 所願	㉗ 林産	㉘ 種類	㉙ 冷情	㉚ 死傷	㉛ 古都	㉜ 雪景	㉝ 草案	㉞ 古典	㉟ 再建	㊱ 花壇
㊲ 相談	㊳ 責望	㊴ 消費	㊵ 歷史	㊶ 雨量	㊷ 合唱	㊸ 冬季	㊹ 識別	㊺ 要因	㊻ 最善	㊼ 偉業	㊽ 湖水
㊾ 旅費	㊿ 賣店										

✦ 사자성어 (四字成語) — 5級 범위

家內工業	(가내공업)	집 안에 단순한 기술과 도구로써 작은 규모로 생산하는 수공업
家庭教育	(가정교육)	어른들이 자녀들에게 주는 영향이나 가르침
各人各色	(각인각색)	사람마다 각기 다름
擧一反三	(거일반삼)	하나를 들면 셋으로 돌아옴. 스승에게 하나를 배우면 다른것까지도 터득해서 앎
見物生心	(견물생심)	어떤 물건을 보았을 때 갖고 싶은 욕심이 생기는 것으로 소유욕을 경계하라는 뜻
決死反對	(결사반대)	죽을 것을 각오하고 있는 힘을 다하여 반대함.
敬老孝親	(경로효친)	어른을 공경하고 부모에게 효도함.
敬天愛人	(경천애인)	하늘을 공경하고 인간을 사랑함.
公明正大	(공명정대)	하는 일이나 행동이 떳떳하고 바름
教學相長	(교학상장)	가르치고 배우면서 서로 성장함.
九死一生	(구사일생)	아홉 번 죽을 뻔하다 한 번 살아난다는 뜻으로, 죽을 고비를 여러차례 넘기고 겨우 살아남음을 뜻함.
今時初聞	(금시초문)	지금 처음으로 들음
南男北女	(남남북녀)	우리나라에서 남자는 남쪽지방 사람이 잘나고 여자는 북쪽 지방사람이 아름답다는 말
男女有別	(남녀유별)	남자와 여자 사이에 분별이 있어야 함
男女老少	(남녀노소)	남자와 여자, 늙은이와 젊은이
多才多能	(다재다능)	재주와 능력이 여러 가지로 많음
同生共死	(동생공사)	서로 같이 살고 같이 죽음
同苦同樂	(동고동락)	괴로움과 즐거움을 함께 함
東問西答	(동문서답)	물음과는 전혀 상관없는 엉뚱한 대답을 한다는 뜻
東西古今	(동서고금)	동양과 서양, 옛날이나 지금을 통틀어 하는 말
東西南北	(동서남북)	동쪽, 서쪽, 남쪽, 북쪽 모든 방향.
馬耳東風	(마이동풍)	말의 귀가 바람이 불어도 움직이지 않듯 남의 말을 귀담아 듣지 아니하고 지나쳐 버림
萬里長天	(만리장천)	아득이 높고 먼 하늘
門前成市	(문전성시)	찾아오는 사람이 많아 집 앞이 시장과 같다는 뜻
百年河淸	(백년하청)	아무리 오랜 시일이 지나도 어떤 일이 이루어지기 어렵다는 뜻
白面書生	(백면서생)	공부만 하고 세상일에는 전혀 경험이 없는 사람
百發百中	(백발백중)	백 번 쏘아 백 번 맞힌다는 뜻으로 하는 일마다 모두 잘됨.

사자성어 (四字成語)

사자성어	독음	뜻
白衣民族	(백의민족)	흰옷을 좋아하는 민족이라는 뜻으로, 우리 민족을 뜻함.
百戰百勝	(백전백승)	싸울 때마다 다 이김
奉仕活動	(봉사활동)	남을 위하여 힘껏 도와줌.
父母兄弟	(부모형제)	아버지, 어머니, 형, 아우
父子有親	(부자유친)	아버지와 아들 사이는 친함이 있어야 함.
不問曲直	(불문곡직)	옳고 그름을 묻지 아니함.
氷山一角	(빙산일각)	아주 많은 것 중에 조그마한 부분
四方八方	(사방팔방)	여기저기 모든 방향이나 방면
山戰水戰	(산전수전)	세상의 온갖 고생과 어려움을 다 겪었음을 이르는 말
山川草木	(산천초목)	산과 내와 풀과 나무
三寒四溫	(삼한사온)	사흘 동안 춥고 나흘 동안 따뜻한 우리나라의 겨울 날씨
上下左右	(상하좌우)	위, 아래, 왼쪽, 오른쪽 방향
生老病死	(생로병사)	사람이 나고 늙고 병들고 죽는 네 가지 고통을 뜻함.
生死苦樂	(생사고락)	삶과 죽음, 괴로움과 즐거움을 통틀어 이르는 말
身土不二	(신토불이)	우리 나라 땅에서 나는 농산물이 우리 몸에 좋다는 뜻
十中八九	(십중팔구)	열가운데 여덟이나 아홉 정도로 거의 대부분을 의미함.
樂山樂水	(요산요수)	자연을 즐기고 좋아함
勇氣百倍	(용기백배)	격려나 응원 따위에 힘을 얻어서 용기를 더 냄
雨順風調	(우순풍조)	비가 오고 바람이 부는것이 때와 분량이 알맞음
有口無言	(유구무언)	입은 있어도 말은 없다는 뜻으로, 변명을 못함을 이르는 말
耳目口鼻	(이목구비)	귀, 눈, 입, 코

✳ 사자성어 (四字成語)

以心傳心	(이심전심)	마음과 마음으로 서로 뜻이 통함.
人命在天	(인명재천)	사람의 목숨은 하늘에 달려 있다는 말
人山人海	(인산인해)	사람이 수없이 많이 모인 상태를 이르는 말
一口二言	(일구이언)	한 입으로 두 말을 한다는 뜻으로, 한 가지 일에 대하여 말을 이랬다저랬다 함을 뜻함.
一問一答	(일문일답)	한번 묻고 한번 대답함
一日三省	(일일삼성)	하루에 세가지 일로 자신을 살피고 반성함
一長一短	(일장일단)	일면의 장점과 다른 일면의 단점
一朝一夕	(일조일석)	하루 아침과 하루 저녁
自給自足	(자급자족)	필요한 물자를 스스로 생산하여 충당함
自問自答	(자문자답)	스스로 묻고 스스로 대답함
子孫萬代	(자손만대)	조상으로부터 오래도록 내려오는 대
自手成家	(자수성가)	부모가 물려주는 재산이 없이 자기 혼자의 힘으로 집안을 일으키고 재산을 모음
作心三日	(작심삼일)	한번 먹은 마음이 사흘을 가지 못한다는 뜻으로 결심이 굳지 못함.
電光石火	(전광석화)	번갯불이나 부싯돌의 불이 번쩍거리는 것과 같이 매우 짧은 시간을 이르는 말
前無後無	(전무후무)	이전에도 없었고 앞으로도 없음
天災地變	(천재지변)	지진, 홍수, 태풍 따위의 자연현상으로 인한 재앙과 피해
天下第一	(천하제일)	세상에 견줄 만한 것이 없이 최고임
靑山流水	(청산유수)	푸른 산에 맑은 물이라는 뜻으로, 막힘없이 말을 잘한다는 뜻
靑天白日	(청천백일)	하늘이 맑게 갠 대낮
淸風明月	(청풍명월)	맑은 바람과 밝은 달
草綠同色	(초록동색)	이름은 다르나 따지고 보면 한가지라는 뜻
春夏秋冬	(춘하추동)	봄, 여름, 가을, 겨울의 네 계절
特別活動	(특별활동)	학교 교육이나 학습 이외의 교육 활동
八方美人	(팔방미인)	어느 모로 보나 아름다운 사람
敗家亡身	(패가망신)	집안의 재산을 다 써 없애고 몸을 망침

角者無齒	(각자무치)	뿔이 있는 짐승은 이가 없다는 뜻으로, 한 사람이 여러 가지 재주나 복을 다 가질 수 없다는 말
敢不生心	(감불생심)	감히 엄두도 내지 못함
甘言利說	(감언이설)	귀가 솔깃하도록 남의 비위를 맞추거나 이로운 조건을 내세워 꾀는 말
江湖煙波	(강호연파)	강이나 호수 위에 안개처럼 보얗게 이는 기운
居安思危	(거안사위)	편안히 살 때 닥쳐올 위태로움을 생각함
見利思義	(견리사의)	눈 앞에 이익이 보일 때 의리를 먼저 생각함
見危授命	(견위수명)	나라가 위급할 때 자기 몸을 나라에 바침
結草報恩	(결초보은)	죽은 뒤에라도 은혜를 잊지 않고 갚음을 이르는 말
經世濟民	(경세제민)	세상을 다스리고 백성을 구함
敬天勤民	(경천근민)	하늘을 공경하고 백성을 위하여 부지런히 일함
鷄卵有骨	(계란유골)	달걀에도 뼈가 있다는 말로 운수가 나쁜 사람은 모처럼 좋은 기회를 만나도 역시 일이 잘 안된다는 뜻
苦盡甘來	(고진감래)	쓴 것이 다하면 단 것이 온다는 말로, 고생 끝에 즐거움이 온다는 뜻
空前絶後	(공전절후)	전에도 없었고 앞으로도 없을 일
過大評價	(과대평가)	실제보다 지나치게 높이 평가함
九牛一毛	(구우일모)	매우 많은 것 가운데 극히 적은 수를 이르는 말
九折羊腸	(구절양장)	꼬불꼬불하며 험한 산길을 이르는 말
君臣有義	(군신유의)	임금과 신하 사이의 도리는 의리에 있음
權不十年	(권불십년)	권세가 10년을 가지 못함
極惡無道	(극악무도)	지극히 악하고도 도의심이 없음
起死回生	(기사회생)	죽을 뻔하다가 다시 살아남
難攻不落	(난공불락)	공격하기가 어려워 좀처럼 함락되지 아니함
難兄難弟	(난형난제)	두 사물이 비슷하여 낫고 못함을 정하기 어려움을 이르는 말
怒發大發	(노발대발)	크게 성을 냄
論功行賞	(논공행상)	세운 공을 논하여 상을 줌
能小能大	(능소능대)	작은 일에도 능하고 큰 일에도 능하다는 데서 모든 일에 두루 능함을 이르는 말
多多益善	(다다익선)	많으면 많을수록 더욱 좋음
多聞博識	(다문박식)	견문이 넓고 학식이 많음
大義名分	(대의명분)	사람으로서 마땅히 지키고 행하여야 할 도리나 본분
大同小異	(대동소이)	큰 차이 없이 거의 같음
獨不將軍	(독불장군)	남의 의견은 무시하고 혼자 모든 일을 처리함.

🎗 사자성어 (四字成語)

得意滿面	(득의만면)	일이 뜻대로 이루어져 기쁜 표정이 얼굴에 가득함
燈下不明	(등하불명)	등잔 밑이 어둡다는 뜻으로 가까이 있는 것이 오히려 알아내기가 어려움을 이르는 말
燈火可親	(등화가친)	시원한 가을 밤은 등불을 가까이 하여 책 읽기에 좋다는 뜻
明鏡止水	(명경지수)	맑은 거울과 고요한 물
目不識丁	(목불식정)	아주 간단한 글자인 '丁'자를 보고도 그것이 '고무래'인 줄을 알지 못한다는 뜻으로, 아주 까막눈임을 이르는 말
無爲徒食	(무위도식)	하는 일 없이 놀고 먹음
美風良俗	(미풍양속)	아름답고 좋은 풍속이나 기풍
博學多識	(박학다식)	학식이 넓고 아는 것이 많음
百家爭鳴	(백가쟁명)	많은 학자나 문화인 등이 자기의 학설이나 주장을 자유롭게 발표하여, 논쟁하고 토론하는 일
百害無益	(백해무익)	해롭기만 하고 조금도 이로울 것이 없음
父傳子傳	(부전자전)	아버지가 아들에게 대대로 전함
北窓三友	(북창삼우)	거문고, 술, 시(詩)를 아울러 이르는 말
不問可知	(불문가지)	묻지 아니하여도 알 수 있음
非一非再	(비일비재)	같은 현상이나 일이 한두 번이나 한둘이 아니고 많음
貧者一燈	(빈자일등)	가난한 사람의 등 하나가 부자의 많은 등보다 더 소중함을 이름
思考方式	(사고방식)	어떤 문제에 대하여 생각하고 궁리하는 방법이나 태도
死生決斷	(사생결단)	죽고 사는 것을 거들떠보지 않고 끝장을 내려고 덤벼 듦
事實無根	(사실무근)	근거가 없음. 또는 터무니 없음
事親以孝	(사친이효)	어버이를 섬기기를 효도로써 함
事必歸正	(사필귀정)	모든 일은 반드시 바른길로 돌아감
四通五達	(사통오달)	길이나 교통상태가 사방으로 막힘없이 통함
山海珍味	(산해진미)	산과 바다에서 나는 온갖 진귀한 물건으로 차린 맛있는 음식
殺身成仁	(살신성인)	자기의 몸을 희생하여 인(仁)을 이룸
三位一體	(삼위일체)	세 가지의 것이 하나의 목적을 위하여 통합되는 일
生面不知	(생면부지)	서로 한 번도 만난 적이 없어서 전혀 알지 못하는 사람
生不如死	(생불여사)	삶이 죽음만 같지 못하다는 매우 곤경에 처해 있음을 이르는 말
善男善女	(선남선녀)	성품이 착한 남자와 여자란 뜻으로, 착하고 어진 사람들을 이르는 말
善因善果	(선인선과)	선업을 쌓으면 반드시 좋은 결과가 따름
仙姿玉質	(선자옥질)	신선의 자태에 옥의 바탕이라는 뜻으로, 몸과 마음이 매우 아름다운 사람을 이르는 말
説往説來	(설왕설래)	서로 자신의 주장을 내세우며 옥신각신하는 것을 말함

✖ 사자성어 (四字成語)

歲時風俗	(세시풍속)	해마다 행하여지는 전통적인 행사
速戰速決	(속전속결)	싸움을 오래 끌지 아니하고 빨리 몰아쳐 이기고 짐을 결정함
送舊迎新	(송구영신)	이 해를 보내고 새해를 맞음
是是非非	(시시비비)	여러 가지의 잘잘못
始終如一	(시종여일)	처음부터 끝까지 한결 같아서 변함 없음
信賞必罰	(신상필벌)	상과 벌을 공정하고 엄중하게 하는 일을 이르는 말
身言書判	(신언서판)	예전에 인물을 선발하는 데 표준으로 삼던 조건
實事求是	(실사구시)	사실에 토대를 두어 진리를 탐구하는 일
十年知己	(십년지기)	오래전부터 친히 사귀어 잘 아는 사람
眼下無人	(안하무인)	눈 아래에 사람이 없다는 뜻으로, 방자하고 교만하여 다른 사람을 업신여김을 이르는 말
安貧樂道	(안빈낙도)	가난한 생활을 하면서도 편안한 마음으로 도를 즐겨 지킴
惡戰苦鬪	(악전고투)	몹시 어렵게 싸우는 것
藥房甘草	(약방감초)	한약 속에는 반드시 감초가 들어 있듯이, 무슨 일이나 빠짐없이 끼임
弱肉强食	(약육강식)	약한 놈이 강한 놈에게 먹힘
魚東肉西	(어동육서)	제사음식을 차릴 때, 생선은 동쪽에 고기는 서쪽에 놓는다는 뜻
言文一致	(언문일치)	실제로 쓰는 말과 그 말을 적은 글이 일치함
言語道斷	(언어도단)	말할 길이 끊어졌다는 뜻으로, 어이가 없어서 말하려 해도 말할 수 없음을 이르는 말
言行一致	(언행일치)	말과 행동이 서로 같음
如出一口	(여출일구)	여러 사람의 말이 한결같이 같음
女必從夫	(여필종부)	아내는 반드시 남편에게 순종해야 한다는 말
緣木求魚	(연목구어)	나무에 올라가서 물고기를 구한다는 뜻으로, 도저히 불가능한 일을 굳이 하려 함을 비유적으로 이르는 말
連戰連勝	(연전연승)	싸울 때마다 계속하여 이김
英才敎育	(영재교육)	천재아의 재능을 훌륭하게 발전시키기 위한 특수 교육
五穀百果	(오곡백과)	온갖 곡식과 온갖 과일
玉骨仙風	(옥골선풍)	옥과 같은 골격과 선인과 같은 풍채
溫故知新	(온고지신)	옛것을 익히고 그것을 미루어서 새것을 앎
右往左往	(우왕좌왕)	이리저리 왔다갔다 하며 일이 나아가는 방향을 잡지 못함
危機一髮	(위기일발)	여유가 조금도 없이 몹시 절박한 순간
有備無患	(유비무환)	미리 준비를 해두면 어려운 일이 닥쳐도 걱정이 없다는 뜻
類類相從	(유유상종)	같은 무리끼리 서로 사귐

✻ 사자성어 (四字成語)

以實直告	(이실직고)	사실 그대로 고함
以卵擊石	(이란격석)	달걀로 돌을 친다는 뜻으로 턱없이 약한 것으로 강한 것을 당해내려는 어리석음
異口同聲	(이구동성)	다른 입에서 같은 소리를 낸다는 데서, 여러 사람의 말이 한결같음을 말함
二律背反	(이율배반)	서로 모순되어 양립할 수 없는 두 개의 명제
利用厚生	(이용후생)	기물의 사용을 편리하게 하고 백성의 생활을 윤택하게 함
以心傳心	(이심전심)	마음과 마음으로 서로 뜻이 통함
以熱治熱	(이열치열)	열로써 열을 다스림
離合集散	(이합집산)	헤어졌다가 모였다가 하는 일
因果應報	(인과응보)	좋은 일에는 좋은 결과가, 나쁜 일에는 나쁜 결과가 따름
人生無常	(인생무상)	인생이 덧없음
人死留名	(인사유명)	사람은 죽어서 이름을 남긴다는 말
仁者無敵	(인자무적)	어진 사람은 모든 사람을 사랑하고, 또 사랑을 받으므로 세상에 적이 없음
一擧兩得	(일거양득)	한 가지 일로써 두 가지 이득을 얻음
一脈相通	(일맥상통)	하나의 맥락으로 서로 통한다는 데서 솜씨나 성격 등이 서로 비슷함을 말함
一絲不亂	(일사불란)	한 타레의 실이 조금도 헝클어짐이 없이 질서정연하게 잘 풀림
一言半句	(일언반구)	한 마디의 말과 한 구의 반, 아주 짧은 말이나 글귀
一波萬波	(일파만파)	하나의 물결이 수많은 물결이 된다는 데서, 하나의 사건이 여러 가지로 자꾸 확대되는 것을 말함
日就月將	(일취월장)	나날이 다달이 자라거나 발전함
一喜一悲	(일희일비)	한편은 기쁘고 한편은 슬픔
一衣帶水	(일의대수)	한 줄기 좁은 강물이나 바닷물
一葉障目	(일엽장목)	잎사귀 하나로 눈을 가림, 전반적이고 근본적인 문제를 깨닫지 못함
一石二鳥	(일석이조)	돌한 개를 던져 새 두 마리를 잡는다는 뜻으로, 동시에 두 가지 이득을 봄을 이르는 말
一罰百戒	(일벌백계)	한 사람이나 한 가지 죄를 벌줌으로써 여러 사람을 경계함
一刻千金	(일각천금)	매우 짧은 시간도 천금만큼 귀하다
自手成家	(자수성가)	부모가 물려준 재산없이 자기 혼자의 힘으로 집안을 일으키고 재산을 모음
自業自得	(자업자득)	자기가 저지른 일의 결과를 자기가 받음
自強不息	(자강불식)	스스로 힘써 몸과 마음을 가다듬어 쉬지 아니함
自畵自讚	(자화자찬)	자기가 한 일을 스스로 자랑함을 이르는 말
張三李四	(장삼이사)	평범한 사람을 일컫는 말

✳ 사자성어 (四字成語)

適者生存	(적자생존)	환경에 적응한 생물만이 살아남고, 그렇지 못한 것은 멸망하는 자연의 현실
適材適所	(적재적소)	적당한 인재를 적당한 자리에 씀
戰爭英雄	(전쟁영웅)	전쟁에 뛰어나고 용맹하여 보통 사람이 하기 어려운 일을 해내는 사람
全知全能	(전지전능)	어떠한 사물이라도 잘 알고, 모든 일을 다 행할 수 있는 신(神)의 능력
前代未聞	(전대미문)	이제까지 들어본 적이 없는 일
朝變夕改	(조변석개)	아침저녁으로 뜯어 고침 곧 일을 자주 뜯어 고침
種豆得豆	(종두득두)	콩 심은 데 콩 난다는 말로, 자기가 노력한 만큼 거둔다는 뜻
走馬看山	(주마간산)	자세히 살피지 아니하고 대충대충 보고 지나감을 이르는 말
竹馬故友	(죽마고우)	어릴 때부터 대나무를 타면서 같이 놀고 자랐던 옛 친구
衆口難防	(중구난방)	여럿이 마구 지껄이는 말은 막기가 어렵다는 뜻
晝夜長川	(주야장천)	밤낮으로 쉬지 아니하고 연달아
知過必改	(지과필개)	자신의 잘못을 알면 반드시 고쳐야 한다는 뜻
至誠感天	(지성감천)	지극한 정성을 하늘이 감동함
知行合一	(지행합일)	지식과 행동이 서로 맞음
盡忠報國	(진충보국)	충성을 다하여 나라의 은혜에 보답함
進退兩難	(진퇴양난)	이러지도 저러지도 못하는 어려운 처지
天生緣分	(천생연분)	세상에 태어날 때 부터 하늘이 정해준 남녀간의 인연
千慮一得	(천려일득)	어리석은 사람이라도 많은 생각을 하면 그 과정에서 한가지 쯤은 좋은 것이 나올 수 있음
千慮一失	(천려일실)	지혜로운 사람도 많은 생각 가운데는 간혹 실책이 있을 수 있다는 말
千差萬別	(천차만별)	여러 가지 사물이 모두 차이가 있고 구별이 있음
千篇一律	(천편일률)	여러 시문의 격조(格調)가 모두 비슷하여 개별적 특성이 없음
天人共怒	(천인공노)	하늘과 사람이 함께 노한다는 뜻으로 누구나 분노할 만큼 증오스럽거나 도저히 용납할 수 없음을 이르는 말
清貧樂道	(청빈낙도)	청렴결백하고 가난하게 사는 것은 옳은 일로 여기고 즐김
寸鐵殺人	(촌철살인)	간단한 말로도 남을 감동시키거나 남의 약점을 찌를 수 있음
秋風落葉	(추풍낙엽)	가을바람에 떨어지는 나뭇잎
出將入相	(출장입상)	문무를 겸비하여 장상의 벼슬을 모두 지낸 사람
忠言逆耳	(충언역이)	충직한 말은 귀에 거슬림
卓上空論	(탁상공론)	현실성이 없는 허황한 이론이나 논의
太平聖代	(태평성대)	어진 임금이 나라를 잘 다스리어 태평한 세상이 됨

🎴 사자성어 (四字成語)

風待歲月	(풍대세월)	아무리 바라고 기다려도 실현될 가망성이 없는 일
風前燈火	(풍전등화)	일의 사정이 위태로운 처지에 놓여 있음을 뜻함
必有曲折	(필유곡절)	반드시 무슨 까닭이 있음
漢江投石	(한강투석)	한강에 아무리 돌을 던져도 테가 나지 않듯이 지나치게 미비하여 아무 효과도 없음
海水浴場	(해수욕장)	해수욕을 할 수 있는 환경과 시설이 갖추어진 바닷가
行動擧止	(행동거지)	몸을 움직여 하는 모든 것
虛張聲勢	(허장성세)	실속 없이 허세만 부림
好衣好食	(호의호식)	잘 입고 잘 먹고 삶
呼兄呼弟	(호형호제)	형이니 아우니 하면서 매우 가까운 사이로 지내며 산다는 뜻
花容月態	(화용월태)	아름다운 여인의 얼굴과 맵시를 이르는 말
會者定離	(회자정리)	만난 자는 언젠가 반드시 헤어짐
興盡悲來	(흥진비래)	즐거움이 다하면 슬픔이 닥쳐옴

※ 다음 四字成語가 완성되도록 (　)속의 말을 漢字로 바꾸어 쓰시오.

※ 정답은 50쪽에 있음.

1. (　)(　)絶後
2. (　)(　)思義
3. 極惡(　)(　)
4. 有備(　)(　)
5. (　)(　)一毛
6. (　)(　)能大
7. 怒發(　)(　)
8. 自手(　)(　)
9. (　)(　)善果
10. (　)(　)益善
11. 燈下(　)(　)
12. 全知(　)(　)

13. (　)(　)速決
14. (　)(　)將軍
15. 父傳(　)(　)
16. 朝變(　)(　)
17. (　)(　)知己
18. (　)(　)決斷
19. 思考(　)(　)
20. 戰爭(　)(　)
21. (　)(　)相從
22. (　)(　)報恩
23. 事親(　)(　)
24. 風待(　)(　)

25. (　)(　)直告
26. (　)(　)無根
27. 三位(　)(　)
28. 海水(　)(　)
29. (　)(　)兩得
30. (　)(　)善女
31. 生面(　)(　)
32. 經(　)濟(　)
33. (　)(　)地變
34. (　)(　)落葉
35. 行動(　)(　)
36. 起(　)回(　)

※ 정답은 51쪽 하단에 있음.

1. 百害(무)益 : 해롭기만 하고 조금도 이로울 것이 없음

2. 見危授(명) : 나라가 위급할 때 자기몸을 나라에 바침

3. 右(왕)左往 : 이리저리 왔다 갔다 하며 일이 나아가는 방향을 잡지 못함

4. 生不如(사) : 삶이 죽음만 같지 못하다는 매우 곤경에 처해 있음을 이르는 말

5. 無爲徒(식) : 하는 일 없이 놀고 먹음

6. 至誠感(천) : 지극한 정성에 하늘이 감동함

7. 連戰連(승) : 싸울 때마다 계속하여 이김

8. 是(시)非非 : 여러 가지의 잘잘못

9. 一波(만)波 : 하나의 물결이 수많은 물결이 된다는 데서, 하나의 사건이 여러 가지로 자꾸 확대되는 것을 말함

10. 一言(반)句 : 한 마디의 말과 한 구의 반, 아주 짧은 말이나 글귀

11. (천)慮一失 : 지혜로운 사람도 많은 생각 가운데는 간혹 실책이 있을 수 있다는 말

12. 眼下(무)人 : 눈 아래에 사람이 없다는 뜻으로, 방자하고 교만하여 다른 사람을 업신여김을 이르는 말

13. (목)不識丁 : 아주 간단한 글자인 '丁'자를 보고도 그것이 '고무래' 인 줄을 알지 못한다는 뜻으로, 아주 까막눈임을 이르는 말

14. (여)出一口 : 여러 사람의 말이 한결같이 같음

15. (대)同小異 : 큰 차이 없이 거의 같음

16. 大義名(분) : 사람으로서 마땅히 지키고 행하여야 할 도리나 본분

17. 得意滿(면) : 일이 뜻대로 이루어져 기쁜 표정이 얼굴에 가득함

18. 惡戰(고)鬪 : 몹시 어렵게 싸우는 것

19. 緣木求(어) : 나무에 올라가서 물고기를 구한다는 뜻으로, 도저히 불가능한 일을 굳이 하려 함을 비유적으로 이르는 말

20. 女必從(부) : 아내는 반드시 남편에게 순종해야 한다는 말

21. 人生(무)常 : 인생이 덧없음

22. 多(문)博識 : 견문이 넓고 학식이 많음

23. (탁)上空論 : 현실성이 없는 허황한 이론이나 논의

24. 過(대)評價 : 실제보다 지나치게 높이 평가함

25. 類類(상)從 : 같은 무리끼리 서로 사귐

26. 一(거)兩得 : 한 가지 일을 하여 두 가지 이익을 얻음

27. 一罰百(계) : 한 사람이나 한 가지 죄를 벌줌으로써 여러 사람을 경계함

28. (비)一非再 : 같은 현상이나 일이 한두 번이나 한둘이 아니고 많음

29. 生死(결)斷 : 죽음을 각오하고 대들어 끝장 냄

30. 百家(쟁)鳴 : 많은 학자나 문화인 등이 자기의 학설이나 주장을 자유롭게 발표하여, 논쟁하고 토론하는 일

31. 以卵擊(석) : 달걀로 돌을 친다는 뜻으로 턱없이 약한 것으로 강한 것을 당해내려는 어리석음

32. (사)必歸正 : 모든 일은 반드시 바른길로 돌아감

33. 安貧樂(도) : 가난한 생활을 하면서도 편안한 마음으로 도를 즐겨 지킴

34. 居(안)思危 : 편안히 살 때 닥쳐올 위태로움을 생각함

35. (천)慮一得 : 어리석은 사람도 많은 생각 가운데 한 가지쯤 좋은 생각이 미칠 수 있다는 말

36. (신)賞必罰 : 상과 벌을 공정하고 엄중하게 하는 일을 이르는 말

37. (구)折羊腸 : 꼬불꼬불하며 험한 산길을 이르는 말

※ 다음 漢字語의 ( )속에 알맞은 漢字를 써서 四字成語를 완성하시오.

※ 정답은 50쪽 하단에 있음.

38. 利用厚(생) : 기물의 사용을 편리하게 하고 백성의 생활을 윤택하게 함

39. 必有(곡)折 : 반드시 무슨 까닭이 있음

40. 君(신)有義 : 임금과 신하 사이의 도리는 의리에 있음

41. (명)鏡止水 : 맑은 거울과 고요한 물

42. 離(합)集散 : 헤어졌다가 모였다가 하는 일

43. 一刻(천)金 : 매우 짧은 시간도 천금만큼 귀하다

44. 玉骨仙(풍) : 옥과 같은 골격과 선인과 같은 풍채

45. 異口(동)聲 : 다른 입에서 같은 소리를 낸다는 데서, 여러 사람의 말이 한결같음을 말함

46. (시)終如一 : 처음부터 끝까지 한결같아서 변함없음

47. 進退兩(난) : 이러지도 저러지도 못하는 어려운 처지

48. 自(업)自得 : 자기가 저지른 일의 결과를 자기가 받음

49. 二律背(반) : 서로 모순되어 양립할 수 없는 두 개의 명제

50. 前代未(문) : 이제까지 들어본 적이 없는 일

51. (강)湖煙波 : 강이나 호수 위에 안개처럼 보얗게 이는 기운

52. (일)衣帶水 : 한 줄기 좁은 강물이나 바닷물

53. (백)折不屈 : 어떠한 난관에도 결코 굽히지 않음

54. (천)篇一律 : 여러 시문의 격조(格調)가 모두 비슷하여 개별적 특성이 없음

55. 虛張(성)勢 : 실속 없이 허세만 부림

56. 角者(무)齒 : 뿔이 있는 짐승은 이가 없다는 뜻으로, 한 사람이 여러 가지 재주나 복을 다 가질 수 없다는 말

57. 言語(도)斷 : 말할 길이 끊어졌다는 뜻으로, 어이가 없어서 말하려 해도 말할 수 없음을 이르는 말

58. 危機(일)髮 : 여유가 조금도 없이 몹시 절박한 순간

59. (어)東肉西 : 제사음식을 차릴 때, 생선은 동쪽에 고기는 서쪽에 놓는 것

60. 千差萬(별) : 여러 가지 사물이 모두 차이가 있고 구별이 있음

61. 敢不(생)心 : 감히 엄두도 내지 못함

62. 走(마)看山 : 자세히 살피지 아니하고 대충대충 보고 지나감을 이르는 말

63. (실)事求是 : 사실에 토대를 두어 진리를 탐구하는 일

64. (미)風良俗 : 아름답고 좋은 풍속이나 기풍

65. (화)容月態 : 아름다운 여인의 얼굴과 맵시를 이르는 말

66. (출)將入相 : 문무를 겸비하여 장상의 벼슬을 모두 지낸 사람

67. 甘(언)利說 : 귀가 솔깃하도록 남의 비위를 맞추거나 이로운 조건을 내세워 꾀는 말

68. 天人(공)怒 : 하늘과 사람이 함께 노한다는 뜻으로, 누구나 분노할 만큼 증오스럽거나 도저히 용납할 수 없음을 이르는 말

69. 仙姿玉(질) : 신선의 자태에 옥의 바탕이라는 뜻으로, 몸과 마음이 매우 아름다운 사람을 이르는 말

70. (경)天勤民 : 하늘을 공경하고 백성을 위하여 부지런히 일함

71. 一脈相(통) : 하나의 맥락으로 서로 통한다는 데서 솜씨나 성격 등이 서로 비슷함을 말함

72. 忠(언)逆耳 : 충직한 말은 귀에 거슬림

73. 一(석)二鳥 : 돌 한 개를 던져 새 두 마리를 잡는다는 뜻으로, 동시에 두 가지 이득을 봄을 이르는 말

74. 難攻不(락) : 공격하기가 어려워 좀처럼 함락되지 아니함

75. 說往說(래) : 서로 자신의 주장을 내세우며 옥신각신하는 것을 말함

76. 自(강)不息 : 스스로 힘써 몸과 마음을 가다듬어 쉬지 아니함

☞ 50쪽의 정답

① 無 ② 命 ③ 往 ④ 死 ⑤ 食 ⑥ 天 ⑦ 勝 ⑧ 是 ⑨ 萬 ⑩ 牛 ⑪ 千 ⑫ 無 ⑬ 目 ⑭ 如 ⑮ 大 ⑯ 分 ⑰ 面 ⑱ 苦 ⑲ 魚 ⑳ 夫 ㉑ 無 ㉒ 聞 ㉓ 卓 ㉔ 大 ㉕ 相 ㉖ 擧 ㉗ 戒 ㉘ 非 ㉙ 決 ㉚ 爭 ㉛ 石 ㉜ 事 ㉝ 道 ㉞ 安 ㉟ 千 ㊱ 信 ㊲ 九

✦ 약자 (略字)

※ 4급 略字 쓰기는 5급 배정한자 범위내에서 출제됩니다.

基本字	略字	基本字	略字	基本字	略字	基本字	略字	基本字	略字
價	価	農	农	禮	礼	實	実	晝	昼
擧	挙	團	団	勞	労	兒	児	質	貭
輕	軽	當	当	萬	万	惡	悪	參	参
觀	覌 覎	對	対	賣	売	藥	薬	處	処
關	関	圖	図	發	発	醫	医	鐵	鉄
廣	広	獨	独	變	変	爭	争	體	体
區	区	讀	読	冰	氷	傳	伝	學	学
舊	旧	同	仝	寫	写	戰	战	號	号
國	国	樂	楽	世	丗	定	㝎	畫	画
氣	気	來	来	數	数	卒	卆	會	会

✦ 다음 漢字는 서로 비슷하므로 訓과 音을 정확히 구별하시오.

間 (사이 간)　　球 (공 구)
聞 (들을 문)　　救 (구원할 구)
問 (물을 문)　　求 (구할 구)

監 (볼 감)　　群 (무리 군)
覽 (볼 람)　　郡 (고을 군)

儉 (검소할 검)　　卷 (책 권)
檢 (검사할 검)　　券 (문서 권)

境 (지경 경)　　勸 (권할 권)
鏡 (거울 경)　　觀 (볼 관)

警 (깨우칠 경)　　歸 (돌아갈 귀)
驚 (놀랄 경)　　掃 (쓸 소)

季 (철 계)　　劇 (심할 극)
李 (오얏 리)　　據 (의거할 거)

考 (생각할 고)　　級 (등급 급)
孝 (효도 효)　　給 (줄 급)

怒 (성낼 노)　　謝 (사례할 사)
努 (힘쓸 노)　　射 (쏠 사)

堂 (집 당)　　使 (부릴 사)
當 (마땅할 당)　　便 (편할 편)

代 (대신할 대)　　思 (생각 사)
伐 (칠 벌)　　恩 (은혜 은)

帶 (띠 대)　　城 (재 성)
隊 (무리 대)　　域 (지경 역)

到 (이를 도)　　詩 (시 시)
致 (이를 치)　　討 (칠 토)

亂 (어지러울 란)　　矢 (화살 시)
難 (어려울 난)　　失 (잃을 실)

武 (호반 무)　　緣 (인연 연)
式 (법 식)　　綠 (푸를 록)

防 (막을 방)　　熱 (더울 열)
妨 (방해할 방)　　勢 (형세 세)

榮 (영화로울 영)　　傳 (전할 전)　　親 (친할 친)
營 (경영할 영)　　停 (멈출 정)　　新 (새 신)

圍 (에워쌀 위)　　條 (가지 조)　　探 (찾을 탐)
圓 (둥글 원)　　修 (닦을 수)　　深 (깊을 심)

腸 (창자 장)　　指 (가리킬 지)　　閉 (닫을 폐)
陽 (볕 양)　　持 (가질 지)　　閑 (한가할 한)

裝 (꾸밀 장)　　知 (알 지)　　畫 (그림 화)
獎 (장려할 장)　　和 (화할 화)　　晝 (낮 주)

材 (재목 재)　　職 (직분 직)　　虛 (빌 허)
村 (마을 촌)　　識 (알 식)　　處 (곳 처)

積 (쌓을 적)　　着 (붙을 착)　　歡 (기쁠 환)
績 (길쌈 적)　　差 (다를 차)　　歎 (탄식할 탄)

錢 (돈 전)　　忠 (충성 충)
殘 (남을 잔)　　患 (근심할 환)

※ 맨 나중에는 가위로 잘라서 섞어진 상태에서 시험을 봅니다. ※ 정답은 52쪽 略字를 보세요.

1. 讀 (　)　　2. 參 (　)　　3. 醫 (　)　　4. 輕 (　)　　5. 爭 (　)　　6. 當 (　)

7. 同 (　)　　8. 惡 (　)　　9. 關 (　)　　10. 數 (　)　　11. 舊 (　)　　12. 樂 (　)

13. 寫 (　)　　14. 禮 (　)　　15. 藥 (　)　　16. 世 (　)　　17. 兒 (　)　　18. 傳 (　)

19. 晝 (　)　　20. 國 (　)　　21. 氣 (　)　　22. 實 (　)　　23. 觀 (　)　　24. 戰 (　)

25. 廣 (　)　　26. 鐵 (　)　　27. 質 (　)　　28. 區 (　)　　29. 定 (　)　　30. 賣 (　)

31. 獨 (　)　　32. 發 (　)　　33. 卒 (　)　　34. 會 (　)　　35. 價 (　)　　36. 冰 (　)

37. 勞 (　)　　38. 擧 (　)　　39. 畫 (　)　　40. 萬 (　)　　41. 來 (　)　　42. 對 (　)

43. 變 (　)　　44. 處 (　)　　45. 體 (　)　　46. 學 (　)　　47. 圖 (　)　　48. 號 (　)

동자이음자(同字異音字), 일자다음자(一字多音字) ▬▬ 두 가지 이상의 음을 가진 한자

훈음(訓音)		예(例)	훈음(訓音)		예(例)	훈음(訓音)		예(例)
降	강 내리다	降雪(강설)	北	북 북녘	南北(남북)	惡	악 악하다	惡人(악인)
	항 항복하다	降伏(항복)		배 달아나다	敗北(패배)		오 미워하다	憎惡(증오)
更	갱 다시	更新(갱신)	不	부 아니다	不當(부당)	樂	요 좋아하다	樂山樂水(요산요수)
	경 고치다	變更(변경)		불 아니다	不可能(불가능)		락 즐기다	樂園(낙원)
車	거 수레	人力車(인력거)	寺	사 절	寺刹(사찰)		악 노래	音樂(음악)
	차 수레	自動車(자동차)		시 내관	內寺(내시)	易	역 바꾸다	貿易(무역)
見	견 보다	見學(견학)	殺	살 죽이다	殺生(살생)		이 쉽다	難易(난이)
	현 뵙다	謁見(알현)		쇄 감하다	相殺(상쇄)	切	절 끊다	切斷(절단)
金	금 쇠	千金(천금)	參	삼 석	參千(삼천)		체 온통	一切(일체)
	김 성	金氏(김씨)		참 참여하다	參加(참가)	推	추 옮기다	推進(추진)
宅	택 집	住宅(주택)	狀	상 형상	現狀(현상)		퇴 밀다	推敲(퇴고)
	댁 집안	宅內(댁내)		장 문서	賞狀(상장)	則	칙 법칙	法則(법칙)
度	도 법도	程度(정도)	說	설 말씀	說話(설화)		즉 곧	則(즉)—다시말하면
	탁 헤아리다	度地(탁지)		세 달래다	遊說(유세)	布	포 베, 펴다	布告(포고)
				열 기뻐하다	說樂(열락)		보 베풀다	布施(보시)
讀	독 읽다	讀書(독서)	省	성 살필	反省(반성)	暴	폭 나타내다	暴露(폭로)
	두 구절	句讀(구두)		생 덜다	省略(생략)		포 모지다	暴惡(포악)
洞	동 골	洞里(동리)	宿	숙 묵다	旅人宿(여인숙)	行	행 다니다	行動(행동)
	통 밝다	洞察(통찰)		수 성수	星宿(성수)		항 항렬	行列(항렬)
便	변 똥오줌	便所(변소)	食	식 먹다	飮食(음식)	畫	화 그림	畫家(화가)
	편 편하다	便利(편리)		사 밥	簞食瓢飮(단사표음)		획 그으다	計畫(계획)
復	복 회복하다	復舊(복구)	識	식 알다	知識(지식)			
	부 다시	復興(부흥)		지 기록하다	標識(표지)			

※다음 문장의 (   )속에 들어갈 알맞은 말을 쓰시오..

1. '降'은 (1)'(   )강'과 (2)'(   )항'으로 읽히는 一字多音字이며 '更'은 '更生'에서는 '다시'의 뜻으로 '更正'에서는 (3)'(   )'의 뜻으로 쓰이는 글자이다.

2. '車'는 '人力車'에서는 (4)'수레(   )'로 읽히고 '自動車'에서는 (5)'수레(   )'로 읽히는 글자이며, '金'은 '金錢'에서는 (6)'(   )'의 뜻으로 쓰이지만 '金氏'에서는 '성 김'의 뜻으로 쓰이는 글자이다.

3. '度'는(은) (7)'(   )도'와 (8)'(   )탁'으로 읽히는 一字多音字이며, '讀'은(는) '讀書'에서는 '읽다'의 뜻으로 쓰이지만 '句讀'에서는 (9)'(   )'의 뜻으로 쓰이는 글자이다.

4. '復'은(는) (10)'(   )복'과 (11)'(   )부'로 읽히는 글자이며, '便'은 '便利'에서는 (12)'(   )'의 뜻으로 쓰이지만 '便所'에서는 '똥, 오줌'의 뜻으로 쓰이는 글자이다.

5. '北'은(는) (13)'(   )북'과 (14)'(   )배'로 읽히는 一字多音字이며, '殺'은(는) '殺人'에서는 '죽이다'의 뜻으로 '相殺'에서는 (15)'(   )'의 뜻으로 쓰이는 글자이다.

6. '狀'은(는) (16)'(   )장'과 (17)'(   )상'으로 읽히는 一字多音字이며, '參'은 '參拾'에서는 '석'의 뜻으로 쓰이지만, '參加'에서는 (18)'(   )'의 뜻으로 쓰이는 글자이다.

7. '洞'은 (19)'(   )동'과 (20)'(   )통'으로 읽히는 一字多音字이며, '省'은 '省察'에서는 '살피다'의 뜻으로 쓰이며 '省略'에서는 (21)'(   )'의 뜻으로 쓰이는 글자이다

8. '宿'은(는) (22)'(   )숙'과 (23)'(   )수'로 읽히는 一字多音字이며, '識'은(는) '知識'에서는 '알다'의 뜻으로 쓰이며, '標識'에서는 (24)'(   )'의 뜻으로 쓰이는 글자이다.

9. '惡'은(는) (25)'( )악'과 (26)'( )오'로 쓰이는 一字多音字이며, '說'은(는) '말씀설'과 (27)'( )세' 그리고 '기쁠열'의 세가지 訓音으로 읽히는 一字多音字이다.

10. '樂'은(는) (28)'즐길( )'과 (29)'풍류( )' 그리고 '좋아할요'로 읽히는 글자이며 '易'는(은) '쉬울이'와 (30)'( )역'의 두가지 訓音으로 읽히는 一字多音字들이다.

11. '畫'는(은) (31)'( )화'와 (32)'( )획'으로 읽히는 글자이며, '暴'은 '暴惡'에서는 (33)'( )'로 '暴行'에서는 '사납다'의 뜻으로 쓰이는 글자이다.

12. '切'은(는) (34)'( )절'과 (35)'( )체'로 읽히는 글자이며, '布'는 '布告'에서는 (36)'( )'의 뜻으로 쓰이지만 '布施'에서는 '베풀다'의 뜻으로 쓰이는 글자이다.

13. '便'는(은) (37)'( )편'과 (38)'( )변'으로 읽히는 一字多音字이고, '度'는 '법도 도'와 (39)'( )탁'의 두가지 訓音으로 읽히는 글자이다.

14. '參'은 (40)'( )삼'과 (41)'( )참'으로 읽히는 一字多音字이며, '降'은 '降雪'에서는 '내릴 강'으로 '降伏'에서는 (42)'( )항'의 두가지 訓音으로 읽히는 글자이다.

15. '省'은 (43)'( )성'과 (44)'( )생'으로 읽히는 글자이며, '狀'은 '賞狀'에서는 '문서 장'으로 '狀態'에서는 (45)'( )상'의 두가지 訓音으로 읽히는 글자이다.

16. '殺'은(는) (46)'( )살'과 (47)'( )쇄'로 읽히는 一字多音字이며, '北'은(는) '北東'에서는 '북녘 북'으로 '敗北'에서는 (48)'( )배'의 두가지 訓音으로 읽히는 글자이다.

☞ 一字多音字 正答

① 내리다 ② 항복하다 ③ 고치다 ④ 거 ⑤ 차 ⑥ 쇠 ⑦ 법도 ⑧ 헤아리다 ⑨ 구절 ⑩ 회복하다 ⑪ 다시 ⑫ 편하다 ⑬ 북녘 ⑭ 달아나다 ⑮ 감하다 ⑯ 문서 ⑰ 형상 ⑱ 참여하다 ⑲ 골 ⑳ 살피다 ㉑ 덜다 ㉒ 자다 ㉓ 성수(별자리) ㉔ 기록하다 ㉕ 악하다 ㉖ 미워하다 ㉗ 달래다 ㉘ 락 ㉙ 악 ㉚ 바꾸다 ㉛ 그림 ㉜ 그으다 ㉝ 모질다 ㉞ 끊다 ㉟ 온통 ㊱ 펴다 ㊲ 편하다 ㊳ 똥, 오줌 ㊴ 헤아리다 ㊵ 석 ㊶ 참여하다 ㊷ 항복하다 ㊸ 살피다 ㊹ 덜다 ㊺ 형상 ㊻ 죽이다 ㊼ 감하다㊽ 달아나다

✵ 두음법칙 (頭音法則)

두음법칙이란 첫소리가 'ㄹ'이나 'ㄴ'으로 소리나는 漢字語가 그 독음이 'ㄹ'은 'ㄴ'과 'ㅇ'으로 'ㄴ'은 'ㅇ'으로 바뀌는 것을 말한다.

1. 'ㄹ'이 'ㄴ'으로 바뀌는 경우

落 ・村落(촌락):落書(낙서), 落選(낙선)
亂 ・變亂(변란):亂動(난동)
卵 ・鷄卵(계란):卵生(난생)
朗 ・明朗(명랑):朗讀(낭독)
勞 ・過勞(과로):勞使(노사), 勞動(노동)
論 ・討論(토론):論議(논의)
來 ・未來(미래):來日(내일), 來社(내사)
冷 ・寒冷(한랭):冷氣(냉기), 冷待(냉대)
錄 ・記錄(기록):錄音(녹음)

2. 'ㄹ'이 'ㅇ'으로 바뀌는 경우

略 ・省略(생략):略式(약식)
糧 ・食糧(식량):糧穀(양곡)
良 ・改良(개량):良心(양심), 良民(양민)
旅 ・行旅(행려):旅客(여객), 旅行(여행)
練 ・訓練(훈련):練習(연습)
列 ・正列(정렬):列擧(열거), 列車(열차)
領 ・要領(요령):領土(영토), 領空(영공)
令 ・口令(구령):令愛(영애)
料 ・無料(무료):料金(요금), 料理(요리)
留 ・殘留(잔류):留保(유보)
流 ・寒流(한류):流用(유용), 流動(유동)
律 ・法律(법률):律動(율동)
離 ・流離(유리):離別(이별), 離婚(이혼)

3. 'ㄴ'이 'ㅇ'으로 바뀌는 경우

女 ・男女(남녀):女子(여자), 女人(여인)
念 ・記念(기념):念頭(염두), 念願(염원)

※ 두음법칙에 맞게 다음 漢字語의 讀音을 쓰시오.

1. 史料 ( )		31. 行列 ( )	
2. 料金 ( )		32. 列車 ( )	
3. 料理 ( )		33. 部落 ( )	
4. 糧食 ( )		34. 落書 ( )	
5. 食糧 ( )		35. 命令 ( )	
6. 行旅 ( )		36. 令愛 ( )	
7. 旅行 ( )		37. 頭領 ( )	
8. 法律 ( )		38. 領空 ( )	
9. 律動 ( )		39. 善良 ( )	
10. 動亂 ( )		40. 良好 ( )	
11. 亂動 ( )		41. 良心 ( )	
12. 省略 ( )		42. 內陸 ( )	
13. 略式 ( )		43. 陸軍 ( )	
14. 旅客 ( )		44. 訓練 ( )	
15. 旅費 ( )		45. 練習 ( )	
16. 未來 ( )		46. 人類 ( )	
17. 來日 ( )		47. 類形 ( )	
18. 記錄 ( )		48. 分類 ( )	
19. 錄音 ( )		49. 分離 ( )	
20. 寒冷 ( )		50. 離別 ( )	
21. 冷氣 ( )		51. 離婚 ( )	
22. 鷄卵 ( )		52. 有利 ( )	
23. 卵生 ( )		53. 利益 ( )	
24. 冷害 ( )		54. 利害 ( )	
25. 討論 ( )		55. 男女 ( )	
26. 論議 ( )		56. 女子 ( )	
27. 水陸 ( )		57. 有念 ( )	
28. 陸地 ( )		58. 思念 ( )	
29. 殘留 ( )		59. 念願 ( )	
30. 留保 ( )		60. 念頭 ( )	

(해답은 144쪽에 있음.)

※ 여기 '섞음漢字(배정漢字) 훈·음표'에 적힌 번호와 다음장의 '섞음漢字'에 적힌 번호가 서로 일치합니다.

家 집가 1	歌 노래가 2	價 값가 3	可 옳을가 4	加 더할가 5	角 뿔각 6	各 각각각 7	間 사이간 8	感 느낄감 9	江 강강 10
強 강할강 11	開 열개 12	改 고칠개 13	客 손객 14	車 수레거/수레차 15	擧 들거 16	去 갈거 17	建 세울건 18	件 물건건 19	健 굳셀건 20
格 격식격 21	見 볼견 22	決 결단할결 23	結 맺을결 24	京 서울경 25	敬 공경할경 26	景 별경 27	輕 가벼울경 28	競 다툴경 29	界 지경계 30
計 셈할계 31	高 높을고 32	苦 쓸고 33	古 예고 34	告 고할고 35	考 생각할고 36	固 굳을고 37	曲 굽을곡 38	工 장인공 39	空 빌공 40
公 공평할공 41	功 공공 42	共 함께공 43	科 과목과 44	果 열매과 45	課 공부할과/과정과 46	過 지날과 47	關 관계할관 48	觀 볼관 49	光 빛광 50
廣 넓을광 51	校 학교교 52	敎 가르칠교 53	交 사궐교 54	橋 다리교 55	九 아홉구 56	口 입구 57	球 공구 58	區 구분할구/지경구 59	舊 옛구 60
具 갖출구 61	救 구원할구 62	國 나라국 63	局 판국 64	軍 군사군 65	郡 고을군 66	貴 귀할귀 67	規 법규 68	根 뿌리근 69	近 가까울근 70
金 쇠금/성김 71	今 이제금 72	急 급할급 73	級 등급급 74	給 줄급 75	氣 기운기 76	記 기록할기 77	旗 기기 78	己 몸기 79	基 터기 80
技 재주기 81	汽 물끓는김기 82	期 기약할기 83	吉 길할길 84	南 남녘남 85	男 사내남 86	內 안내 87	女 계집녀 88	年 해년 89	念 생각할념 90
農 농사농 91	能 능할능 92	多 많을다 93	短 짧을단 94	團 둥글단 95	壇 단단 96	談 말씀담 97	答 대답할답 98	堂 집당 99	當 마땅할당 100
大 큰대 101	代 대신할대 102	對 대할대 103	待 기다릴대 104	德 큰덕 105	道 길도 106	圖 그림도 107	度 법도도/헤아릴탁 108	到 이를도 109	島 섬도 110
都 도읍도 111	讀 읽을독 112	獨 홀로독 113	東 동녘동 114	動 움직일동 115	洞 골동/살필통 116	同 한가지동 117	冬 겨울동 118	童 아이동 119	頭 머리두 120
登 오를등 121	等 무리등 122	樂 즐거울락/노래악/좋아할요 123	落 떨어질락 124	朗 밝을랑 125	來 올래 126	冷 찰랭 127	良 어질량 128	量 헤아릴량 129	旅 나그네려 130
力 힘력 131	歷 지날력 132	練 익힐련 133	領 거느릴령 134	令 하여금령 135	例 법식례 136	禮 예도례 137	老 늙을로 138	路 길로 139	勞 일할로 140
綠 푸를록 141	料 헤아릴료 142	類 무리류 143	流 흐를류 144	六 여섯륙 145	陸 뭍륙 146	里 마을리 147	理 다스릴리 148	利 이할리 149	李 오얏리/성리 150
林 수풀림 151	立 설립 152	馬 말마 153	萬 일만만 154	末 끝말 155	望 바랄망 156	亡 망할망 157	每 매양매 158	賣 팔매 159	買 살매 160
面 낯면 161	名 이름명 162	命 목숨명 163	明 밝을명 164	母 어미모 165	木 나무목 166	目 눈목 167	無 없을무 168	門 문문 169	文 글월문 170
問 물을문 171	聞 들을문 172	物 물건물 173	美 아름다울미 174	米 쌀미 175	民 백성민 176	朴 성박 177	反 돌이킬반 178	半 반(을)반 179	班 나눌반 180
發 필발 181	方 모방 182	放 놓을방 183	倍 곱배 184	白 흰백 185	百 일백백 186	番 차례번 187	法 법법 188	變 변할변 189	別 다를별/나눌별 190
病 병병 191	兵 군사병 192	服 옷복 193	福 복복 194	本 근본본 195	奉 받들봉 196	父 아비부 197	夫 지아비부 198	部 떼부 199	北 북녘북/달아날배 200
分 나눌분 201	不 아닐불 202	比 견줄비 203	鼻 코비 204	費 쓸비 205	氷 얼음빙 206	四 넉사 207	事 일사 208	社 모일사 209	使 하여금사/부릴사 210
死 죽을사 211	仕 섬길사 212	士 선비사 213	史 사기사 214	思 생각할사 215	寫 베낄사 216	査 조사할사 217	山 메산 218	算 셈산 219	産 낳을산 220
三 석삼 221	上 위상 222	相 서로상 223	商 장사상 224	賞 상줄상 225	色 빛색 226	生 날생 227	西 서녘서 228	書 글서 229	序 차례서 230
夕 저녁석 231	石 돌석 232	席 자리석 233	先 먼저선 234	線 줄선 235	仙 신선선 236	鮮 고울선 237	善 착할선 238	船 배선 239	選 가릴선 240
雪 눈설 241	說 말씀설/달랠세 242	姓 성성 243	成 이룰성 244	省 살필성/덜생 245	性 성품성 246	世 인간세 247	歲 해세 248	洗 씻을세 249	小 작을소 250

5級 섞음漢字 500字(배정漢字) 訓·音表 ②

※ 여기 '섞음漢字(배정漢字) 훈·음표'에 적힌 번호와 다음장의 '섞음漢字'에 적힌 번호가 서로 일치합니다.

少 적을소 251	所 바소 252	消 사라질소 253	速 빠를속 254	束 묶을속 255	孫 손자손 256	水 물수 257	手 손수 258	數 셈수 259	樹 나무수 260
首 머리수 261	宿 잘 숙 262	順 순할순 263	術 기술술 264	習 익힐습 265	勝 이길승 266	市 저자시 267	時 때시 268	始 비로소시 269	示 보일시 270
食 밥식 먹을식 271	植 심을식 272	式 법식 273	識 알식 274	信 믿을신 275	身 몸신 276	新 새신 277	神 귀신 신 278	臣 신하신 279	室 집실 280
失 잃을실 281	實 열매실 282	心 마음심 283	十 열십 284	兒 아이아 285	惡 악할 악 미워할오 286	安 편안할안 287	案 책상 안 288	愛 사랑 애 289	野 들야 290
夜 밤야 291	弱 약할약 292	藥 약 약 293	約 맺을약 294	洋 큰바다양 295	陽 볕 양 296	養 기를양 297	語 말씀 어 298	魚 고기 어 299	漁 고기잡을어 300
億 억(數字)억 301	言 말씀 언 302	業 일업 303	然 그럴 연 304	熱 더울 열 305	葉 잎 엽 306	英 꽃부리 영 307	永 길 영 308	五 다섯 오 309	午 낮 오 310
屋 집옥 311	溫 따뜻할 온 312	完 완전할 완 313	王 임금 왕 314	外 바깥 외 315	要 요긴할 요 316	曜 빛날 요 317	浴 목욕할 욕 318	勇 날랠 용 319	用 쓸 용 320
右 오를 우 오른(쪽)우 321	雨 비우 322	友 벗 우 323	牛 소 우 324	運 옮길 운 325	雲 구름 운 326	雄 수컷 웅 327	園 동산 원 328	遠 멀 원 329	元 으뜸 원 330
願 원할 원 331	原 언덕 원 332	院 집 원 333	月 달 월 334	偉 클 위 335	位 자리 위 336	有 있을 유 337	由 말미암을유 338	油 기름 유 339	育 기를 육 340
銀 은 은 341	音 소리 음 342	飲 마실 음 343	邑 고을 읍 344	意 뜻 의 345	醫 의원 의 346	衣 옷 의 347	二 두 이 348	以 써 이 349	耳 귀 이 350
人 사람인 351	因 인할 인 352	一 한 일 353	日 날 일 354	任 맡을 임 355	入 들 입 356	自 스스로 자 357	子 아들 자 358	字 글자 자 359	者 놈 자 360
昨 어제작 361	作 지을작 362	長 긴 장 363	場 마당 장 364	章 글 장 365	才 재주 재 366	在 있을 재 367	財 재물 재 368	材 재목 재 369	災 재앙 재 370
再 두 재 371	爭 다툴 쟁 372	貯 쌓을 저 373	的 과녁 적 374	赤 붉을 적 375	電 번개 전 376	全 온전할 전 377	前 앞 전 378	戰 싸울 전 379	典 책 전 380
傳 전할 전 381	展 펼 전 382	節 마디 절 383	切 끊을 절 온통 체 384	店 가게점 385	正 바를 정 386	庭 뜰 정 387	定 정할 정 388	情 뜻 정 389	停 머무를정 390
弟 아우 제 391	第 차례 제 392	題 제목 제 393	祖 할아비 조 394	朝 아침 조 395	調 고를 조 396	操 잡을 조 397	足 발 족 398	族 겨레 족 399	卒 마칠 졸 400
種 씨 종 401	終 마칠 종 402	左 왼 좌 403	罪 허물 죄 404	主 주인 주 임금 주 405	住 살 주 406	注 부을 주 407	晝 낮 주 408	週 주일 주 409	州 고을 주 410
中 가운데중 411	重 무거울 중 412	紙 종이 지 413	地 따 지 414	知 알 지 415	止 그칠 지 416	直 곧을 직 417	質 바탕 질 418	集 모일 집 419	着 붙을 착 420
參 참여할참 421	窓 창 창 422	唱 부를 창 423	責 꾸짖을책 424	川 내 천 425	千 일천 천 426	天 하늘 천 427	鐵 쇠 철 428	靑 푸를 청 429	淸 맑을 청 430
體 몸 체 431	草 풀 초 432	初 처음 초 433	寸 마디 촌 434	村 마을 촌 435	最 가장 최 436	秋 가을 추 437	祝 빌 축 438	春 봄 춘 439	出 날 출 440
充 찰 충 441	致 이를 치 442	則 법칙 칙 443	親 친할 친 444	七 일곱 칠 445	打 칠 타 446	他 다를 타 447	卓 높을 탁 448	炭 숯 탄 449	太 클 태 450
宅 집 택 451	土 흙 토 452	通 통할 통 453	特 특별할특 454	板 널 판 455	八 여덟 팔 456	敗 패할 패 457	便 편할 편 똥오줌 변 458	平 평평할평 459	表 겉 표 460
品 물건 품 461	風 바람 풍 462	必 반드시필 463	筆 붓 필 464	下 아래 하 465	夏 여름 하 466	河 물 하 467	學 배울 학 468	韓 한국 한 나라 한 469	漢 한나라 한 한수 한 470
寒 찰 한 471	合 합할 합 472	海 바다 해 473	害 해할 해 474	幸 다행할행 475	行 다닐 행 476	向 향할 향 477	許 허락 허 478	現 나타날 현 479	兄 맏 형 480
形 모양 형 481	號 이름 호 482	湖 호수 호 483	火 불 화 484	話 말씀 화 485	花 꽃 화 486	和 화할 화 487	畫 그림 화 그을 획 488	化 될 화 489	患 근심할환 490
活 살 활 491	黃 누를 황 492	會 모일 회 493	孝 효도 효 494	效 본받을효 495	後 뒤 후 496	訓 가르칠 훈 497	休 쉴 휴 498	凶 흉할 흉 499	黑 검을 흑 500

5級 섞음漢字 500字

◇ 앞면과 뒷면의 글자가 다르므로 양면 모두 하세요.
◇ '섞음漢字' ㉮형을 완전하게 완수한후에 하세요.

◇ '섞음漢字' 모두를 잘 익혔다면 예상문제를 풀때 독음·훈을 쓰기문제중 3문제 이상 틀리지 않도록 충분히 가능합니다. 그렇게 되면 다른 유형별 문제와 쓰기문제도 쉽게 해결됩니다.

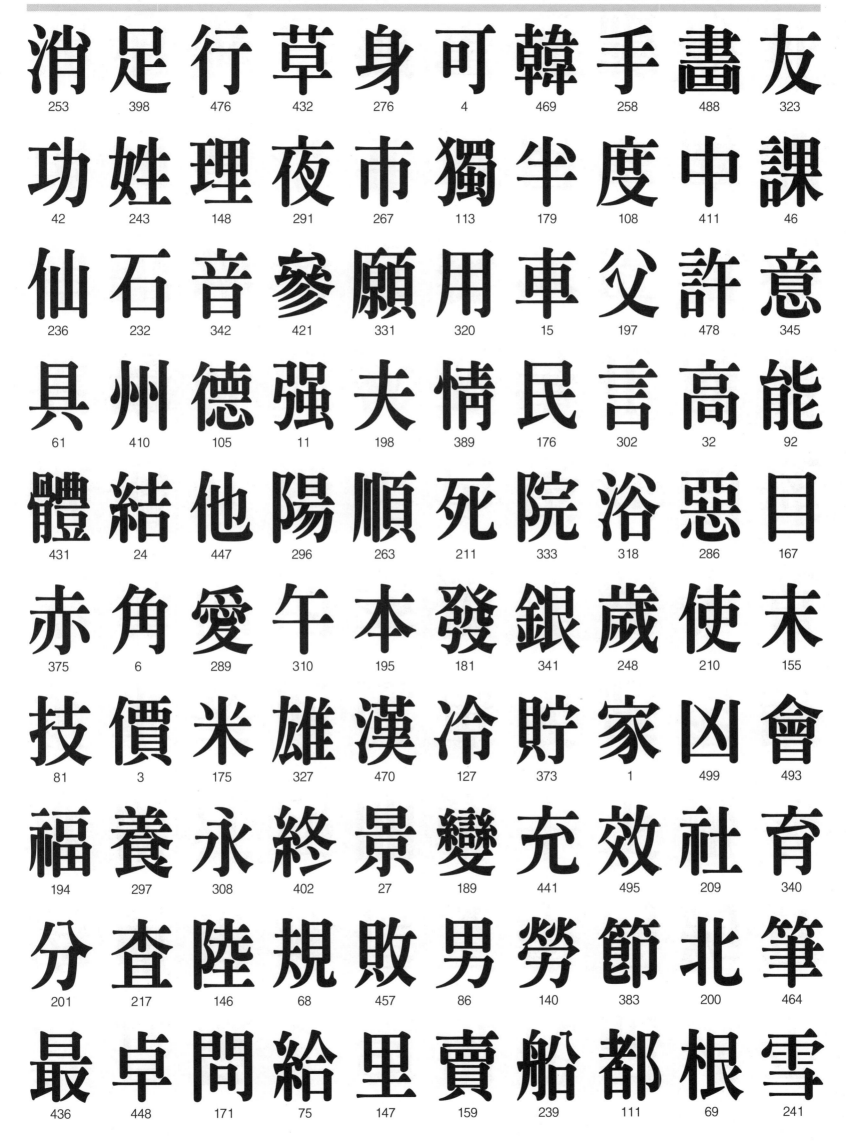

消 253	足 398	行 476	草 432	身 276	可 4	韓 469	手 258	畫 488	友 323
功 42	姓 243	理 148	夜 291	市 267	獨 113	半 179	度 108	中 411	課 46
仙 236	石 232	音 342	參 421	願 331	用 320	車 15	父 197	許 478	意 345
具 61	州 410	德 105	强 11	夫 198	情 389	民 176	言 302	高 32	能 92
體 431	結 24	他 447	陽 296	順 263	死 211	院 333	浴 318	惡 286	目 167
赤 375	角 6	愛 289	午 310	本 195	發 181	銀 341	歲 248	使 210	末 155
技 81	價 3	米 175	雄 327	漢 470	冷 127	貯 373	家 1	凶 499	會 493
福 194	養 297	永 308	終 402	景 27	變 189	充 441	效 495	社 209	育 340
分 201	査 217	陸 146	規 68	敗 457	男 86	勞 140	節 383	北 200	筆 464
最 436	卓 448	問 171	給 75	里 147	賣 159	船 239	都 111	根 69	雪 241

5級 섞음漢字 500字

◇ 앞면과 뒷면의 글자가 다르므로 양면 모두 하세요.
◇ '섞음漢字' ㉮형을 완전하게 완수한후에 하세요.

◇ '섞음漢字' 모두를 잘 익혔다면 예상문제를 풀때 독음·훈을 쓰기문제중 3문제 이상 틀리지 않도록 충분히 가능합니다. 그렇게 되면 다른 유형별 문제와 쓰기문제도 쉽게 해결됩니다.

計	長	敬	衣	望	現	代	記	式	平
31	363	26	347	156	479	102	77	273	459
窓	典	量	林	信	夏	學	同	約	實
422	380	129	151	275	466	468	117	294	282
地	炭	江	西	開	動	士	下	級	冬
414	449	10	228	12	115	213	465	74	118
災	來	表	向	億	萬	所	感	習	野
370	126	460	477	301	154	252	9	265	290
宅	善	壇	因	李	黑	注	橋	牛	見
451	238	96	352	150	500	407	55	324	22
綠	過	九	線	示	色	集	在	間	速
141	47	56	235	270	226	419	367	8	254
葉	醫	外	面	然	改	害	化	展	着
306	346	315	161	304	13	474	489	382	420
病	戰	物	遠	章	熱	客	區	對	漁
191	379	173	329	365	305	14	59	103	300
弟	四	氣	令	共	班	屋	案	廣	關
391	207	76	135	43	180	311	288	51	48
通	週	號	自	河	軍	運	讀	命	朴
453	409	482	357	467	65	325	112	163	177

5級 섞음漢字 500字

◇ 앞면과 뒷면의 글자가 다르므로 양면 모두 하세요.
◇ '섞음漢字' ㉮형을 완전하게 완수한후에 하세요.

◇ '섞음漢字' 모두를 잘 익혔다면 예상문제를 풀때 독음·훈을 쓰기문제중 3문제 이상 틀리지 않도록 충분히 가능합니다. 그렇게 되면 다른 유형별 문제와 쓰기문제도 쉽게 해결됩니다.

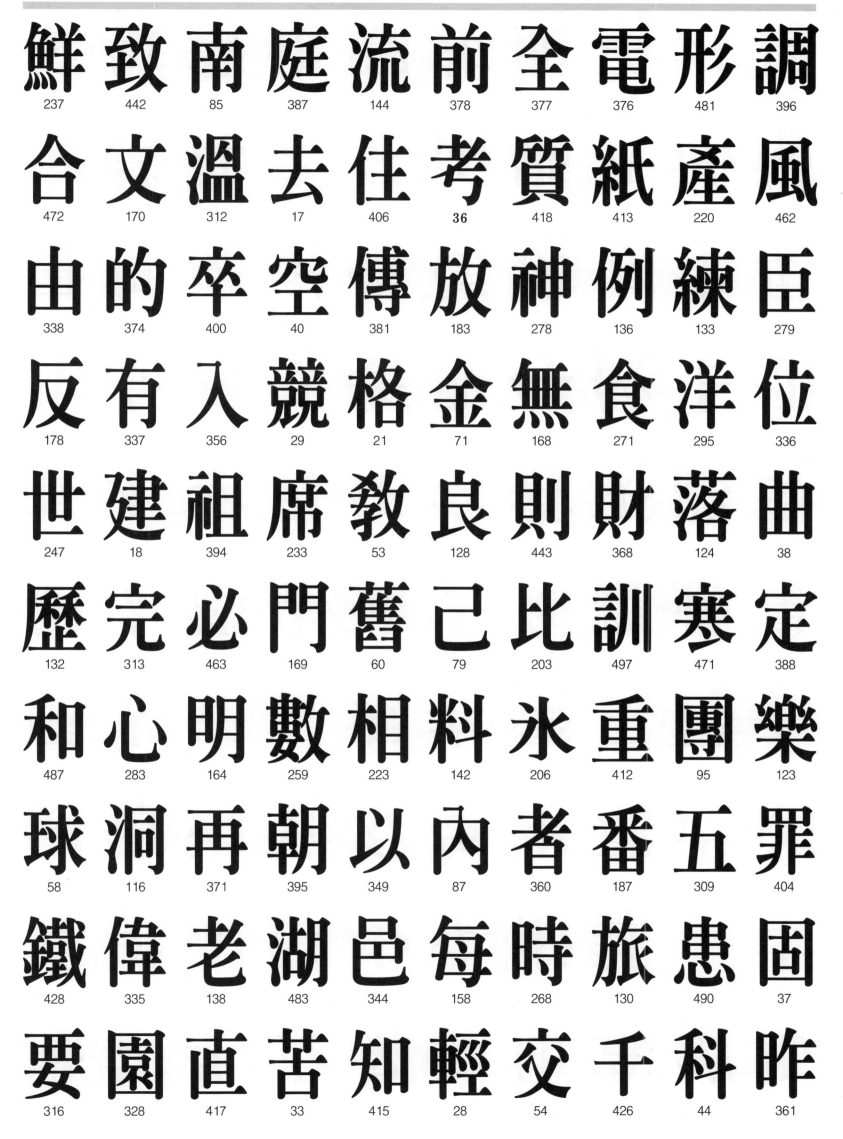

鮮	致	南	庭	流	前	全	電	形	調
237	442	85	387	144	378	377	376	481	396
合	文	溫	去	住	考	質	紙	産	風
472	170	312	17	406	36	418	413	220	462
由	的	卒	空	傳	放	神	例	練	臣
338	374	400	40	381	183	278	136	133	279
反	有	入	競	格	金	無	食	洋	位
178	337	356	29	21	71	168	271	295	336
世	建	祖	席	敎	良	則	財	落	曲
247	18	394	233	53	128	443	368	124	38
歷	完	必	門	舊	己	比	訓	寒	定
132	313	463	169	60	79	203	497	471	388
和	心	明	數	相	料	氷	重	團	樂
487	283	164	259	223	142	206	412	95	123
球	洞	再	朝	以	內	者	番	五	罪
58	116	371	395	349	87	360	187	309	404
鐵	偉	老	湖	邑	每	時	旅	患	固
428	335	138	483	344	158	268	130	490	37
要	園	直	苦	知	輕	交	千	科	昨
316	328	417	33	415	28	54	426	44	361

操	初	失	當	多	健	旗	英	第	板
397	433	281	100	93	20	78	307	392	455
首	爭	祝	等	少	決	術	談	史	主
261	372	438	122	251	23	264	97	214	405
國	算	汽	歌	夕	急	東	郡	亡	朗
63	219	82	2	231	73	114	66	157	125
勝	光	元	耳	弱	右	淸	思	校	春
266	50	330	350	292	321	430	215	52	439
領	太	待	先	油	吉	利	曜	救	鼻
134	450	104	234	339	84	149	317	62	204
基	不	幸	界	年	室	賞	天	路	說
80	202	475	30	89	280	225	427	139	242
作	念	兵	活	新	擧	任	飮	上	切
362	90	192	491	277	16	355	343	222	384
貴	性	族	靑	堂	停	後	安	字	果
67	246	399	429	99	390	496	287	359	45
晝	特	件	孝	兄	雨	別	八	始	植
408	454	19	494	480	322	190	456	269	272
倍	答	黃	場	圖	花	服	勇	打	農
184	98	492	364	107	486	193	319	446	91

5級 섞음漢字 500字
◇ 앞면과 뒷면의 글자가 다르므로 양면 모두 하세요.
◇ '섞음漢字' ㉮형을 완전하게 완수한후에 하세요.

◇ '섞음漢字' 모두를 잘 익혔다면 예상문제를 풀때 독음·훈을 쓰기문제중 3문제 이상 틀리지 않도록 충분히 가능합니다. 그렇게 되면 다른 유형별 문제와 쓰기문제도 쉽게 해결됩니다.

聞	藥	法	親	孫	百	題	方	秋	今
172	293	188	444	256	186	393	182	437	72
島	寫	馬	觀	登	買	頭	加	原	局
110	216	153	49	121	160	120	5	332	64
種	束	業	事	責	告	語	海	成	識
401	255	303	208	424	35	298	473	244	274
村	費	省	魚	京	才	話	七	品	近
435	205	245	299	25	366	485	445	461	70
到	便	出	休	樹	各	期	宿	商	雲
109	458	440	498	260	7	83	262	224	326
唱	道	古	洗	美	正	公	書	部	力
423	106	34	249	174	386	41	229	199	131
仕	短	童	類	奉	店	材	名	禮	六
212	94	119	143	196	385	369	162	137	145
左	寸	立	序	兒	川	止	選	母	小
403	434	152	230	285	425	416	240	165	250

※ '섞음漢字'의 암기가 끝날 무렵에는 各 漢字 밑에 訓·音을 써보세요.

消省 行幸 書晝畫 姓性 現理 度席
253 245　476 475　229 408 488　243 246　479 148　108 233

石右左 父交文 效敎 牛午 天夫
232 321 403　197 54 170　495 53　324 310　427 198

靑情淸 言信 陽場 吉告古 束東
429 389 430　302 275　296 364　84 35 34　255 114

速遠 目自 白百 使便 永氷 有育
254 329　167 357　185 186　210 458　308 206　337 340

分公 草卓 賣買 都郡 雲雪 北比
201 41　432 448　159 160　111 66　326 241　200 203

健建 門問聞間 友反 和知 量童
20 18　169 171 172 8　323 178　487 415　129 119

同洞 約的 地他 土士 下不 億意
117 116　294 374　414 447　452 213　465 202　301 345

注住 綠線 色邑 着善 客各 區品
407 406　141 235　226 344　420 238　14 7　59 461

漁魚 弟第 四西 領令 屋室 班分
300 299　391 392　207 228　134 135　311 290　180 201

廣黃 法去 致到 調週 由曲 空窓
51 492　188 17　442 109　396 409　338 38　40 422

放族旅旗 有育 料科課 考孝老
183 399 130 78　337 340　142 44 46　36 494 138

球救 每海 昨作 失先 新親 堂當
58 62　158 473　361 362　281 234　277 444　99 100

倍部 花化
184 199　486 489

어문회 4급 '섞음漢字' 訓·音표 (배정漢字 추가분 500字)

어문회 4급 배정漢字는 5급 500字에다 새로운 500字를 추가해서 1,000字입니다.

1 街 거리가	26 激 격할격	51 骨 뼈골	76 禁 금할금	101 盜 도둑도	126 輪 바퀴륜	151 訪 찾을방	176 粉 가루분	201 想 생각할상	226 受 받을수
2 假 거짓가	27 擊 칠격	52 攻 칠공	77 奇 기특할기	102 毒 독독	127 律 법률	152 拜 절배	177 憤 분할분	202 狀 형상상 문서장	227 授 줄수
3 暇 틈가 겨를가	28 堅 굳을견	53 孔 구멍공	78 寄 부칠기	103 督 감독할독	128 離 떠날리	153 背 등배	178 佛 부처불	203 宣 베풀선	228 守 지킬수
4 刻 새길각	29 犬 개견	54 官 벼슬관	79 器 그릇기	104 銅 구리동	129 配 나눌배 짝배	154 備 갖출비	179 舌 혀설	204 悲 슬플비	229 收 거둘수
5 覺 깨달을각	30 缺 이지러질결	55 管 대롱관 주관할관	80 紀 벼리기	105 斗 말두	130 妹 누이매	155 伐 칠벌	180 設 베풀설	205 悲 슬플비	230 秀 빼어날수
6 干 방패간	31 潔 깨끗할결	56 鑛 쇳돌광	81 起 일어날기	106 豆 콩두	131 脈 줄기맥	156 罰 벌할벌	181 非 아닐비	206 城 재성	231 叔 아재비숙
7 看 볼간	32 慶 경사경	57 究 연구할구	82 機 틀기	107 得 얻을득	132 勉 힘쓸면	157 犯 범할범	182 碑 비석비	207 盛 성할성	232 肅 엄숙할숙
8 簡 대쪽간 간략할간	33 傾 기울경	58 句 글귀구	83 暖 따뜻할난	108 燈 등등	133 鳴 울명	158 範 법범	183 批 비평할비	208 誠 정성성	233 純 순수할순
9 減 덜감	34 警 깨우칠경	59 求 구할구	84 難 어려울난	109 羅 벌일라	134 模 본뜰모	159 壁 벽벽	184 秘 숨길비	209 星 별성	234 崇 높을숭
10 甘 달감	35 驚 놀랄경	60 構 얽을구	85 納 들일납	110 亂 어지러울란	135 毛 터럭모	160 邊 가변	185 飛 날비	210 聖 성인성	235 承 이을승
11 敢 감히감 구태여감	36 境 지경경	61 君 임금군	86 努 힘쓸노	111 卵 알란	136 牧 칠목	161 辯 말씀변	186 貧 가난할빈	211 聲 소리성	236 詩 시시
12 監 볼감	37 鏡 거울경	62 群 무리군	87 怒 성낼노	112 覽 볼람	137 墓 무덤묘	162 保 지킬보	187 寺 절사	212 勢 형세세	237 施 베풀시
13 甲 갑옷갑	38 經 지날경	63 屈 굽힐굴	88 單 홀단	113 略 간략할략	138 妙 묘할묘	163 報 갚을보 알릴보	188 射 쏠사	213 稅 세금세	238 是 이시 옳을시
14 康 편안할강	39 系 이어맬계	64 宮 집궁	89 檀 박달나무단	114 兩 두량	139 務 힘쓸무	164 寶 보배보	189 謝 사례할사	214 細 가늘세	239 視 볼시
15 降 내릴강 항복할항	40 係 맬계	65 窮 다할궁	90 端 끝단	115 糧 양식량	140 武 호반무	165 普 넓을보	190 師 스승사	215 掃 쓸소	240 試 시험할시
16 講 욀강	41 季 계절계	66 券 문서권	91 斷 끊을단	116 慮 생각할려	141 舞 춤출무	166 步 걸음보	191 舍 집사	216 笑 웃음소	241 息 쉴식
17 個 낱개	42 鷄 닭계	67 卷 책권	92 段 층계단	117 麗 고울려	142 味 맛미	167 伏 엎드릴복	192 私 사사사	217 素 본디소 흴소	242 申 남(원숭이)신 아뢸신
18 更 다시갱 고칠경	43 階 섬돌계	68 勸 권할권	93 達 통달할달	118 連 이을련	143 未 아닐미	168 復 회복할복 다시부	193 絲 실사	218 俗 풍속속	243 深 깊을심
19 居 살거	44 戒 경계할계	69 權 권세권	94 擔 멜담	119 列 벌일렬	144 密 빽빽할밀	169 複 겹칠복	194 辭 말씀사	219 屬 붙일속	244 氏 성씨씨
20 巨 클거	45 繼 이을계	70 歸 돌아갈귀	95 黨 무리당	120 烈 매울렬	145 博 넓을박	170 府 마을부	195 散 흩을산	220 續 이을속	245 眼 눈안
21 拒 막을거	46 故 연고고	71 均 고를균	96 帶 띠대	121 錄 기록할록	146 拍 칠박	171 副 버금부	196 殺 죽일살 감할쇄	221 損 덜손	246 暗 어두울암
22 據 근거거	47 孤 외로울고	72 劇 심할극	97 隊 무리대	122 論 논할론	147 髮 터럭발	172 富 부자부	197 傷 다칠상	222 松 소나무송	247 壓 누를압
23 傑 뛰어날걸	48 庫 곳집고	73 極 다할극	98 導 인도할도	123 龍 용룡	148 妨 방해할방	173 否 아닐부	198 象 코끼리상	223 頌 칭송할송 기릴송	248 液 진액
24 儉 검소할검	49 穀 곡식곡	74 勤 부지런할근	99 徒 무리도	124 留 머무를류	149 防 막을방	174 婦 며느리부	199 常 떳떳할상	224 送 보낼송	249 額 이마액
25 檢 검사할검	50 困 곤할곤	75 筋 힘줄근	100 逃 도망할도	125 柳 버들류	150 房 방방	175 負 질부	200 床 상상	225 修 닦을수	250 樣 모양양

어문회 4급 배정漢字는 5급 500字에다 새로운 500字를 추가해서 1,000字입니다.

251 羊 양 양	276 容 얼굴 용	301 依 의지할 의	326 低 낮을 저	351 濟 건널 제	376 衆 무리 중	401 泉 샘 천	426 快 쾌할 쾌	451 爆 불터질 폭	476 刑 형벌 형
252 嚴 엄할 엄	277 遇 만날 우	302 儀 거동 의	327 底 밑 저	352 提 끌 제	377 增 더할 증	402 廳 관청 청	427 彈 탄알 탄	452 標 표할 표	477 惠 은혜 혜
253 餘 남을 여	278 優 넉넉할 우	303 義 옳을 의	328 敵 대적할 적	353 帝 임금 제	378 證 증거 증	403 聽 들을 청	428 歎 탄식할 탄	453 票 표 표	478 呼 부를 호
254 如 같을 여	279 郵 우편 우	304 議 의논할 의	329 適 맞을 적	354 除 덜 제	379 持 가질 지	404 請 청할 청	429 脫 벗을 탈	454 豊 풍년 풍	479 好 좋을 호
255 與 더불 여/줄 여	280 源 근원 원	305 疑 의심할 의	330 積 쌓을 적	355 際 즈음 제/가 제	380 指 가리킬 지	405 招 부를 초	430 探 찾을 탐	455 疲 피곤할 피	480 戶 집 호
256 域 지경 역	281 員 인원 원	306 異 다를 이	331 績 길쌈 적	356 祭 제사 제	381 志 뜻 지	406 總 다 총	431 態 모습 태	456 避 피할 피	481 護 도울 호
257 易 바꿀 역/쉬울 이	282 圓 둥글 원	307 移 옮길 이	332 籍 문서 적	357 助 도울 조	382 誌 기록할 지	407 銃 총 총	432 擇 가릴 택	457 恨 한(怨)할 한	482 或 혹 혹
258 逆 거스를 역	283 援 도울 원	308 益 더할 익	333 賊 도둑 적	358 組 짤 조	383 支 지탱할 지	408 推 밀 추	433 討 칠 토	458 限 한할(한정할) 한	483 婚 혼인할 혼
259 研 갈 연	284 怨 원망할 원	309 仁 어질 인	334 專 오로지 전	359 潮 조수 조/밀물 조	384 智 지혜 지/슬기 지	409 蓄 모을 축	434 痛 아플 통	459 閑 한가할 한	484 混 섞을 혼
260 延 늘일 연	285 圍 에워쌀 위	310 認 알 인	335 轉 구를 전	360 早 이를 조	385 至 이를 지	410 築 쌓을 축	435 統 거느릴 통	460 抗 겨룰 항	485 紅 붉을 홍
261 鉛 납 연	286 衛 지킬 위	311 印 도장 인	336 錢 돈 전	361 條 가지 조	386 織 짤 직	411 縮 줄일 축	436 退 물러날 퇴	461 航 배 항	486 貨 재물 화
262 演 펼 연	287 爲 할 위	312 引 끌 인	337 田 밭 전	362 造 지을 조	387 職 직분 직	412 忠 충성 충	437 投 던질 투	462 港 항구 항	487 華 빛날 화
263 煙 연기 연	288 危 위태로울 위	313 姉 손윗누이 자	338 折 꺾을 절	363 鳥 새 조	388 陣 진칠 진	413 蟲 벌레 충	438 鬪 싸움 투	463 解 풀 해	488 確 굳을 확
264 燃 탈 연	289 委 맡길 위	314 姿 모양 자	339 絶 끊을 절	364 存 있을 존	389 珍 보배 진	414 取 가질 취	439 波 물결 파	464 核 씨 핵	489 歡 기쁠 환
265 緣 인연 연	290 威 위엄 위	315 資 재물 자	340 占 점령할 점/점칠 점	365 尊 높을 존	390 進 나아갈 진	415 趣 뜻 취	440 破 깨뜨릴 파	465 鄕 시골 향	490 環 고리 환
266 映 비칠 영	291 慰 위로할 위	316 殘 남을 잔	341 點 점 점	366 宗 마루 종	391 盡 다할 진	416 就 나아갈 취	441 派 갈래 파	466 香 향기 향	491 況 상황 황
267 榮 영화 영	292 乳 젖 유	317 雜 섞을 잡	342 接 이을 접	367 從 쫓을 종	392 眞 참 진	417 測 헤아릴 측	442 判 판단할 판	467 虛 빌 허	492 回 돌아올 회
268 營 경영할 영	293 儒 선비 유	318 腸 창자 장	343 丁 고무래 정	368 鍾 쇠북 종	393 差 다를 차	418 層 층 층	443 篇 책 편	468 憲 법 헌	493 灰 재 회
269 迎 맞을 영	294 遊 놀 유	319 壯 장할 장	344 程 한도 정/길 정	369 座 자리 좌	394 次 버금 차	419 置 둘 치	444 評 평할 평	469 險 험할 험	494 候 기후 후
270 藝 재주 예	295 遺 남길 유	320 裝 꾸밀 장	345 政 정사 정	370 周 두루 주	395 讚 기릴 찬	420 治 다스릴 치	445 閉 닫을 폐	470 驗 시험 험	495 厚 두터울 후
271 豫 미리 예	296 肉 고기 육	321 奬 장려할 장	346 整 가지런할 정	371 朱 붉을 주	396 察 살필 찰	421 齒 이 치	446 包 쌀 포	471 革 가죽 혁	496 揮 휘두를 휘
272 誤 그르칠 오	297 隱 숨을 은	322 將 장수 장	347 精 정할(깨끗할) 정	372 走 달릴 주	397 創 비롯할 창	422 侵 침노할 침	447 砲 대포 포	472 賢 어질 현	497 吸 마실 흡
273 玉 구슬 옥	298 恩 은혜 은	323 帳 장막 장	348 靜 고요할 정	373 酒 술 주	398 採 캘 채	423 寢 잘 침	448 胞 세포 포	473 顯 나타날 현	498 興 일 흥
274 往 갈 왕	299 陰 그늘 음	324 張 베풀 장	349 制 절제할 제	374 竹 대 죽	399 冊 책 책	424 針 바늘 침	449 布 베 포	474 血 피 혈	499 喜 기쁠 희
275 謠 노래 요	300 應 응할 응	325 障 막을 장	350 製 지을 제	375 準 준할 준	400 處 곳 처	425 稱 일컬을 칭	450 暴 사나울 폭/모질 포	475 協 화할 협	500 希 바랄 희

㉮ 型 '섞음漢字'을 완전히 끝낸 다음에 합니다.
앞면과 뒷면의 글자가 다르므로 양면 모두 하세요.
섞음漢字을 이용하여 예상문제를 3회 풀기까지 독음과 훈음문제를
5문제 이상 틀리지 않게끔 하세요.

純 233	隊 97	額 249	範 158	延 260	視 239	骨 51	險 469	潔 31	步 166
呼 478	壓 247	寢 423	覽 112	申 242	限 458	總 406	勸 68	危 288	極 73
波 439	穀 49	辯 161	貧 186	殘 316	犬 29	招 405	證 378	端 90	施 237
報 163	師 190	謝 189	黨 95	慮 116	圍 285	設 205	討 433	蟲 413	覺 5
績 331	寺 187	易 257	際 355	依 301	緣 265	燈 108	威 290	退 436	奬 321
創 397	寄 78	深 243	持 379	謠 275	試 240	胞 448	狀 202	刑 476	專 334
容 276	壁 159	象 198	論 122	慶 32	羊 251	評 444	層 418	陣 388	秘 184
異 306	俗 218	況 491	次 394	稱 425	潮 359	酒 373	裝 320	圓 282	私 192
罰 156	句 58	轉 335	究 57	批 183	遊 294	績 220	織 386	錢 336	係 40
攻 52	秀 230	個 17	頌 223	協 475	玉 273	守 228	測 417	殺 196	請 404
周 370	講 16	豊 454	警 34	益 308	監 12	宮 64	密 144	甘 10	往 274
宣 203	妹 130	眼 245	條 361	港 462	笑 216	冊 399	保 162	非 181	聖 210
好 479	員 281	折 338	判 442	縮 411	拜 152	源 280	難 84	推 408	爲 287

妨 148	佛 178	進 390	彈 427	造 362	忠 412	送 224	暇 3	針 424	核 464
齒 421	鬪 438	帳 323	管 55	段 92	乳 292	松 222	是 238	驗 470	氏 244
派 441	破 440	擇 432	就 416	遺 295	精 347	取 414	器 79	紅 485	系 39
婚 483	引 312	閉 445	求 59	液 248	輪 126	擊 27	製 350	回 492	餘 253
斗 105	毛 135	詩 236	堅 28	虛 467	麗 117	田 337	誤 272	君 61	檢 25
庫 48	受 226	離 128	智 384	鉛 261	怨 284	避 456	單 88	負 175	味 142
營 268	卷 67	映 266	郵 279	得 107	悲 180	助 357	吸 497	傾 33	泉 401
舍 191	辭 194	孔 53	均 71	複 169	掃 215	居 19	寶 164	察 396	脫 429
血 474	絲 193	障 325	豫 271	銃 407	暖 83	勉 132	構 60	尊 365	鷄 42
廳 402	困 50	統 435	經 38	未 143	起 81	接 342	劇 72	燃 264	盛 207
髮 147	權 69	群 62	略 113	敵 328	篇 443	干 6	祭 356	滅 9	混 484
迎 269	揮 496	更 18	副 171	腸 318	官 54	低 326	盜 101	崇 234	脈 131
伏 167	勤 74	缺 30	暴 450	府 170	票 453	顯 473	叔 231	慰 291	銅 104

職 387	香 466	務 139	積 330	興 498	印 311	達 93	煙 263	儀 302	從 367
解 463	肅 232	確 488	拒 21	讚 395	逃 100	抗 460	應 300	卵 111	將 322
床 200	損 221	檀 89	徒 99	舞 141	備 179	墓 137	復 168	傷 197	或 482
督 103	歡 489	資 315	柳 125	射 188	眞 392	朱 371	窮 65	占 340	探 398
憲 468	治 420	築 410	座 369	列 119	程 344	姿 314	想 201	納 85	儉 24
侵 422	儒 293	敢 11	張 324	籍 332	故 46	鑛 56	疲 455	巨 20	券 66
伐 155	灰 493	勢 212	妙 138	制 349	逆 258	屈 63	擔 94	武 140	態 431
紀 80	處 400	至 385	靜 348	準 375	斷 91	包 446	階 43	疑 305	砲 447
標 452	羅 109	傑 23	置 419	拍 146	賊 333	富 172	素 217	快 426	康 14
常 199	雜 317	禁 76	整 346	繼 45	防 149	仁 309	戶 480	碑 182	議 304
誠 208	走 372	亂 110	探 430	導 98	陰 299	絶 339	喜 499	努 86	爆 451
投 437	底 327	志 381	與 255	政 345	華 487	如 254	蓄 409	藝 270	承 235
趣 415	街 1	滿 129	提 352	恩 298	怒 87	痛 434	歸 70	存 364	訪 151

戒	龍	稅	革	散	遇	境	憤	航	差
□ 44	□ 123	□ 213	□ 471	□ 195	□ 277	□ 36	□ 177	□ 461	□ 393
收	奇	厚	早	留	鏡	竹	丁	樣	嚴
□ 229	□ 77	□ 495	□ 360	□ 124	□ 37	□ 374	□ 343	□ 250	□ 252
舌	看	授	布	衛	珍	背	刻	配	優
□ 204	□ 7	□ 227	□ 449	□ 286	□ 389	□ 153	□ 4	□ 154	□ 278
護	榮	恨	降	婦	演	屬	簡	壯	城
□ 481	□ 267	□ 457	□ 15	□ 174	□ 262	□ 219	□ 8	□ 319	□ 206
賢	兩	義	域	宗	連	聲	研	委	鄕
□ 472	□ 114	□ 303	□ 256	□ 366	□ 118	□ 211	□ 259	□ 289	□ 465
聽	錄	否	歎	認	候	警	帶	誌	盡
□ 403	□ 121	□ 173	□ 428	□ 310	□ 494	□ 35	□ 96	□ 382	□ 391
孤	組	激	豆	犯	姉	除	細	環	甲
□ 47	□ 358	□ 26	□ 106	□ 157	□ 313	□ 354	□ 214	□ 490	□ 13
邊	移	鳴	季	希	肉	援	息	惠	修
□ 160	□ 307	□ 133	□ 41	□ 500	□ 296	□ 283	□ 241	□ 477	□ 225
牧	普	機	隱	適	鍾	支	糧	房	帝
□ 136	□ 165	□ 82	□ 297	□ 329	□ 368	□ 383	□ 115	□ 150	□ 353
星	烈	衆	點	筋	閑	律	濟	模	據
□ 209	□ 120	□ 376	□ 341	□ 75	□ 459	□ 127	□ 351	□ 134	□ 22
指	飛	貨	粉	鳥	增	暗	假	博	毒
□ 380	□ 185	□ 486	□ 176	□ 363	□ 377	□ 246	□ 2	□ 145	□ 102

※ '섞음漢字'의 암기가 끝날 무렵에는 各 漢字 밑에 訓·音을 써 보세요.

四級 讀音연습

※ 다음 漢字語의 讀音을 쓰시오.

⊙ 여기서 80% 이상의 정답이 나오지 않을 때는 '섞음漢字'를 한번 더 복습하세요.

※ 정답은 143쪽에 있음.

1. 讚頌 [ ]	26. 刑法 [ ]	51. 要點 [ ]	76. 劇場 [ ]
2. 辭表 [ ]	27. 現況 [ ]	52. 看破 [ ]	77. 端末 [ ]
3. 除去 [ ]	28. 支配 [ ]	53. 講究 [ ]	78. 織物 [ ]
4. 額面 [ ]	29. 怨恨 [ ]	54. 暴惡 [ ]	79. 年歲 [ ]
5. 喜悲 [ ]	30. 發揮 [ ]	55. 組織 [ ]	80. 同胞 [ ]
6. 屬性 [ ]	31. 考慮 [ ]	56. 路邊 [ ]	81. 殘在 [ ]
7. 投機 [ ]	32. 研究 [ ]	57. 雜貨 [ ]	82. 記帳 [ ]
8. 周邊 [ ]	33. 打破 [ ]	58. 範圍 [ ]	83. 段階 [ ]
9. 好轉 [ ]	34. 快擧 [ ]	59. 救濟 [ ]	84. 解除 [ ]
10. 逃亡 [ ]	35. 蓄積 [ ]	60. 寄與 [ ]	85. 混合 [ ]
11. 季節 [ ]	36. 假稱 [ ]	61. 印朱 [ ]	86. 模寫 [ ]
12. 危險 [ ]	37. 持續 [ ]	62. 遺産 [ ]	87. 液體 [ ]
13. 祕密 [ ]	38. 容易 [ ]	63. 階層 [ ]	88. 珍奇 [ ]
14. 珍島 [ ]	39. 骨折 [ ]	64. 檢問 [ ]	89. 傾向 [ ]
15. 舌音 [ ]	40. 確認 [ ]	65. 迎接 [ ]	90. 看過 [ ]
16. 存在 [ ]	41. 攻擊 [ ]	66. 祕話 [ ]	91. 標識 [ ]
17. 險難 [ ]	42. 暴君 [ ]	67. 護衛 [ ]	92. 納稅 [ ]
18. 缺席 [ ]	43. 包裝 [ ]	68. 周圍 [ ]	93. 好況 [ ]
19. 利益 [ ]	44. 秋季 [ ]	69. 朱紅 [ ]	94. 鬪志 [ ]
20. 流配 [ ]	45. 銀貨 [ ]	70. 誤報 [ ]	95. 國籍 [ ]
21. 激烈 [ ]	46. 未知 [ ]	71. 革命 [ ]	96. 存置 [ ]
22. 博覽 [ ]	47. 選擇 [ ]	72. 音階 [ ]	97. 勉學 [ ]
23. 副賞 [ ]	48. 底邊 [ ]	73. 樣態 [ ]	98. 序列 [ ]
24. 興趣 [ ]	49. 暴落 [ ]	74. 深遠 [ ]	99. 引受 [ ]
25. 條件 [ ]	50. 營養 [ ]	75. 複線 [ ]	100. 源泉 [ ]

※ 다음 漢字語의 讀音을 쓰시오.

1. 勸農 [   ]
2. 提請 [   ]
3. 周知 [   ]
4. 餘錄 [   ]
5. 映寫 [   ]
6. 怨望 [   ]
7. 獎學 [   ]
8. 形象 [   ]
9. 寢室 [   ]
10. 模範 [   ]
11. 承服 [   ]
12. 相殺 [   ]
13. 落葉 [   ]
14. 採鑛 [   ]
15. 指標 [   ]
16. 困難 [   ]
17. 銃殺 [   ]
18. 制壓 [   ]
19. 缺格 [   ]
20. 悲鳴 [   ]
21. 灰色 [   ]
22. 伏線 [   ]
23. 檢察 [   ]
24. 敗北 [   ]
25. 配慮 [   ]

26. 規律 [   ]
27. 秀麗 [   ]
28. 刑罰 [   ]
29. 否認 [   ]
30. 模樣 [   ]
31. 結婚 [   ]
32. 背景 [   ]
33. 訓練 [   ]
34. 盜賊 [   ]
35. 賞狀 [   ]
36. 狀況 [   ]
37. 鑛脈 [   ]
38. 差等 [   ]
39. 潮流 [   ]
40. 積善 [   ]
41. 擊退 [   ]
42. 演劇 [   ]
43. 討伐 [   ]
44. 巨富 [   ]
45. 休暇 [   ]
46. 蕭然 [   ]
47. 掃除 [   ]
48. 延着 [   ]
49. 姿勢 [   ]
50. 請願 [   ]

51. 師範 [   ]
52. 戒律 [   ]
53. 宣敎 [   ]
54. 變更 [   ]
55. 構成 [   ]
56. 特派 [   ]
57. 脫稅 [   ]
58. 痛歎 [   ]
59. 調律 [   ]
60. 要覽 [   ]
61. 分散 [   ]
62. 斗酒 [   ]
63. 尊屬 [   ]
64. 敢行 [   ]
65. 轉落 [   ]
66. 慰問 [   ]
67. 解除 [   ]
68. 彈壓 [   ]
69. 拍手 [   ]
70. 着陸 [   ]
71. 狀態 [   ]
72. 燃料 [   ]
73. 體操 [   ]
74. 資源 [   ]
75. 探査 [   ]

76. 儒敎 [   ]
77. 崇高 [   ]
78. 禮訪 [   ]
79. 探究 [   ]
80. 極祕 [   ]
81. 防犯 [   ]
82. 充電 [   ]
83. 理解 [   ]
84. 負擔 [   ]
85. 認識 [   ]
86. 繼續 [   ]
87. 辯護 [   ]
88. 證據 [   ]
89. 令愛 [   ]
90. 共犯 [   ]
91. 規模 [   ]
92. 消燈 [   ]
93. 散步 [   ]
94. 拒絶 [   ]
95. 發覺 [   ]
96. 疲勞 [   ]
97. 兩班 [   ]
98. 閉講 [   ]
99. 核心 [   ]
100. 憤怒 [   ]

※ 다음 漢字語의 讀音을 쓰시오.

1. 信徒 [　]	26. 兩方 [　]	51. 探訪 [　]	76. 盜難 [　]
2. 簡易 [　]	27. 妹弟 [　]	52. 毒殺 [　]	77. 遊離 [　]
3. 革帶 [　]	28. 妨害 [　]	53. 殘額 [　]	78. 構築 [　]
4. 祭器 [　]	29. 通俗 [　]	54. 戶籍 [　]	79. 辭職 [　]
5. 碑石 [　]	30. 憲章 [　]	55. 輪讀 [　]	80. 吸收 [　]
6. 演說 [　]	31. 在籍 [　]	56. 討論 [　]	81. 豫測 [　]
7. 軍隊 [　]	32. 分擔 [　]	57. 先烈 [　]	82. 銃器 [　]
8. 豫買 [　]	33. 防彈 [　]	58. 眞假 [　]	83. 模造 [　]
9. 輪番 [　]	34. 徒黨 [　]	59. 貴宅 [　]	84. 牧場 [　]
10. 女息 [　]	35. 筋骨 [　]	60. 隱德 [　]	85. 堅實 [　]
11. 窮地 [　]	36. 鷄卵 [　]	61. 示威 [　]	86. 綠色 [　]
12. 逃避 [　]	37. 授與 [　]	62. 收復 [　]	87. 甘受 [　]
13. 抗戰 [　]	38. 壯丁 [　]	63. 原本 [　]	88. 覺書 [　]
14. 穀食 [　]	39. 郵票 [　]	64. 開閉 [　]	89. 簡潔 [　]
15. 趣味 [　]	40. 試驗 [　]	65. 抗拒 [　]	90. 階級 [　]
16. 早婚 [　]	41. 陣痛 [　]	66. 講堂 [　]	91. 謝絶 [　]
17. 針線 [　]	42. 稱號 [　]	67. 鉛筆 [　]	92. 歷任 [　]
18. 伐木 [　]	43. 手段 [　]	68. 短縮 [　]	93. 甘言 [　]
19. 確實 [　]	44. 辭典 [　]	69. 校誌 [　]	94. 滿潮 [　]
20. 混亂 [　]	45. 移植 [　]	70. 感激 [　]	95. 警句 [　]
21. 傾向 [　]	46. 充滿 [　]	71. 不遇 [　]	96. 冊房 [　]
22. 憤痛 [　]	47. 離別 [　]	72. 占據 [　]	97. 危險 [　]
23. 刑罰 [　]	48. 減縮 [　]	73. 激憤 [　]	98. 應援 [　]
24. 採取 [　]	49. 細胞 [　]	74. 激變 [　]	99. 居處 [　]
25. 官府 [　]	50. 藥指 [　]	75. 差異 [　]	100. 看護 [　]

※ 다음 漢字語의 讀音을 쓰시오.

1. 乳兒 [   ]
2. 豫見 [   ]
3. 爆竹 [   ]
4. 總額 [   ]
5. 差等 [   ]
6. 指揮 [   ]
7. 投資 [   ]
8. 過勞 [   ]
9. 隊員 [   ]
10. 盛況 [   ]
11. 構成 [   ]
12. 衛星 [   ]
13. 蓄財 [   ]
14. 權益 [   ]
15. 仁義 [   ]
16. 斷絶 [   ]
17. 積善 [   ]
18. 暗香 [   ]
19. 管樂 [   ]
20. 印象 [   ]
21. 推進 [   ]
22. 冷房 [   ]
23. 交易 [   ]
24. 納得 [   ]
25. 豫備 [   ]

26. 設置 [   ]
27. 推移 [   ]
28. 遊說 [   ]
29. 時針 [   ]
30. 拒否 [   ]
31. 提案 [   ]
32. 到達 [   ]
33. 暖流 [   ]
34. 藥師 [   ]
35. 異見 [   ]
36. 書庫 [   ]
37. 內申 [   ]
38. 警鍾 [   ]
39. 講讀 [   ]
40. 血緣 [   ]
41. 快樂 [   ]
42. 努力 [   ]
43. 祝辭 [   ]
44. 列擧 [   ]
45. 避難 [   ]
46. 辭典 [   ]
47. 墓碑 [   ]
48. 或時 [   ]
49. 疲困 [   ]
50. 仁術 [   ]

51. 溫泉 [   ]
52. 局限 [   ]
53. 酒類 [   ]
54. 範圍 [   ]
55. 洞里 [   ]
56. 洞察 [   ]
57. 環境 [   ]
58. 空港 [   ]
59. 舞樂 [   ]
60. 授業 [   ]
61. 衆論 [   ]
62. 看病 [   ]
63. 彈力 [   ]
64. 與黨 [   ]
65. 混雜 [   ]
66. 流通 [   ]
67. 票決 [   ]
68. 壓死 [   ]
69. 業績 [   ]
70. 復興 [   ]
71. 復舊 [   ]
72. 散亂 [   ]
73. 聽衆 [   ]
74. 勸奬 [   ]
75. 俗稱 [   ]

76. 堅固 [   ]
77. 憲法 [   ]
78. 脫線 [   ]
79. 危急 [   ]
80. 歎息 [   ]
81. 獨島 [   ]
82. 商街 [   ]
83. 豊盛 [   ]
84. 連打 [   ]
85. 祕話 [   ]
86. 旅券 [   ]
87. 尊稱 [   ]
88. 榮華 [   ]
89. 配慮 [   ]
90. 眞相 [   ]
91. 減量 [   ]
92. 協助 [   ]
93. 機緣 [   ]
94. 階級 [   ]
95. 負傷 [   ]
96. 勤勉 [   ]
97. 朗報 [   ]
98. 細胞 [   ]
99. 錢票 [   ]
100. 郵便 [   ]

※ 다음 漢字語의 讀音을 쓰시오.

1. 脫穀 [   ]
2. 勤務 [   ]
3. 信條 [   ]
4. 批判 [   ]
5. 雄姿 [   ]
6. 留保 [   ]
7. 國籍 [   ]
8. 陣營 [   ]
9. 嚴肅 [   ]
10. 聖賢 [   ]
11. 訪韓 [   ]
12. 普通 [   ]
13. 絶壁 [   ]
14. 權益 [   ]
15. 爆發 [   ]
16. 季節 [   ]
17. 姿勢 [   ]
18. 講論 [   ]
19. 財貨 [   ]
20. 就寢 [   ]
21. 縮約 [   ]
22. 極端 [   ]
23. 婦謠 [   ]
24. 提請 [   ]
25. 效驗 [   ]

26. 段落 [   ]
27. 批評 [   ]
28. 特派 [   ]
29. 指揮 [   ]
30. 求職 [   ]
31. 毒感 [   ]
32. 待遇 [   ]
33. 閉會 [   ]
34. 深夜 [   ]
35. 威嚴 [   ]
36. 點線 [   ]
37. 機會 [   ]
38. 均等 [   ]
39. 豫感 [   ]
40. 降神 [   ]
41. 降伏 [   ]
42. 選擧 [   ]
43. 認定 [   ]
44. 松板 [   ]
45. 次官 [   ]
46. 刻苦 [   ]
47. 洗練 [   ]
48. 深思 [   ]
49. 知識 [   ]
50. 標識 [   ]

51. 討論 [   ]
52. 博愛 [   ]
53. 關與 [   ]
54. 卵生 [   ]
55. 鐵絲 [   ]
56. 原則 [   ]
57. 出張 [   ]
58. 雜念 [   ]
59. 改革 [   ]
60. 盡力 [   ]
61. 總合 [   ]
62. 依存 [   ]
63. 妨害 [   ]
64. 秀才 [   ]
65. 更新 [   ]
66. 更生 [   ]
67. 敢行 [   ]
68. 宗派 [   ]
69. 練習 [   ]
70. 圓卓 [   ]
71. 顯達 [   ]
72. 卓球 [   ]
73. 現況 [   ]
74. 暴惡 [   ]
75. 音聲 [   ]

76. 郵送 [   ]
77. 額面 [   ]
78. 轉勤 [   ]
79. 趣向 [   ]
80. 雜談 [   ]
81. 要所 [   ]
82. 屈曲 [   ]
83. 施賞 [   ]
84. 來往 [   ]
85. 議論 [   ]
86. 考慮 [   ]
87. 結核 [   ]
88. 刻骨 [   ]
89. 防衛 [   ]
90. 就業 [   ]
91. 淸掃 [   ]
92. 貯蓄 [   ]
93. 閉校 [   ]
94. 危機 [   ]
95. 暴力 [   ]
96. 例外 [   ]
97. 警戒 [   ]
98. 辯護 [   ]
99. 未婚 [   ]
100. 亂入 [   ]

四級訓音연습

※ 다음 漢字의 訓과 音을 쓰시오.

※ 정답은 143쪽부터 있음.

1. 濟 [ ]	26. 驚 [ ]	51. 宣 [ ]	76. 床 [ ]
2. 君 [ ]	27. 迎 [ ]	52. 珍 [ ]	77. 政 [ ]
3. 誠 [ ]	28. 姉 [ ]	53. 傑 [ ]	78. 離 [ ]
4. 官 [ ]	29. 牧 [ ]	54. 經 [ ]	79. 郵 [ ]
5. 壁 [ ]	30. 探 [ ]	55. 叔 [ ]	80. 毒 [ ]
6. 繼 [ ]	31. 呼 [ ]	56. 酒 [ ]	81. 護 [ ]
7. 厚 [ ]	32. 房 [ ]	57. 純 [ ]	82. 季 [ ]
8. 篇 [ ]	33. 肅 [ ]	58. 傾 [ ]	83. 擔 [ ]
9. 巨 [ ]	34. 雜 [ ]	59. 適 [ ]	84. 殘 [ ]
10. 奇 [ ]	35. 勉 [ ]	60. 疲 [ ]	85. 極 [ ]
11. 糧 [ ]	36. 舞 [ ]	61. 犬 [ ]	86. 抗 [ ]
12. 暴 [ ]	37. 引 [ ]	62. 層 [ ]	87. 務 [ ]
13. 屬 [ ]	38. 恨 [ ]	63. 取 [ ]	88. 暇 [ ]
14. 議 [ ]	39. 接 [ ]	64. 舌 [ ]	89. 底 [ ]
15. 吸 [ ]	40. 監 [ ]	65. 律 [ ]	90. 伏 [ ]
16. 績 [ ]	41. 環 [ ]	66. 障 [ ]	91. 避 [ ]
17. 潮 [ ]	42. 揮 [ ]	67. 烈 [ ]	92. 未 [ ]
18. 整 [ ]	43. 依 [ ]	68. 賢 [ ]	93. 息 [ ]
19. 詩 [ ]	44. 布 [ ]	69. 俗 [ ]	94. 喜 [ ]
20. 券 [ ]	45. 孤 [ ]	70. 堅 [ ]	95. 歡 [ ]
21. 票 [ ]	46. 或 [ ]	71. 治 [ ]	96. 標 [ ]
22. 驗 [ ]	47. 激 [ ]	72. 精 [ ]	97. 認 [ ]
23. 毛 [ ]	48. 築 [ ]	73. 宗 [ ]	98. 爆 [ ]
24. 居 [ ]	49. 遺 [ ]	74. 步 [ ]	99. 讚 [ ]
25. 組 [ ]	50. 彈 [ ]	75. 腸 [ ]	100. 進 [ ]

※ 다음 漢字의 訓과 音을 쓰시오.

1. 盛 [   ]
2. 差 [   ]
3. 寢 [   ]
4. 滿 [   ]
5. 針 [   ]
6. 討 [   ]
7. 憤 [   ]
8. 趣 [   ]
9. 戒 [   ]
10. 招 [   ]
11. 廳 [   ]
12. 評 [   ]
13. 儉 [   ]
14. 屈 [   ]
15. 志 [   ]
16. 擊 [   ]
17. 衆 [   ]
18. 散 [   ]
19. 細 [   ]
20. 博 [   ]
21. 街 [   ]
22. 脫 [   ]
23. 智 [   ]
24. 盡 [   ]
25. 積 [   ]

26. 織 [   ]
27. 蓄 [   ]
28. 備 [   ]
29. 轉 [   ]
30. 壓 [   ]
31. 鷄 [   ]
32. 朱 [   ]
33. 階 [   ]
34. 額 [   ]
35. 證 [   ]
36. 卵 [   ]
37. 味 [   ]
38. 亂 [   ]
39. 申 [   ]
40. 權 [   ]
41. 聖 [   ]
42. 緣 [   ]
43. 泉 [   ]
44. 冊 [   ]
45. 資 [   ]
46. 鍾 [   ]
47. 氏 [   ]
48. 斷 [   ]
49. 單 [   ]
50. 陣 [   ]

51. 演 [   ]
52. 眼 [   ]
53. 座 [   ]
54. 得 [   ]
55. 統 [   ]
56. 敢 [   ]
57. 配 [   ]
58. 故 [   ]
59. 康 [   ]
60. 造 [   ]
61. 墓 [   ]
62. 占 [   ]
63. 閉 [   ]
64. 誌 [   ]
65. 營 [   ]
66. 持 [   ]
67. 灰 [   ]
68. 推 [   ]
69. 假 [   ]
70. 混 [   ]
71. 助 [   ]
72. 憲 [   ]
73. 擇 [   ]
74. 端 [   ]
75. 婚 [   ]

76. 與 [   ]
77. 投 [   ]
78. 延 [   ]
79. 歡 [   ]
80. 危 [   ]
81. 頌 [   ]
82. 候 [   ]
83. 降 [   ]
84. 張 [   ]
85. 深 [   ]
86. 靜 [   ]
87. 達 [   ]
88. 準 [   ]
89. 衛 [   ]
90. 險 [   ]
91. 判 [   ]
92. 施 [   ]
93. 就 [   ]
94. 縮 [   ]
95. 核 [   ]
96. 帝 [   ]
97. 儒 [   ]
98. 狀 [   ]
99. 格 [   ]
100. 鳥 [   ]

※ 다음 漢字의 訓과 音을 쓰시오.

1. 普 [   ]
2. 受 [   ]
3. 限 [   ]
4. 豊 [   ]
5. 否 [   ]
6. 增 [   ]
7. 提 [   ]
8. 際 [   ]
9. 請 [   ]
10. 辯 [   ]
11. 裝 [   ]
12. 損 [   ]
13. 傷 [   ]
14. 拍 [   ]
15. 師 [   ]
16. 榮 [   ]
17. 煙 [   ]
18. 爲 [   ]
19. 係 [   ]
20. 犯 [   ]
21. 祕 [   ]
22. 掃 [   ]
23. 次 [   ]
24. 辭 [   ]
25. 授 [   ]

26. 支 [   ]
27. 妹 [   ]
28. 員 [   ]
29. 粉 [   ]
30. 將 [   ]
31. 髮 [   ]
32. 肉 [   ]
33. 究 [   ]
34. 乳 [   ]
35. 尊 [   ]
36. 寶 [   ]
37. 星 [   ]
38. 素 [   ]
39. 留 [   ]
40. 督 [   ]
41. 更 [   ]
42. 想 [   ]
43. 存 [   ]
44. 舍 [   ]
45. 負 [   ]
46. 佛 [   ]
47. 寺 [   ]
48. 委 [   ]
49. 錢 [   ]
50. 收 [   ]

51. 處 [   ]
52. 非 [   ]
53. 藝 [   ]
54. 勢 [   ]
55. 孔 [   ]
56. 據 [   ]
57. 罰 [   ]
58. 創 [   ]
59. 穀 [   ]
60. 研 [   ]
61. 紀 [   ]
62. 廳 [   ]
63. 伐 [   ]
64. 液 [   ]
65. 逃 [   ]
66. 賊 [   ]
67. 鏡 [   ]
68. 婦 [   ]
69. 保 [   ]
70. 系 [   ]
71. 如 [   ]
72. 視 [   ]
73. 程 [   ]
74. 刑 [   ]
75. 血 [   ]

76. 援 [   ]
77. 段 [   ]
78. 碑 [   ]
79. 境 [   ]
80. 暗 [   ]
81. 貧 [   ]
82. 折 [   ]
83. 副 [   ]
84. 移 [   ]
85. 復 [   ]
86. 悲 [   ]
87. 邊 [   ]
88. 管 [   ]
89. 略 [   ]
90. 覽 [   ]
91. 器 [   ]
92. 恩 [   ]
93. 航 [   ]
94. 構 [   ]
95. 刻 [   ]
96. 劇 [   ]
97. 禁 [   ]
98. 檢 [   ]
99. 優 [   ]
100. 徒 [   ]

활음조현상(滑音調現象)

미끄러질 활(滑), 소리 음(音), 고를 조(調)

'활음조'는, 소리를 미끄러지듯 부드럽게 골라주는 현상이란 뜻입니다.

활음조현상은 발음하기가 어렵고 듣기 거슬리는 소리에 어떤 소리를 더하거나 바꾸어, 발음하기가 쉽고 듣기 부드러운 소리로 되게 하는 음운 현상입니다.

음조를 부드럽게 하기 위하여 ㄴ음이 ㄹ로 바뀌거나, 발음을 쉽게 하기 위하여 ㄹ음이 ㄴ 따위로 바뀌는 현상이 활음조현상입니다.

두음법칙(頭音法則)도 활음조현상의 일종입니다.(5급, 4급에 수록)

활음조현상은 'ㄴ, ㄹ'이 '모음이나 유성자음(주로 'ㄴ')' 뒤에 연결될 때 이루어집니다.

大怒(대노) - 대로	寒暖(한난) - 한란	智異山(지이산) - 지리산
困難(곤난) - 곤란	喜怒(희노) - 희로	漢拏山(한나산) - 한라산
受諾(수낙) - 수락	陳列(진렬) - 진열	規律(규률) - 규율
許諾(허낙) - 허락	六月(육월) - 유월	千兩(천량) - 천냥
議論(의론) - 의논	十月(십월) - 시월	龜裂(균렬) - 균열
論難(논난) - 논란	惹鬧(야뇨) - 야료	優劣(우렬) - 우열
奴隷(노례) - 노예	牛囊(우낭) - 우랑	先烈(선렬) - 선열
		系列(계렬) - 계열

◆ 이체자(異體字) - 모양만 다를 뿐 서로 같은 글자

裡(속 리) - 裏	煙(연기 연) - 烟	針(바늘 침) - 鍼
糧(양식 량) - 粮	研(갈 연) - 硏	恥(부끄러울 치) - 耻
免(면할 면) - 免	映(비칠 영) - 暎	歎(탄식할 탄) - 嘆
幷(합할 병) - 幷	豫(미리 예) - 預	兎(토끼 토) - 兔
祕(숨길 비) - 秘	弔(조상할 조) - 弔	効(본받을 효) - 效
盃(잔 배) - 杯	讚(기릴 찬) - 讃	
疏(소통할 소) - 疎		

한자능력검정시험 4급
예상문제(1회~14회)

이제부터는 예상문제를 풀 차례입니다.
틀린 문제는 복습을 빠뜨리지 말고
꼭 하기 바랍니다.
예상문제 점수대는
기출·예상문제 점수대로 이어지고
기출·예상문제 점수대는
실제급수 시험 점수대와
거의 차이가 없을 것입니다.

정답은 144쪽부터 있습니다.

제1회 한자능력검정시험 4급 예상문제

※ 점수가 미흡하면, 독음, 훈음문제는 '섞음漢字'를 사자성어, 반의어, 유의어, 약자 등은 유형별 문제 익히기를 통해서 실력을 보강하세요.

【問 1～30】 다음 漢字語의 讀音을 쓰시오.

(1)	遊離	(2)	或時
(3)	勉學	(4)	堅實
(5)	勤務	(6)	減縮
(7)	達辯	(8)	轉出
(9)	混合	(10)	缺員
(11)	寢室	(12)	勸農
(13)	選擧	(14)	穀食
(15)	額面	(16)	妨害
(17)	早婚	(18)	局限
(19)	招待	(20)	伏線
(21)	普通	(22)	宣言
(23)	辭職	(24)	歷任
(25)	提案	(26)	鐵絲
(27)	散步	(28)	眞假
(29)	練習	(30)	豫測

【問 31～52】다음 漢字의 訓과 音을 쓰시오.

(31)	破	(32)	甲
(33)	拒	(34)	干
(35)	胞	(36)	況
(37)	條	(38)	松
(39)	拜	(40)	希
(41)	均	(42)	義
(43)	探	(44)	紅
(45)	筋	(46)	忠
(47)	卷	(48)	總
(49)	嚴	(50)	革
(51)	豫	(52)	樣

【問 53～62】 다음의 뜻에 맞는 漢字語를 漢字로 쓰시오.

(53) 신선(새롭고 깨끗함)

(54) 일과(날마다 일정하게 하는 일)

(55) 덕망(덕행으로 얻은 명망)

(56) 지리(어떤 곳의 지형이나 길 따위의 형편)

(57) 정전(전기가 일시적으로 끊어짐)

(58) 전기(위인들에 대한 기록)

(59) 객석(영화·운동 경기 따위를 구경하는

사람들이 앉는 자리)

(60) 매장(물건을 파는 곳)

(61) 위대(뛰어나고 훌륭함)

(62) 원금(이자를 제외한 원래의 돈)

【問 63～75】다음 訓과 音을 지닌 漢字를 쓰시오.

(63)	강할 강	(64)	구름 운
(65)	꾸짖을 책	(66)	예 고
(67)	손 객	(68)	법 전
(69)	볼 관	(70)	맡을 임
(71)	약할 약	(72)	생각할 사
(73)	사기 사	(74)	생각할 고
(75)	모을 집		

【問 76~80】다음 빈 칸에 알맞은 漢字를 적어 四字成語를 完成하시오.

(76) (　　)終如一

(77) 異口(　　)聲

(78) 玉骨仙(　　)

(79) 一刻(　　)金

(80) 居(　　)思危

【問 81~85】다음 각 글자와 뜻이 대립되는 漢字를 써서 單語를 완성하시오.

(81) 近 ↔ (　　)

(82) (　　) ↔ 配

(83) 都 ↔ (　　)

(84) (　　) ↔ 使

(85) (　　) ↔ 舊

【問 86~90】다음 각 글자와 뜻이 같거나 비슷한 漢字를 (　)에 넣어 漢字語를 만드시오.

(86) 街 (　　)

(87) 堅 (　　)

(88) 希 (　　)

(89) (　　) 樂

(90) (　　) 息

【問 91~92】다음은 同音異義語가 들어있는 문장이다. 밑줄 친 單語를 漢字로 쓰시오.

우리나라의 <u>수도</u>(91)인 서울의 <u>上수도</u>(92)시설은 잘 되어 있다.

(91) 수도

(92) 수도

【問 93~96】다음 漢字를 略字로 바꾸어 쓰시오.

(93) 畫

(94) 質

(95) 擧

(96) 變

【門 97~100】다음 漢字의 部首를 쓰시오.

(97) 爲

(98) 興

(99) 竹

(100) 條

제2회 한자능력검정시험 4급 예상문제

※ 점수가 미흡하면, 독음, 훈음문제는 '섞음漢字'를 사자성어, 반의어, 유의어, 약자 등은 유형별 문제 익히기를 통해서 실력을 보강하세요.

【問 1~30】다음 漢字語의 讀音을 쓰시오.

(1)	聽衆	(2)	冷房
(3)	離陸	(4)	遺産
(5)	怨恨	(6)	毒感
(7)	周圍	(8)	專擔
(9)	配慮	(10)	傾向
(11)	批評	(12)	待遇
(13)	效驗	(14)	針線
(15)	盜賊	(16)	調律
(17)	好轉	(18)	異見
(19)	探査	(20)	納得
(21)	證據	(22)	包裝
(23)	談判	(24)	檢問
(25)	仁義	(26)	手段
(27)	粉乳	(28)	激烈
(29)	兩方	(30)	刑罰

【問 31~48】다음 漢字의 訓과 音을 쓰시오.

(31)	獎	(32)	聲
(33)	港	(34)	背
(35)	檀	(36)	惠
(37)	富	(38)	攻
(39)	除	(40)	籍
(41)	脈	(42)	骨
(43)	鳴	(44)	庫
(45)	銃	(46)	專
(47)	勤	(48)	鑛

【問 49~64】다음 글에서 밑줄 친 單語 중 한글표기는 漢字로, 漢字표기는 한글로 바꾸어 쓰시오.

情報化(49)사회로 일컬어지는 머지 않은 미래에서 국가의 興亡(50)성쇠를 쥐고 있는 이들은 武士(51)나 농노나 귀족(52) 같은 구시대적 階層(53)이 아닌 신시대(54)의 지식인(55)이라는 존재들이다.

일반적인 것이 너무나 많고 쉬이 퍼져 정보의 亂入(56) 상태에 빠지게 될 미래에선 획기적인 지식과 기술(57)이 단숨에 한 시대를 이끌 수 있는 무기가 되리라 본다. 이런 지식을 소유(58)하고 개발(59)하는 지식인은 각자(60) 뿐만 아니라 그가 속한 사회와 크게는 조국(61)의 흥망에도 영향을 미칠 것이다. 그러므로 미래를 지향하는 국가에서 기술자는 물론 지식인 계층을 육성(62)하려 함은 당연(63)한 일이고 선진국 진입이라는 큰 목표를 앞둔 우리나라가 할 수 있는 가장 효율적인 사업(64)이라 생각된다.

(49)	情報化	(50)	興亡
(51)	武士	(52)	귀족
(53)	階層	(54)	신시대
(55)	지식인	(56)	亂入
(57)	기술	(58)	소유
(59)	개발	(60)	각자
(61)	조국	(62)	육성
(63)	당연	(64)	사업

【問 65~69】 다음 빈 칸에 알맞은 漢字를 써서 四字成語를 完成하시오.

(65) 離(　　)集散　　(66) 送舊迎(　　)

(67) 適者(　　)存　　(68) 卓上(　　)論

(69) 眼(　　)無人

【問 70~79】 다음 밑줄 친 漢字語를 漢字로 쓰시오.

(70) <u>독도</u>는 대한민국의 領土이다.

(71) 그 영화는 15세 이하는 <u>무료</u>이다.

(72) 큰 아버지의 자녀와 나 사이는 <u>사촌</u>간이다.

(73) 줄을 지어 <u>순서</u>대로 차를 탔다.

(74) 예비군 아저씨들이 운동장에 <u>집결</u>하고 있다.

(75) 두 <u>청년</u>은 언성을 높이며 따지기 시작했다.

(76) 우리 반은 오늘 산에 가서 <u>자연</u> 경치를 보고 사생화를 그렸다.

(77) 그녀는 초등학교 때 나와 같은 반 <u>급우</u>였다.

(78) 우리 회사는 점심을 12시에 <u>급식</u>한다.

(79) 그 사람은 암으로 <u>병사</u>했다.

【問 80~84】 다음 漢字와 뜻이 반대(상대) 되는 漢字를 써서 漢字語를 만드시오.

(80) (　　) ↔ 過　　(81) (　　) ↔ 負

(82) 當 ↔ (　　)　　(83) (　　) ↔ 怨

(84) 晝 ↔ (　　)

【問 85~89】 다음 각 글자와 뜻이 같거나 비슷한 漢字를 (　)에 넣어 漢字語를 만드시오.

(85) 退 － (　　)　　(86) 言 － (　　)

(87) 兵 － (　　)　　(88) 虛 － (　　)

(89) 敗 － (　　)

【問 90~92】 다음 漢字語와 소리는 같으나 뜻이 다른 漢字語를 쓰시오. (한글자만 바꿔도 됨)

(90) 大使 －　　　　(91) 同化 －

(92) 科擧 －

【問 93~95】 다음 漢字를 略字로 쓰시오.

(93) 舊　　　　　　(94) 團

(95) 區

【問 96~98】 다음 漢字語 중 첫 音節이 길게 發音되는 것을 3개 골라 그 번호를 쓰시오. (순서무관)

| ① 思恩 | ② 班長 | ③ 語調 | ④ 早期 |
| ⑤ 齒科 | ⑥ 研究 | ⑦ 革命 | ⑧ 戶主 |

(96)

(97)

(98)

【問 99~100】 다음 漢字의 部首를 쓰시오.

(99) 藝

(100) 碑

제3회 한자능력검정시험 4급 예상문제

※ 점수가 미흡하면, 독음, 훈음문제는 '섞음漢字'를 사자성어, 반의어, 유의어, 약자 등은 유형별 문제 익히기를 통해서 실력을 보강하세요.

【問 1~30】 다음 漢字語의 讀音을 쓰시오.

(1) 防彈　　　　(2) 痛歎

(3) 敗北　　　　(4) 甘草

(5) 徒黨　　　　(6) 配慮

(7) 致誠　　　　(8) 顯示

(9) 窮地　　　　(10) 鬪志

(11) 額面　　　　(12) 祝辭

(13) 藝術　　　　(14) 轉落

(15) 營養　　　　(16) 推進

(17) 趣味　　　　(18) 碑石

(19) 招請　　　　(20) 規律

(21) 講究　　　　(22) 鐵絲

(23) 堅固　　　　(24) 就寢

(25) 餘暇　　　　(26) 採鑛

(27) 血緣　　　　(28) 差等

(29) 縮約　　　　(30) 眞相

【問 31~52】 다음 漢字의 訓과 音을 쓰시오.

(31) 怒　　　　(32) 華

(33) 異　　　　(34) 香

(35) 姿　　　　(36) 儀

(37) 慮　　　　(38) 稅

(39) 點　　　　(40) 隱

(41) 快　　　　(42) 仁

(43) 餘　　　　(44) 圍

(45) 窮　　　　(46) 勸

(47) 府　　　　(48) 困

(49) 疑　　　　(50) 射

(51) 閑　　　　(52) 群

【問 53~62】 다음의 밑줄 친 漢字語를 漢字로 쓰시오.

(53) 금년은 비가 많이 와서 농작물이 흉년이다.

(54) 산 위에서 시내를 내려다보니 경치가 좋았다.

(55) 우리 국민 모두가 단결해서 부자나라로 만듭시다.

(56) 오늘 일어난 교통사고를 사실대로 말하시오.

(57) 대통령은 북한 핵문제 해결을 위해 힘차게 역설하셨다.

(58) 선거 때 대중 앞에서 약속한 공약은 이루어져야만 한다.

(59) 시장기 바둑대회에서 나는 연장자(나이 많은 사람)와 대국했다.

(60) 그는 평생동안 독신으로 살아서 자녀가 없다.

(61) 홍수피해로 고립된 사람들을 소방대원들이 구출했습니다.

(62) 서화전에서 가장 잘 쓴 두 작품을 비교해서 최우수상이 뽑혔다.

【問 63~72】 다음 訓과 音을 지닌 漢字를 쓰시오.

(63) 꽃부리 영　　　　(64) 빌 공

(65) 대신할 대　　　　(66) 클 위

(67) 가장 최　　　　(68) 말씀 어

(69) 고를 조　　　　(70) 주일 주

(71) 끝 말　　　　(72) 자리 석

【問 73~77】다음 빈 칸에 알맞은 漢字를 적어 四字成語를 完成하시오.

  (73) (   )鏡止水

  (74) 以心(   )心

  (75) 君(   )有義

  (76) 必有(   )折

  (77) 利用厚(   )

【問 78~82】다음 각 글자와 뜻이 對立되는 漢字를 써서 單語를 完成하시오.

  (78) (   )↔ 逆

  (79) 得 ↔ (   )

  (80) 發 ↔ (   )

  (81) (   )↔ 武

  (82) (   )↔ 減

【問 83~86】다음 각 글자와 뜻이 같거나 비슷한 漢字를 ( )에 넣어 漢字語를 만드시오.

  (83) (   )略   (84) 境(   )

  (85) 端(   )   (86) 解(   )

【問 87~88】다음은 同音異義語가 들어있는 문장이다. 밑줄 친 單語를 漢字로 쓰시오.

> 서울 시장87이 서민들의 물가 시세를 알아보기 위해 남대문 시장88을 방문하였다.

  (87) 시장

  (88) 시장

【問 89~91】다음 漢字를 略字로 바꾸어 쓰시오.

  (89) 觀

  (90) 獨

  (91) 樂

【問 92~94】다음 漢字語의 뜻을 쓰시오.

  (92) 乳母

  (93) 核心

  (94) 未婚

【問 95~97】다음 漢字의 部首를 쓰시오.

  (95) 冊

  (96) 底

  (97) 穴

【問 98~100】다음 漢字語 중 첫 音節이 길게 發音되는 것을 3개 골라 그 번호를 쓰시오.(순서무관)

① 判別	② 便利	③ 血族	④ 怒氣
⑤ 談笑	⑥ 苦樂	⑦ 拒否	⑧ 效果

  (98)

  (99)

  (100)

제4회 한자능력검정시험 4급 예상문제

【問 1~24】 다음 漢字語의 讀音을 쓰시오.

(1)	標題	(2)	關與
(3)	模範	(4)	周知
(5)	負擔	(6)	末端
(7)	季節	(8)	隊員
(9)	總額	(10)	舞樂
(11)	混亂	(12)	餘錄
(13)	雜誌	(14)	散亂
(15)	體操	(16)	核心
(17)	憲章	(18)	引受
(19)	快擧	(20)	結核
(21)	討論	(22)	榮華
(23)	筋骨	(24)	樣式

※. 다음 글을 읽고 물음에 답하시오.

【Ⅰ】 과거 우리나라는 농업(30) 중심의 사회로써 농사를 짓는 사람들이 주를 이루었다. 하지만 우리나라에도 산업(31)화, 도시(32)화가 급속(33)도로 진전되고, 經濟(25)발전 계획이 실시되면서 농사를 지으며 살던 사람들이 새로운 일자리를 찾아서 농촌을 떠나는 이농현상이 급격히 진행되었다.

농촌의 인구는 급속히 감소되기 시작해서 노동(34)력의 고령화로 인한 노동력 부족을 招來(26)하였고, 최근(35)에는 그 정도가 더욱 심해지고 있는 실정이다. 이러한 농촌의 부족한 일손을 돕기 위해 각 계층에서 농촌 봉사(36)활동을 전개(37)하고 있는데, 청소년 역시 사회의 한 구성원으로서 농촌 봉사 활동에 적극 참여해야 할 것이다.

【Ⅱ】 청소년 자원(38)봉사는 당사자(39)로 하여금 인성(40)을 함양하고 사회성을 개발하

고 더불어 살아가는 공동(41)체의 의식을 키워나가기 위해서도 필요한 요소이다.

즉, 성장(42)기에 있는 청소년들에게 자원봉사에 대한 마음가짐과 올바른 態度(27)를 갖게 하여 이들을 健康(28)하고 건전한 사고(43)방식을 가진 사회 構成員(29)이 되게끔 하는 것이다.

【問 25~29】 윗글에서 밑줄 친 (25)~(29)의 漢字語에 讀音을 쓰시오.

(25)	經濟	(26)	招來
(27)	態度	(28)	健康
(29)	構成員		

【問 30~43】 윗 글에서 밑줄 친 (30)~(43)의 漢字語를 漢字로 쓰시오.

(30)	농업	(31)	산업
(32)	도시	(33)	급속
(34)	노동	(35)	최근
(36)	봉사	(37)	전개
(38)	자원	(39)	당사자
(40)	인성	(41)	공동
(42)	성장	(43)	사고

【問 44~51】 다음의 訓과 音을 지닌 漢字를 쓰시오.

(44)	착 한	(45)	기운 기
(46)	없을 무	(47)	헤아릴 료
(48)	말씀 담	(49)	말씀 화
(50)	누이 매	(51)	빛 색

【問52~54】 다음 漢字語중 첫 音節이 길게 發音되는 것을 골라 그 번호를 쓰시오.

(52) ① 鷄卵 ② 單式 ③ 變更 ④ 君子

(53) ① 散文 ② 觀客 ③ 眞實 ④ 希望

(54) ① 納金 ② 接近 ③ 他國 ④ 彈力

【問 55~77】 다음 漢字의 訓과 音을 쓰시오.

(55) 證　(56) 治　(57) 難

(58) 副　(59) 進　(60) 系

(61) 準　(62) 辭　(63) 慶

(64) 嚴　(65) 造　(66) 簡

(67) 絶　(68) 築　(69) 益

(70) 擇　(71) 博　(72) 座

(73) 密　(74) 興　(75) 篇

(76) 素　(77) 犬

【問 78~82】 다음 四字成語가 完成되도록 괄호 속의 말을 漢字로 바꾸시오.

(78) (백)(가)爭鳴

(79) 死(생)(결)斷

(80) (다)(문)博識

(81) (자)(강)不息

(82) (자)(업)自得

【問 83~85】 다음 同音異義語를 쓰되 제시된 뜻에 맞게 하시오.

(83) 家系-(　　) : 집안 생활비의 수입과 지출

(84) 國史-(　　) : 나라의 중대한 일

(85) 電氣-(　　) : 한 개인의 일생에 관해 적은 기록

【問86~90】 다음 漢字와 뜻이 반대 또는 상대되는 漢字를 (　)에 넣어 漢字語를 만드시오.

(86) (　　) ↔ 答

(87) 冷 ↔ (　　)

(88) (　　) ↔ 弟

(89) 善 ↔ (　　)

(90) (　　) ↔ 婦

【問 91~95】 다음 漢字와 같은 뜻의 漢字를 (　) 에 넣어 漢字語를 만드시오.

(91) (　　) － 歲

(92) (　　) － 屋

(93) (　　) － 聲

(94) 唱 － (　　)

(95) 都 － (　　)

【問 96~98】 다음 漢字의 略字를 쓰시오.

(96) 寫

(97) 對

(98) 醫

【問 99~100】 다음 漢字의 部首를 쓰시오.

(99) 島

(100) 厚

제5회 한자능력검정시험 4급 예상문제

【問 1～30】 다음 漢字語의 讀音을 쓰시오.

(1) 演說　　　　(2) 勸獎

(3) 險難　　　　(4) 留念

(5) 妨害　　　　(6) 與黨

(7) 形象　　　　(8) 屈曲

(9) 姿勢　　　　(10) 憤痛

(11) 設置　　　　(12) 討伐

(13) 豫備　　　　(14) 時針

(15) 着陸　　　　(16) 護衛

(17) 探究　　　　(18) 記帳

(19) 珍奇　　　　(20) 暴君

(21) 貴宅　　　　(22) 模樣

(23) 豫買　　　　(24) 分散

(25) 廳舍　　　　(26) 血統

(27) 儒敎　　　　(28) 充電

(29) 隱德　　　　(30) 休暇

【問 31～52】 다음 漢字의 訓과 音을 쓰시오.

(31) 取　　　　(32) 勢

(33) 援　　　　(34) 快

(35) 際　　　　(36) 侵

(37) 混　　　　(38) 均

(39) 異　　　　(40) 包

(41) 細　　　　(42) 至

(43) 雜　　　　(44) 鄕

(45) 稅　　　　(46) 早

(47) 批　　　　(48) 察

(49) 崇　　　　(50) 逃

(51) 犯　　　　(52) 是

【問 53～62】 다음의 뜻에 맞는 漢字語를 漢字로 쓰시오.

(53) 공과(공로와 과실)

(54) 유례(같거나 비슷한 예)

(55) 양어(물고기를 길러 번식시킴)

(56) 호수(땅이 우묵하게 들어가 물이 괸 곳)

(57) 재계(대자본을 중심으로 한 금융업자의 사회)

(58) 합의(뜻이 맞음. 의견이 합치함)

(59) 선명(산뜻하고 밝음)

(60) 허다(매우 많음)

(61) 급수(등급의 정도)

(62) 낙선(심사나 선발대회 등에서 뽑히지 않음)

【問 63～72】 다음 訓과 音을 지닌 漢字를 쓰시오.

(63) 헤아릴 료　　　　(64) 볼 관

(65) 다스릴 리　　　　(66) 재주 술

(67) 물건 물　　　　(68) 물을 문

(69) 장사 상　　　　(70) 값 가

(71) 다를 별　　　　(72) 공경할 경

【問 73~77】 다음 빈 칸에 알맞은 漢字를 써서 四字成語를 完成하시오.

(73) 連(　　)連勝

(74) (　　)賞必罰

(75) (　　)慮一得

(76) (　　)必歸正

(77) 以卵擊(　　)

【問 78~80】 다음 漢字語의 반대어(상대어)를 漢字로 쓰시오.

(78) 全體 ↔ (　　　)

(79) 勝利 ↔ (　　　)

(80) 固定 ↔ (　　　)

【問 81~85】 다음 각 글자와 뜻이 같거나 비슷한 漢字를 (　)에 넣어 漢字語를 만드시오.

(81) (　　) 謠

(82) (　　) 錄

(83) 質 (　　)

(84) 背 (　　)

(85) 眼 (　　)

【問 86~88】 다음 漢字語와 소리는 같으나 뜻이 다른 漢字語를 쓰시오. (한 글자만 바꿔도 됨)

(86) 不定 —

(87) 奇事 —

(88) 消化 —

【問 89~91】 다음 漢字를 略字로 쓰시오.

(89) 處

(90) 鐵

(91) 會

【問 92~94】 다음 漢字의 뜻을 쓰시오.

(92) 品種

(93) 客席

(94) 急流

【問 95~97】 다음 漢字語 중 첫 音節이 길게 發音되는 것을 3개 골라 그 번호를 쓰시오.(순서무관)

① 講習　　② 道德　　③ 命中　　④ 病院

⑤ 商人　　⑥ 藥局　　⑦ 傳達　　⑧ 態度

(95)

(96)

(97)

【問 98~100】 다음 漢字의 部首를 쓰시오.

(98) 師

(99) 弱

(100) 玉

제6회 한자능력검정시험 4급 예상문제

【問 1~30】 다음 漢字語의 讀音을 쓰시오.

(1) 群落	(2) 降伏
(3) 暖流	(4) 過勞
(5) 激變	(6) 發揮
(7) 戰亂	(8) 共犯
(9) 看過	(10) 副賞
(11) 存在	(12) 發覺
(13) 雜誌	(14) 示威
(15) 業績	(16) 秋季
(17) 複製	(18) 努力
(19) 屬性	(20) 極端
(21) 列擧	(22) 祕密
(23) 避難	(24) 手段
(25) 先烈	(26) 危急
(27) 織物	(28) 冊房
(29) 壓死	(30) 牧場

【問 31~52】 다음 漢字의 訓과 音을 쓰시오.

(31) 遇	(32) 脈
(33) 糧	(34) 傑
(35) 豊	(36) 爆
(37) 視	(38) 承
(39) 虛	(40) 遺
(41) 藝	(42) 額
(43) 潮	(44) 巨
(45) 增	(46) 志
(47) 掃	(48) 獎
(49) 移	(50) 徒
(51) 干	(52) 妹

【問 53~74】 다음 글에서 밑줄 친 單語 중 한글표기는 漢字로, 漢字표기는 한글로 바꾸어 쓰시오.

　　(53)평화와 화합, (54)통일의 새로운 역사를 이끌고 갈 (55)미래의 주인공들은 말할 것도 없이 (56)현재의 (57)청소년들이다. (58)과거와 현재가 없는 미래는 있을 수 없지만, 미래는 과거나 현재보다 훨씬 더 (59)創造적이고 (60)발전적인 것이어야 한다. 이러한 일이 바로 청소년들에게 주어진 (61)중요한 (62)역사의 (63)사명이다. 지금의 10대와 20대는 10년 후와 20년 후에는 바로 (64)사회에서 왕성한 (65)활동을 하는 세대가 될 것이다. 그러므로 (66)세계적인 (67)指導력 (68)形成과 (69)민족의 (70)생존 발전이라는 두 개의 수레바퀴가 청소년 교류를 이끌어 가도록 해야 한다. 미래 역사의 (71)결실은 우리 스스로 창조해 가는 것이다. 미래 역사를 이끌고 갈 세계 모든 (72)인류의 청소년들과 (73)교류하는 것이 우리 민족의 번영을 (74)成就하는데 크게 기여할 것이다.

(53) 평화	(54) 통일
(55) 미래	(56) 현재
(57) 청소년	(58) 과거
(59) 創造	(60) 발전
(61) 중요	(62) 역사
(63) 사명	(64) 사회
(65) 활동	(66) 세계
(67) 指導	(68) 形成
(69) 민족	(70) 생존

(71) 결실   (72) 인류

(73) 교류   (74) 成就

【問 75~79】 다음 빈 칸에 알맞은 漢字를 적어 故事成語를 完成하시오.

(75) 衆(　　)難防

(76) 竹馬(　　)友

(77) 言語(　　)斷

(78) (　　)豆得豆

(79) (　　)湖煙波

【問 80~84】 다음 漢字와 뜻이 반대 또는 상대되는 漢字를 (　)에 넣어 漢字語를 만드시오.

(80) (　　) ↔ 危

(81) (　　) ↔ 疑

(82) 陰 ↔ (　　)

(83) 陸 ↔ (　　)

(84) 將 ↔ (　　)

【問 85~89】 다음 각 글자와 뜻이 같거나 비슷한 漢字를 (　)에 넣어 漢字語를 만드시오.

(85) 糧 － (　　)

(86) (　　) － 拍

(87) 君 － (　　)

(88) (　　) － 貨

(89) 設 － (　　)

【問 90~92】 다음 漢字語와 소리는 같으나 뜻이 다른 漢字語를 쓰시오. (한 글자만 바꿔도 됨)

(90) 發展 －

(91) 防衛 －

(92) 政黨 －

【問 93~95】 다음 漢字를 略字로 쓰시오.

(93) 參

(94) 價

(95) 勞

【問 96~98】 다음 漢字의 部首를 쓰시오.

(96) 整

(97) 革

(98) 布

【問 99~100】 다음 漢字의 뜻을 쓰시오.

(99) 訪美

(100) 拒否

제7회 한자능력검정시험 4급 예상문제

【問 1~30】 다음 漢字語의 讀音을 쓰시오.

(1)	核心	(2)	伐木
(3)	細胞	(4)	雜談
(5)	證據	(6)	範圍
(7)	檢察	(8)	構築
(9)	脫線	(10)	軍隊
(11)	希望	(12)	轉學
(13)	模範	(14)	拒否
(15)	充滿	(16)	均等
(17)	憲法	(18)	尊屬
(19)	淸掃	(20)	龍飛
(21)	殘在	(22)	危險
(23)	華麗	(24)	恨歎
(25)	辯護	(26)	辭表
(27)	認識	(28)	肅然
(29)	亂入	(30)	壯丁

【問 31~52】 다음 漢字의 訓과 音을 쓰시오.

(31)	燃	(32)	政
(33)	從	(34)	益
(35)	退	(36)	域
(37)	虛	(38)	導
(39)	侵	(40)	威
(41)	武	(42)	城
(43)	報	(44)	敵
(45)	源	(46)	田
(47)	納	(48)	應
(49)	飛	(50)	痛
(51)	論	(52)	易

【問 53~62】 다음의 뜻에 맞는 漢字語를 漢字로 쓰시오.

(53) 요소(중요한 장소나 지점)

(54) 재계(실업가 및 금융업자의 사회)

(55) 초선(처음으로 선출함)

(56) 온화(부드럽고 온화한 표정으로 사람을 대함)

(57) 전개(열려서 펼쳐지는 것)

(58) 규칙(지키도록 정해 놓은 질서나 원칙)

(59) 독후감(책을 읽고 느낀 점을 씀)

(60) 분류(종류에 따라 가름)

(61) 신세(자신의 처지)

(62) 만능(모든 일에 다 능통함)

【問 63~72】 다음 訓과 音을 지닌 漢字를 쓰시오.

(63)	패할 패	(64)	가벼울 경
(65)	볼 시	(66)	달아날 배
(67)	잃을 실	(68)	본받을 효
(69)	더할 가	(70)	찰 랭
(71)	헤아릴 량	(72)	따뜻할 온

【問 73~77】다음 빈 칸에 알맞은 漢字를 적어 四字成語를 完成하시오.

(73) 一脈相(　　)

(74) (　　)東肉西

(75) 大義名(　　)

(76) 緣木求(　　)

(77) 弱肉(　　)食

【問 78~82】다음 각 글자와 뜻이 對立되는 漢字를 써서 單語를 完成하시오.

(78) 降 ↔ (　　)

(79) (　　) ↔ 靜

(80) 進 ↔ (　　)

(81) 朝 ↔ (　　)

(82) 曲 ↔ (　　)

【問 83~87】다음 각 글자와 뜻이 같거나 비슷한 漢字를 (　)에 넣어 漢字語를 만드시오.

(83) 階 (　　)

(84) 集 (　　)

(85) 費 (　　)

(86) 緣 (　　)

(87) 建 (　　)

【問 88~90】다음 漢字語와 소리는 같으나 뜻이 다른 漢字語를 쓰시오. (한 글자만 바꿔도 됨)

(88) 理性－

(89) 自信－

(90) 新婦－

【問 91~93】다음 漢字의 部首를 쓰시오.

(91) 毒

(92) 端

(93) 窮

【問 94~97】다음 漢字를 略字로 쓰시오.

(94) 賣

(95) 體

(96) 廣

(97) 定

【問 98~100】다음 漢字語 중 첫 音節이 길게 發音되는 것을 3개 골라 그 번호를 쓰시오. (순서무관)

① 貯金	② 居住	③ 烈女	④ 侵入
⑤ 善意	⑥ 漁夫	⑦ 筋肉	⑧ 怨望
⑨ 測量	⑩ 湖水		

(98)

(99)

(100)

제8회 한자능력검정시험 4급 예상문제

【問 1~20】 다음 漢字語의 讀音을 쓰시오.

(1) 特派   (2) 積善

(3) 盡力   (4) 逃避

(5) 旅券   (6) 信條

(7) 宣敎   (8) 感激

(9) 抗戰   (10) 料理

(11) 射擊   (12) 怨望

(13) 拍動   (14) 歎息

(15) 出場   (16) 激讚

(17) 獨島   (18) 俗稱

(19) 陣營   (20) 暴惡

※. 다음 글을 읽고 물음에 답하시오.

오늘날 인류 세계(33)는 교통통신(34)이 發達(21)하고 交易(22)이 늘어나며 核(23), 環境(24) 등의 國際的(25)인 문제(35)가 발생하면서 지구(36) 공동(37)체라는 次元(26)에서 필요(38)한 物資(27)를 교류(39)하고 문제를 공동으로 解決(28)해 가고 있다.

우리나라도 이러한 전 過程(29)을 통해 다른 국가(40)들과 경쟁(41)하고 協力(30)하는 가운데 세계의 一員(31)으로 參與(32)해 나가야 한다.

【問 21~32】 윗글에서 밑줄친 (21) ~ (32)의 漢字語의 讀音을 쓰시오.

(21) 發達   (22) 交易

(23) 核   (24) 環境

(25) 國際的   (26) 次元

(27) 物資   (28) 解決

(29) 過程   (30) 協力

(31) 一員   (32) 參與

【問 33~41】 윗 글에서 밑줄 친 (33) ~ (41)의 漢字語를 漢字로 쓰시오.

(33) 세계   (34) 통신

(35) 문제   (36) 지구

(37) 공동   (38) 필요

(39) 교류   (40) 국가

(41) 경쟁

【問 42~51】 다음 單語를 漢字로 적되, ( )의 뜻에 맞추시오.

(42) 불참(참가하지 않음)

(43) 급류(물살이 급하게 흐름)

(44) 천행(하늘이 내려준 큰 행운)

(45) 안건(토의하거나 조사해야 할 사항)

(46) 실사(실지에 대해 검사함)

(47) 광고(세상에 널리 알림)

(48) 품종(물품의 종류)

(49) 우기(비가 많이 내리는 시기)

(50) 요인(중요한 원인)

(51) 최고(가장 오래됨)

【問 52~74】 다음 漢字의 訓과 音을 쓰시오.

(52) 持   (53) 傾   (54) 除

(55) 機   (56) 宗   (57) 差

(58) 珍   (59) 妙   (60) 迎

(61) 趣   (62) 誤   (63) 甲

(64) 警   (65) 遊   (66) 織

(67) 姿   (68) 送   (69) 松

(70) 想   (71) 步   (72) 組

(73) 義   (74) 盛

【問 75~79】 다음 四字成語가 完成되도록 괄호 속에 알맞은 漢字를 쓰시오.

(75) 論功( )( )

(76) 難攻不( )

(77) 得( )滿面

(78) 以卵擊( )

(79) 類類( )從

【問 80~82】 다음 同音異義語를 쓰되 제시된 뜻에 맞게 하시오.

(80) 同期－( ) : 형제 자매

(81) 通貨－( ) : 전화로 말을 주고 받음

(82) 級數－( ) : 물을 공급함

【問 83~88】 다음 각 글자와 반대 또는 상대되는 漢字와 漢字語로 쓰시오.

(83) 官 ↔ ( )

(84) 死亡 ↔ ( )

(85) ( ) ↔ 晝間

(86) 巨 ↔ ( )

(87) 君 ↔ ( )

(88) 難 ↔ ( )

【問 89~93】 다음 각 글자에 同訓字(뜻이 비슷한 漢字)를 적어 單語를 完成하시오.

(89) 災 ( )   (90) 圖 ( )

(91) ( ) 就   (92) 逃 ( )

(93) ( ) 慮

【問 94~97】 다음 漢字의 略字를 쓰시오.

(94) 圖

(95) 學

(96) 當

(97) 禮

【問 98~100】 다음 漢字의 部首를 쓰시오.

(98) 辯

(99) 鼻

(100) 稅

합격점수 : 70점
제한시간 : 50분

【問 1~30】 다음 漢字語의 讀音을 쓰시오.

(1) 環境
(2) 歌謠
(3) 標準
(4) 兩班
(5) 內申
(6) 痛快
(7) 秀麗
(8) 旅路
(9) 雜念
(10) 刻印
(11) 原則
(12) 碑石
(13) 陣痛
(14) 往來
(15) 周邊
(16) 簡便
(17) 綠色
(18) 巨頭
(19) 休暇
(20) 宗派
(21) 映寫
(22) 訪韓
(23) 規模
(24) 年歲
(25) 背景
(26) 郵便
(27) 段階
(28) 組織
(29) 納稅
(30) 資源

【問 31~52】 다음 漢字의 訓과 音을 쓰시오.

(31) 祕
(32) 驚
(33) 損
(34) 回
(35) 俗
(36) 孔
(37) 危
(38) 績
(39) 裝
(40) 群
(41) 與
(42) 歸
(43) 官
(44) 布
(45) 解
(46) 惠
(47) 設
(48) 階
(49) 置
(50) 得
(51) 閑
(52) 寺

【問 53~62】 다음 밑줄 친 漢字語를 漢字로 쓰시오.

(53) 사탕수수는 설탕의 원료로 쓰인다.

(54) 응급구호팀이 미리 당도해 있었다.

(55) 문제를 아는 사람은 손을 드세요.

(56) 우리나라 초대 대통령은 이승만이다.

(57) 가스는 석유보다 난방비용이 적게 든다.

(58) 서해안에 굴비잡는 어선들이 줄지어 있다.

(59) 국회 예산 심의는 오늘 종결된다.

(60) 산 정상에 오르자 몹시 추워 오한을 느꼈다.

(61) 우리 선생님은 남을 위해 좋은 일을 하는 덕망있는 분이다.

(62) 종교는 대부분 하느님을 신봉한다.

【問 63~67】 다음 빈 칸에 알맞은 漢字를 써서 四字成語를 完成하시오.

(63) (　　)折不屈

(64) 百(　　)無益

(65) (　　)將入相

(66) (　　)罰百戒

(67) 無爲徒(　　)

【問 68~79】 다음 訓과 音을 지닌 漢字를 쓰시오.

(68) 머리 수   (69) 종이 지

(70) 도읍 도   (71) 잘 숙

(72) 줄 선   (73) 홀로 독

(74) 쇠 철   (75) 쓸 고

(76) 일할 로   (77) 합할 합

(78) 부를 창   (79) 놓을 방

【問 80~83】 다음 漢字와 對立(반대)되는 漢字와 漢字語를 쓰시오.

(80) 勝 ↔ (   )

(81) (   ) ↔ 他

(82) 閉會 ↔ (   )

(83) (   ) ↔ 常

【問 84~89】 다음 각 글자와 뜻이 같거나 비슷한 漢字를 (   )에 넣어 漢字語를 만드시오.

(84) (   ) 儀

(85) 法 (   )

(86) (   ) 擇

(87) (   ) 益

(88) (   ) 洋

(89) (   ) 綠

【問 90~92】 다음 漢字語와 소리는 같으나 뜻이 다른 漢字語를 쓰시오. (한 글자만 바꿔도 됨)

(90) 最小 ―

(91) 天才 ―

(92) 過失 ―

【問 93~95】 다음 漢字를 略字로 쓰시오.

(93) 實

(94) 變

(95) 參

【問 96~98】 다음 漢字의 뜻을 쓰시오.

(96) 連打

(97) 漁船

(98) 均等

【問 99~100】 다음 漢字의 부수를 쓰시오.

(99) 益

(100) 風

제10회 한자능력검정시험 4급 예상문제

【問 1~21】다음 漢字語의 讀音을 쓰시오.

(1) 盜難	(2) 防犯
(3) 存置	(4) 考慮
(5) 通俗	(6) 次官
(7) 疲困	(8) 讚美
(9) 小康	(10) 暴落
(11) 復興	(12) 國籍
(13) 盛況	(14) 相殺
(15) 朱黃	(16) 居處
(17) 取消	(18) 危急
(19) 投球	(20) 混亂
(21) 否認	

※. 다음 글을 읽고 물음에 답하시오.

　　1945년 8월 15일, 日帝22가 연합국에게 降伏23함으로써 제2차 세계대전이 종결31되는 동시에 우리 민족도 식민32지 지배에서 벗어나 解放24을 맞이하였다. 이리하여 한국33사는 새로운 현대사가 시작되는 巨步25를 내딛게 되었다. 민족의 光復26은 한국의 역사를 근대34 사회에서 현대사회로 전환하는 획기적인 계기가 되었던 것이다.

　　그러나 이러한 조국35 광복의 이면에는 온 민족의 꾸준한 항일 독립 운동36이 그 背景27으로 작용37하고 있었다. 즉, 3.1운동 직후38에 수립39된 대한민국 임시정부는 독립운동의 정신적 지주가 되었을 뿐 아니라 광복군을 組織28하여 실질40적인 무력抗爭29을 전개하였고 국내에서도 민족의 독자41성과 민족문화를 守護30하기 위한 투쟁을 계속하였으니 이것이 바로 민족 광복의 기반이 되었으며, 여기에 민족42적 정통성의 연면한 계승이 있었던 것이다.

【問 22~30】윗글에서 밑줄　친 22~30의 漢字語의 讀音을 쓰시오.

(22) 日帝	(23) 降伏
(24) 解放	(25) 巨步
(26) 光復	(27) 背景
(28) 組織	(29) 抗爭
(30) 守護	

【問 31~42】윗 글에서 밑줄　친 31~42의 漢字語를 漢字로 쓰시오.

(31) 종결	(32) 식민
(33) 한국	(34) 근대
(35) 조국	(36) 운동
(37) 작용	(38) 직후
(39) 수립	(40) 실질
(41) 독자	(42) 민족

【問 43~46】윗글에서 밑줄　친 22~30의 漢字語 중 첫 音節이 길게 발음되는 것을 4개 가려 그 번호를 쓰시오. (순서무관)

(43)	(44)
(45)	(46)

【問 47~54】다음 單語를 漢字로 적되, ( )의 뜻에 맞추시오.

(47) 경합(둘 이상이 대등하게 서로 실력이나 승부를 겨루는 것)

(48) 승패(둘이 겨루어 이기고 지는 것이 결정남)

(49) 친지(서로 잘 알고 가깝게 지내는 사람)

(50) 사정(일의 형편)

(51) 재활(다시 활동함)

(52) 필독(반드시 읽어야 함)

(53) 비중(다른 것과 비교할 때의 중요도)

(54) 세면(얼굴을 씻음)

【問 55~77】 다음 漢字의 訓과 音을 쓰시오.

(55) 殘	(56) 歡	(57) 易
(58) 討	(59) 貨	(60) 論
(61) 器	(62) 鑛	(63) 職
(64) 假	(65) 圓	(66) 祭
(67) 厚	(68) 創	(69) 攻
(70) 繼	(71) 常	(72) 府
(73) 稱	(74) 師	(75) 段
(76) 檢	(77) 納	

【問 78~82】 다음 ( )안에 알맞은 漢字를 써넣어 四字成語를 完成하시오.

(78) 人死留( ) : 사람은 죽어서 이름을 남김

(79) 天人( )怒 : 하늘과 사람이 함께 노한다는 뜻

(80) 骨肉( )殘 : 가까운 혈족끼리 서로 해치고 죽임

(81) ( )者無敵 : 어진 사람은 세상에 적이 없음

(82) 前代未( ) : 이제까지 들어본 적이 없는 일

【問 83~85】 다음 漢字語의 同音異義를 쓰되 제시된 뜻에 맞게 하시오.

(83) 事故 - ( ) : 생각하는 일

(84) 大使 - ( ) : 큰 일

(85) 景氣 - ( ) : 일정한 규칙아래 기량과 기술을 겨루는 일

【問 86~90】 다음 漢字와 뜻이 반대 또는 상대되는 漢字를 ( )에 넣어 漢字語를 만드시오.

(86) ( ) ↔ 野

(87) ( ) ↔ 炭

(88) 是 ↔ ( )

(89) 輕 ↔ ( )

(90) 主 ↔ ( )

【問 91~93】 다음 漢字와 같은 뜻의 漢字를 ( )에 넣어 漢字語를 만드시오.

(91) 憲 - ( )

(92) ( ) - 痛

(93) ( ) - 蓄

【問 94~96】 다음 漢字의 略字(약자)를 쓰시오.

(94) 關

(95) 醫

(96) 氣

【問 97~100】 다음 漢字의 部首를 쓰시오.

(97) 舞

(98) 武

(99) 慮

(100) 系

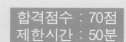

제11회 한자능력검정시험 4급 예상문제

【問 1~30】 다음 漢字語의 讀音을 쓰시오.

(1) 點線　　　　　(2) 構成

(3) 藥指　　　　　(4) 錢票

(5) 鑛脈　　　　　(6) 刑罰

(7) 博覽　　　　　(8) 斗酒

(9) 危機　　　　　(10) 舌戰

(11) 簡易　　　　　(12) 繼續

(13) 銃殺　　　　　(14) 特派

(15) 液體　　　　　(16) 巨儒

(17) 占據　　　　　(18) 爆發

(19) 除去　　　　　(20) 連打

(21) 現況　　　　　(22) 歌舞

(23) 卓球　　　　　(24) 徒步

(25) 複線　　　　　(26) 負擔

(27) 探査　　　　　(28) 陣營

(29) 秀才　　　　　(30) 援助

【問 31~45】 다음의 漢字語를 漢字로 쓰시오.

(31) 용구(무엇을 하거나 만드는 데 쓰는 도구)

(32) 개량(나쁜 것을 고쳐 좋게 함)

(33) 단속(법률을 어기지 않게 통제함)

(34) 참가(어떤 모임이나 단체에 참여함)

(35) 성격(각 개인이 가지고 있는 성질)

(36) 필연(반드시 그렇게 될 수밖에 없는 상태)

(37) 순리(도리에 순종하는 것)

(38) 연세('나이'의 높임말)

(39) 특기(특별한 기능이나 기술)

(40) 감지(직감적으로 느끼어 앎)

(41) 서두(어떤 차례의 첫머리)

(42) 시급(시간적으로 매우 급함)

(43) 타구(야구에서 공을 치는 것)

(44) 소망(바라는 바)

(45) 의사(생각이나 마음)

【問 46~50】 다음 밑줄친 단어를 漢字로 쓰시오.

(46) 그의 예상이 결과에 적중되었다.

(47) 그 기계는 매우 복잡하여 사용하기가 어렵다

(48) 아버지께서 나의 생일날 자전거를 사주시기로 약속하셨다.

(49) 우리나라 선거제도는 국민이 대통령을 직접 뽑는 직선제이다.

(50) 새해 예산안이 국회에서 가결되었다.

【問 51~54】 다음 □ 주변의 4개 漢字를 화살표 방향으로 결합해서 단어가 될 수 있도록 공통한 자를 列에서 골라 그 번호를 쓰시오.

[列]

(1) 共　(2) 國　(3) 洋　(4) 卵　(5) 船

(6) 熱　(7) 母　(8) 航　(9) 易　(10) 意

(51)

(52)

(53)

(54)
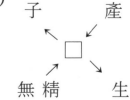

【問 55~77】 다음 漢字의 訓과 音을 쓰시오.

(55) 儉　　　(56) 肉
(57) 護　　　(58) 達
(59) 票　　　(60) 範
(61) 拒　　　(62) 武
(63) 縮　　　(64) 舍
(65) 伐　　　(66) 脫
(67) 招　　　(68) 砲
(69) 頌　　　(70) 讚
(71) 暇　　　(72) 句
(73) 賢　　　(74) 提
(75) 蓄　　　(76) 應
(77) 圍

【問 78~82】 다음 漢字語의 (　)속에 알맞은 漢字를 쓰시오.

(78) 惡戰(　　)鬪:몹시 어렵게 싸우는 것
(79) 自(　　)自讚:자기가 한 일을 스스로 자랑함
(80) (　　)天勤民:하늘을 공경하고 백성을 위해 부지런히 일함
(81) 氷(　　)一角:아주 크고 많은 것 중에 조그마한 부분
(82) 見危授(　　):나라가 위급할 때 자기 몸을 나라에 바침

【問 83~85】 다음 漢字語의 同音異義語를 쓰되 제시된 뜻에 맞게 하시오.

(83) 家口-(　　) : 살림살이에 쓰이는 살림세간
(84) 最高-(　　) : 가장 오래됨
(85) 認定-(　　) : 사람의 따뜻한 마음

【問 86~90】 다음 漢字와 뜻이 對立되는 漢字를 (　)에 넣어 漢字語를 만드시오.

(86) 和 ↔ (　　)
(87) 往 ↔ (　　)
(88) (　　) ↔ 鄕
(89) (　　) ↔ 末
(90) 賣 ↔ (　　)

【問 91~95】 다음 漢字와 같은 뜻의 漢字를 (　)에 넣어 漢字語를 만드시오.

(91) 幸 (　　)
(92) 病 (　　)
(93) 文 (　　)
(94) 根 (　　)
(95) 旅 (　　)

【問 96~97】 다음 漢字의 部首를 쓰시오.

(96) 氏
(97) 黑

【問 98~100】 다음 漢字의 略字를 쓰시오.

(98) 讀
(99) 發
(100) 禮

제12회 한자능력검정시험 4급 예상문제

【問 1~30】 다음 漢字語의 讀音을 쓰시오.

(1) 憲法   (2) 不遇

(3) 郵送   (4) 潮流

(5) 鬪志   (6) 書庫

(7) 好況   (8) 豫感

(9) 脫稅   (10) 狀況

(11) 聖賢   (12) 納稅

(13) 銀貨   (14) 婚談

(15) 仁術   (16) 難易

(17) 遺物   (18) 評價

(19) 閉校   (20) 樣態

(21) 辯護   (22) 印象

(23) 底邊   (24) 投機

(25) 骨折   (26) 頌歌

(27) 整理   (28) 機會

(29) 段階   (30) 校誌

【問 31~45】 다음의 漢字語를 漢字로 쓰시오.

(31) 후손(나중에 태어날 자손)

(32) 원인(어떤 결과를 일어나게하는 까닭)

(33) 조화(서로 잘 어울림)

(34) 기선(증기력으로 추진, 운행하는 배)

(35) 노환(나이가 많아서 생기는 여러 가지 병)

(36) 발효(법률, 문서 등의 효력이 생기는 것)

(37) 관념(생각;대상을 표시하는 심적 형상)

(38) 재건(무너진 것을 다시 건설함)

(39) 변질(성질이나 구성이 변함)

(40) 격식(예절이나 규정 등에 맞는 일정한 방식)

(41) 실리(현실적인 이익)

(42) 정지(중도에서 머무르거나 그침)

(43) 선착(남보다 먼저 도착함)

(44) 양심(옳고 그름을 판단하는 마음)

(45) 체조(신체의 건강을 위한 운동)

【問 46~50】 다음 밑줄친 단어를 漢字로 쓰시오.

(46) 성탄절에 친구에게 엽서를 보내다.

(47) 엄마께서 서울에서 대학에 다니는 누나에게 매달 학비를 보냅니다.

(48) 수재민에게 보낼 구호물자의 품명을 적어주십시오.

(49) 새해에도 건강하기를 축복하나이다.

(50) 매달 월급에서 조금씩 저금합니다.

【問 51~54】 다음 □ 주변의 4개 漢字를 화살표 방향으로 결합해서 단어가 될 수 있도록 공통한 자를 列에서 골라 그 번호를 쓰시오.

[列]

(1) 避   (2) 比   (3) 鮮   (4) 善   (5) 房

(6) 便   (7) 變   (8) 度   (9) 疲   (10) 規
---

(51)
```
朝      新
  ↘  ↙
   □
  ↗  ↘
生      綠色
```

(52)
```
席      難
  ↖  ↗
   □
  ↗  ↖
寒      逃
```

(53)
```
利      所
  ↖  ↗
   □
  ↙  ↘
通      車
```

(54)
```
法      程
  ↘  ↙
   □
  ↗  ↗
角      地
```

【問 55~77】 다음 漢字의 訓과 音을 쓰시오.

(55) 殺   (56) 降

(57) 銃   (58) 毛

(59) 飛   (60) 寄

(61) 敢   (62) 智

(63) 員   (64) 經

(65) 妨   (66) 深

(67) 寶   (68) 訪

(69) 歡   (70) 慰

(71) 罰   (72) 富

(73) 離   (74) 認

(75) 羅   (76) 鳥

(77) 確

【問 78~82】 다음 漢字語의 ( )속에 알맞은 漢字를 쓰시오.

(78) 不( )千里 : 천리 길도 멀다 여기지
　　　　　　　　않음

(79) 今始( )聞 : 처음으로 들음

(80) 良( )苦口 : 좋은 약은 입에 쓰나
　　　　　　　　병에는 이롭다는 뜻

(81) ( )不如死 : 삶이 죽음만 같지 못하
　　　　　　　　다는 뜻으로 매우 곤경
　　　　　　　　에 처함

(82) 虛張( )勢 : 실속 없이 허세만 부림

【問 83~85】 다음 漢字語의 同音異義語를 쓰되 제시된 뜻에 맞게 하시오.

(83) 良識 - ( ) : 서양 음식

(84) 力士 - ( ) : 인간사회가 거쳐온
　　　　　　　　변천의 모습

(85) 政黨 - ( ) : 바르고 마땅함

【問 86~90】 다음 漢字와 뜻이 반대 또는 상대되는 漢字를 ( )에 넣어 漢字語를 만드시오.

(86) 收 ↔ ( )

(87) ( ) ↔ 暗

(88) 祖 ↔ ( )

(89) ( ) ↔ 低

(90) 降 ↔ ( )

【問 91~95】 다음 각 글자에 同訓字(또는 뜻이 비슷한 漢字)를 적어 單語를 完成하시오.

(91) 擔 - ( )

(92) 奉 - ( )

(93) 物 - ( )

(94) 崇 - ( )

(95) 授 - ( )

【問 96~98】 다음 漢字의 略字를 쓰시오.

(96) 國

(97) 兒

(98) 世

【問 99~100】 다음 漢字의 部首를 쓰시오.

(99) 出

(100) 歸

제13회 한자능력검정시험 4급 예상문제

【問 1~25】 다음 漢字語의 讀音을 쓰시오.

(1)	墓碑	(2)	否認
(3)	擊退	(4)	良書
(5)	未婚	(6)	同胞
(7)	豊盛	(8)	看護
(9)	鉛筆	(10)	起居
(11)	警鍾	(12)	商街
(13)	敢行	(14)	郵票
(15)	環境	(16)	趣味
(17)	儒敎	(18)	確實
(19)	憤痛	(20)	毛髮
(21)	變更	(22)	稱頌
(23)	妙味	(24)	從屬
(25)	更新		

※ 다음 글을 읽고 물음에 답하시오.

고등31학교에 막 입학해서는 많은 학습32량 때문에 힘들었지만 꾸준히 공부하면서 이런 어려움을 이겨냈습니다. 이를 통해 공부는 한 때가 아니라 평생33 持續26적으로 해야 하는 것임을 깨달았습니다.

대학에 입학하면 교수님이나 선배들의 조언을 얻어 전공관련 책을 많이 읽을 豫定27입니다. 그리고 학과34에서 이루어지는 학습 동아리에도 적극 참여35하고 한문으로 된 역사36서를 읽을 수 있도록 한학에 조예가 깊은 분들을 찾아가 한문 공부도 열심37히 할 것입니다.

저는 역사적 전환기였기에 많은 인물38이 부침였던 高麗末28, 조선39초에 관심40이 많습니다. 그래서

대학원에 진학하여 이 시기41를 깊이있게 硏究29하고 싶습니다. 그리고 꿈인 敎授30가 되어서도 이 연구를 계속할 생각입니다. 그리하여 역사의 흐름을 통찰할 수 있는 혜안을 갖추어 현대인에게 바른 길을 제시하는 사람이 되고 싶습니다.

【問 26~30】 윗글에서 밑줄친 (26)~(30)의 漢字語의 讀音을 쓰시오.

(26)	持續	(27)	豫定
(28)	高麗末	(29)	硏究
(30)	敎授		

【問 31~41】 윗 글에서 밑줄 친 (31)~(41)의 漢字語를 漢字로 쓰시오.

(31)	고등	(32)	학습
(33)	평생	(34)	학과
(35)	참여	(36)	역사
(37)	열심	(38)	인물
(39)	조선	(40)	관심
(41)	시기		

【問 42~44】 윗글에서 밑줄 친 (26)~(30)의 漢字語 중 첫 音節이 길게 발음되는 것을 3개 가려 그 번호를 쓰시오. (순서무관)

(42)

(43)

(44)

【問 45~53】 다음 漢字語를 漢字로 쓰시오.

(45) 체조(체력단련을 위한 운동)

(46) 봉양(부모나 조부모를 받들어 모심)

(47) 신문(새소식을 전하는 일, 주간 정기간행물)

(48) 정원(집안의 뜰)

(49) 개업(영업을 시작함)

(50) 교문(학교의 정문)

(51) 정직(마음이 바르고 곧음)

(52) 반감(반발하는 마음)

(53) 필기(글씨를 씀)

【問 54~76】 다음 漢字의 訓과 音을 쓰시오.

(54) 鳴	(55) 隊	(56) 求
(57) 核	(58) 禁	(59) 黨
(60) 陰	(61) 避	(62) 探
(63) 宮	(64) 星	(65) 守
(66) 評	(67) 努	(68) 次
(69) 存	(70) 係	(71) 劇
(72) 派	(73) 寢	(74) 餘
(75) 引	(76) 製	

【問 77~81】 다음 漢字語의 ( )속에 알맞은 漢字를 쓰시오.

(77) ( )光石火 : 번갯불이나 부싯돌의 번쩍거림과 같이 매우 짧은 시간

(78) 敢不( )心 : 감히 엄두도 내지 못함

(79) ( )容月態 : 아름다운 여인의 얼굴과 맵시를 이르는 말

(80) 知( )必改 : 자신의 잘못을 알면 반드시 고쳐야 함

(81) 燈火可( ) : 시원한 가을밤은 등불을 가까이 하여 책읽기에 좋다는 뜻

【問 82~84】 다음 漢字語의 同音異義語를 쓰되 제시된 뜻에 맞게 하시오.

(82) 寒食 — ( ) : 우리나라 방식의 음식

(83) 同心 — ( ) : 어린이의 마음

(84) 死後 — ( ) : 일이 끝난 뒤

【問 85~89】 다음 漢字와 뜻이 對立되는 漢字를 ( )에 넣어 漢字語를 만드시오.

(85) ( ) ↔ 閉

(86) ( ) ↔ 果

(87) 吉 ↔ ( )

(88) 利 ↔ ( )

(89) ( ) ↔ 私

【問 90~95】 다음 漢字와 같은 뜻의 漢字를 ( )에 넣어 漢字語를 만드시오.

(90) 約( )	(91) 單( )
(92) ( )隊	(93) ( )服
(94) ( )鬪	(95) ( )求

【問 96~98】 다음 漢字의 略字를 쓰시오.

(96) 同   (97) 來

(98) 數

【問 99~100】 다음 漢字의 部首를 쓰시오.

(99) 龍

(100) 威

제14회 한자능력검정시험 4급 예상문제

【問 1~35】 다음 漢字語의 讀音을 쓰시오.

(1) 石灰石	(2) 卓球
(3) 停止	(4) 宗親
(5) 確認	(6) 服裝
(7) 寢室	(8) 暴力
(9) 減資	(10) 厚德
(11) 擔當	(12) 充電
(13) 投票	(14) 派兵
(15) 盜聽	(16) 引上
(17) 營業	(18) 廳舍
(19) 賞品	(20) 演劇
(21) 治積	(22) 童話
(23) 鍾路	(24) 鬪爭
(25) 手術	(26) 收復
(27) 攻擊	(28) 權勢
(29) 混亂	(30) 選擇
(31) 松板	(32) 簡單
(33) 淸掃	(34) 姿態
(35) 豫測	

【問 36~58】 다음 漢字의 訓과 音을 쓰시오.

(36) 廳	(37) 街
(38) 兵	(39) 味
(40) 液	(41) 態
(42) 育	(43) 餘
(44) 帳	(45) 頭
(46) 憤	(47) 鏡
(48) 輕	(49) 流
(50) 邑	(51) 鉛
(52) 抗	(53) 話
(54) 樣	(55) 除
(56) 飮	(57) 威
(58) 草	

【問 59~80】 다음 漢字語를 漢字로 쓰시오.

(59) 전망(멀리 바라봄)

(60) 기차(증기의 힘으로 궤도를 달리는 것)

(61) 행복(마음이 편안하고 좋은 상태)

(62) 경쟁(같은 목적에 관하여 겨루어 나눔)

(63) 동창(같은 학교에서 배움)

(64) 빙산(얼음산)

(65) 사망(죽는 일. 죽음)

(66) 휴학(학업을 쉼)

(67) 주말(한 주일의 끝. 토요일)

(68) 분류(종류에 따라 가름)

(69) 활로(궁지에서 벗어나는 방법. 생활하기
　　　위한 수단)

(70) 식목(나무를 심다)

(71) 시동(움직이기 시작함)

(72) 외교(외국과의 교제, 국제간의 교섭)

(73) 의원(병자를 치료하기 위해 만든 집)

(74) 재계(대자본을 중심으로 한 사업가 및 금융업자의 사회)

(75) 책임(도맡아 해야 할 임무)

(76) 표정(마음 속의 감정을 드러내 보임)

(77) 공석(빈 좌석. 비어있는 지위. 결원)

(78) 민족(말과 종족이 같고 독특한 문화를 가진 같은 겨레)

(79) 장단(길고 짧음. 좋은 점과 나쁜 점)

(80) 주야(낮과 밤)

【問 81~85】 다음 괄호안에 알맞는 漢字를 써넣어 四字成語를 完成하시오.

(81) 九牛( )毛 : 썩 많은 것 가운데 작은 하나를 말함

(82) 過( )評價 : 실제보다 지나치게 높이 평가함

(83) ( )同小異 : 큰 차이 없이 거의 같음

(84) ( )事求是 : 사실에 토대를 두어 진리를 탐구하는 일

(85) ( )風良俗 : 아름답고 좋은 풍속이나 기풍

【問 86~88】 다음 漢字와 같은 뜻의 漢字를 ( )에 넣어 漢字語를 만드시오.

(86) 居 - ( )

(87) 終 - ( )

(88) 鐵 - ( )

【問 89~91】 다음 漢字語의 반대어(상대어)를 漢字로 쓰시오.

(89) 最小 ↔ ( )

(90) 午前 ↔ ( )

(91) 敗北 ↔ ( )

【問 92~94】 다음 예시된 單語 중에서 공통적으로 쓰인 漢字가 長音으로 發音되는 것을 골라 그 번호를 쓰시오.

(92) ①上古 ②壇上 ③讀者 ④作家

(93) ①傾聽 ②聽覺 ③聖人 ④禮節

(94) ①鮮明 ②分母 ③深山 ④分離

【問 95~97】 다음 漢字의 略字를 쓰시오.

(95) 惡

(96) 萬

(97) 號

【問 98~100】 다음 漢字의 部首를 쓰시오.

(98) 缺

(99) 友

(100) 努

■ 사단법인 한국어문회·한국한자능력검정회

수험번호 □□□□ － □□ － □□□□　　　성 명 □□□□

주민등록번호 □□□□□□ － □□□□□□□　　※ 유성 사인펜, 붉은색 필기구 사용 불가.

※ 답안지는 컴퓨터로 처리되므로 구기거나 더럽히지 마시고, 정답 칸 안에만 쓰십시오.
글씨가 채점란으로 들어오면 오답처리가 됩니다.

전국한자능력검정시험 4급 모의고사 답안지 (1)

번호	답안란 정답	채점란 1검	2검	번호	답안란 정답	채점란 1검	2검	번호	답안란 정답	채점란 1검	2검
1				17				33			
2				18				34			
3				19				35			
4				20				36			
5				21				37			
6				22				38			
7				23				39			
8				24				40			
9				25				41			
10				26				42			
11				27				43			
12				28				44			
13				29				45			
14				30				46			
15				31				47			
16				32				48			

감 독 위 원	채 점 위 원 (1)		채 점 위 원 (2)		채 점 위 원 (3)	
(서명)	(득점)	(서명)	(득점)	(서명)	(득점)	(서명)

※ 답안지는 컴퓨터로 처리되므로 구기거나 더럽히지 않도록 조심하시고 글씨를 칸 안에 정확히 쓰세요.

전국한자능력검정시험 4급 모의고사 답안지 (2)

번호	답안란 정답	채점란 1검	채점란 2검	번호	답안란 정답	채점란 1검	채점란 2검	번호	답안란 정답	채점란 1검	채점란 2검
49				67				85			
50				68				86			
51				69				87			
52				70				88			
53				71				89			
54				72				90			
55				73				91			
56				74				92			
57				75				93			
58				76				94			
59				77				95			
60				78				96			
61				79				97			
62				80				98			
63				81				99			
64				82				100			
65				83							
66				84							

■ 사단법인 한국어문회·한국한자능력검정회

수험번호 ☐☐☐☐ — ☐☐ — ☐☐☐☐ 　　　성 명 ☐☐☐☐☐

주민등록번호 ☐☐☐☐☐☐ — ☐☐☐☐☐☐☐

※ 유성 사인펜, 붉은색 필기구 사용 불가.

※ 답안지는 컴퓨터로 처리되므로 구기거나 더럽히지 마시고, 정답 칸 안에만 쓰십시오.
　글씨가 채점란으로 들어오면 오답처리가 됩니다.

전국한자능력검정시험 4급 모의고사 답안지 (1)

번호	정답	1검	2검	번호	정답	1검	2검	번호	정답	1검	2검
1				17				33			
2				18				34			
3				19				35			
4				20				36			
5				21				37			
6				22				38			
7				23				39			
8				24				40			
9				25				41			
10				26				42			
11				27				43			
12				28				44			
13				29				45			
14				30				46			
15				31				47			
16				32				48			

감 독 위 원	채 점 위 원 (1)		채 점 위 원 (2)		채 점 위 원 (3)	
(서명)	(득점)	(서명)	(득점)	(서명)	(득점)	(서명)

※ 뒷면으로 이어짐 ↓

※ 답안지는 컴퓨터로 처리되므로 구기거나 더럽히지 않도록 조심하시고 글씨를 칸 안에 정확히 쓰세요.

전국한자능력검정시험 4급 모의고사 답안지 (2)

번호	답 안 란 정 답	채점란 1검	2검	번호	답 안 란 정 답	채점란 1검	2검	번호	답 안 란 정 답	채점란 1검	2검
49				67				85			
50				68				86			
51				69				87			
52				70				88			
53				71				89			
54				72				90			
55				73				91			
56				74				92			
57				75				93			
58				76				94			
59				77				95			
60				78				96			
61				79				97			
62				80				98			
63				81				99			
64				82				100			
65				83							
66				84							

사단법인 한국어문회·한국한자능력검정회

수험번호 □□□□ - □□ - □□□□   성 명 □□□□

주민등록번호 □□□□□□ - □□□□□□□   ※ 유성 사인펜, 붉은색 필기구 사용 불가.

※ 답안지는 컴퓨터로 처리되므로 구기거나 더럽히지 마시고, 정답 칸 안에만 쓰십시오.
글씨가 채점란으로 들어오면 오답처리가 됩니다.

전국한자능력검정시험 4급 모의고사 답안지 (1)

번호	정답	1검	2검	번호	정답	1검	2검	번호	정답	1검	2검
1				17				33			
2				18				34			
3				19				35			
4				20				36			
5				21				37			
6				22				38			
7				23				39			
8				24				40			
9				25				41			
10				26				42			
11				27				43			
12				28				44			
13				29				45			
14				30				46			
15				31				47			
16				32				48			

감 독 위 원	채 점 위 원 (1)		채 점 위 원 (2)		채 점 위 원 (3)	
(서명)	(득점)	(서명)	(득점)	(서명)	(득점)	(서명)

※ 뒷면으로 이어짐 ↓

※ 답안지는 컴퓨터로 처리되므로 구기거나 더럽히지 않도록 조심하시고 글씨를 칸 안에 정확히 쓰세요.

전국한자능력검정시험 4급 모의고사 답안지 (2)

번호	정답	1검	2검	번호	정답	1검	2검	번호	정답	1검	2검
49				67				85			
50				68				86			
51				69				87			
52				70				88			
53				71				89			
54				72				90			
55				73				91			
56				74				92			
57				75				93			
58				76				94			
59				77				95			
60				78				96			
61				79				97			
62				80				98			
63				81				99			
64				82				100			
65				83							
66				84							

■ 사단법인 한국어문회·한국한자능력검정회

수험번호 □□□□ - □□ - □□□□　　　성 명 □□□□

주민등록번호 □□□□□□ - □□□□□□□　　※ 유성 사인펜, 붉은색 필기구 사용 불가.

※ 답안지는 컴퓨터로 처리되므로 구기거나 더럽히지 마시고, 정답 칸 안에만 쓰십시오.
　글씨가 채점란으로 들어오면 오답처리가 됩니다.

전국한자능력검정시험 4급 모의고사 답안지(1)

번호	답안란 정답	채점란 1검	채점란 2검	번호	답안란 정답	채점란 1검	채점란 2검	번호	답안란 정답	채점란 1검	채점란 2검
1				17				33			
2				18				34			
3				19				35			
4				20				36			
5				21				37			
6				22				38			
7				23				39			
8				24				40			
9				25				41			
10				26				42			
11				27				43			
12				28				44			
13				29				45			
14				30				46			
15				31				47			
16				32				48			

감 독 위 원	채 점 위 원 (1)		채 점 위 원 (2)		채 점 위 원 (3)	
(서명)	(득점)	(서명)	(득점)	(서명)	(득점)	(서명)

※ 뒷면으로 이어짐 ↓

※ 답안지는 컴퓨터로 처리되므로 구기거나 더럽히지 않도록 조심하시고 글씨를 칸 안에 정확히 쓰세요.

전국한자능력검정시험 4급 모의고사 답안지 (2)

번호	정답	1검	2검	번호	정답	1검	2검	번호	정답	1검	2검
49				67				85			
50				68				86			
51				69				87			
52				70				88			
53				71				89			
54				72				90			
55				73				91			
56				74				92			
57				75				93			
58				76				94			
59				77				95			
60				78				96			
61				79				97			
62				80				98			
63				81				99			
64				82				100			
65				83							
66				84							

답 안 란 / 채점란

■ 사단법인 한국어문회·한국한자능력검정회

수험번호 □□□□ － □□ － □□□□　　　성 명 □□□□□

주민등록번호 □□□□□□ － □□□□□□□

※ 유성 사인펜, 붉은색 필기구 사용 불가.

※ 답안지는 컴퓨터로 처리되므로 구기거나 더럽히지 마시고, 정답 칸 안에만 쓰십시오.
　글씨가 채점란으로 들어오면 오답처리가 됩니다.

전국한자능력검정시험 4급 모의고사 답안지 (1)

번호	답안란 정답	채점란 1검	채점란 2검	번호	답안란 정답	채점란 1검	채점란 2검	번호	답안란 정답	채점란 1검	채점란 2검
1				17				33			
2				18				34			
3				19				35			
4				20				36			
5				21				37			
6				22				38			
7				23				39			
8				24				40			
9				25				41			
10				26				42			
11				27				43			
12				28				44			
13				29				45			
14				30				46			
15				31				47			
16				32				48			

감 독 위 원	채 점 위 원 (1)		채 점 위 원 (2)		채 점 위 원 (3)	
(서명)	(득점)	(서명)	(득점)	(서명)	(득점)	(서명)

※ 뒷면으로 이어짐 ↓

※ 답안지는 컴퓨터로 처리되므로 구기거나 더럽히지 않도록 조심하시고 글씨를 칸 안에 정확히 쓰세요.

전국한자능력검정시험 4급 모의고사 답안지 (2)

번호	답안란 정답	채점란 1검	2검	번호	답안란 정답	채점란 1검	2검	번호	답안란 정답	채점란 1검	2검
49				67				85			
50				68				86			
51				69				87			
52				70				88			
53				71				89			
54				72				90			
55				73				91			
56				74				92			
57				75				93			
58				76				94			
59				77				95			
60				78				96			
61				79				97			
62				80				98			
63				81				99			
64				82				100			
65				83							
66				84							

사단법인 한국어문회·한국한자능력검정회

수험번호 ☐☐☐☐ ― ☐☐ ― ☐☐☐☐   성 명 ☐☐☐☐

주민등록번호 ☐☐☐☐☐☐ ― ☐☐☐☐☐☐☐   ※ 유성 사인펜, 붉은색 필기구 사용 불가.

※ 답안지는 컴퓨터로 처리되므로 구기거나 더럽히지 마시고, 정답 칸 안에만 쓰십시오.
  글씨가 채점란으로 들어오면 오답처리가 됩니다.

전국한자능력검정시험 4급 모의고사 답안지(1)

번호	정답	1검	2검	번호	정답	1검	2검	번호	정답	1검	2검
1				17				33			
2				18				34			
3				19				35			
4				20				36			
5				21				37			
6				22				38			
7				23				39			
8				24				40			
9				25				41			
10				26				42			
11				27				43			
12				28				44			
13				29				45			
14				30				46			
15				31				47			
16				32				48			

감 독 위 원	채 점 위 원 (1)		채 점 위 원 (2)		채 점 위 원 (3)	
(서명)	(득점)	(서명)	(득점)	(서명)	(득점)	(서명)

※ 뒷면으로 이어짐 ↓

※ 답안지는 컴퓨터로 처리되므로 구기거나 더럽히지 않도록 조심하시고 글씨를 칸 안에 정확히 쓰세요.

전국한자능력검정시험 4급 모의고사 답안지 (2)

번호	답안란 정답	채점란 1검	채점란 2검	번호	답안란 정답	채점란 1검	채점란 2검	번호	답안란 정답	채점란 1검	채점란 2검
49				67				85			
50				68				86			
51				69				87			
52				70				88			
53				71				89			
54				72				90			
55				73				91			
56				74				92			
57				75				93			
58				76				94			
59				77				95			
60				78				96			
61				79				97			
62				80				98			
63				81				99			
64				82				100			
65				83							
66				84							

한자능력검정시험4급
기출·예상문제(1회~10회)

본 기출·예상문제는 한자능력검정시험에
출제되었던 문제를 수험생들에 의해
모아 만든 것입니다.
때문에 실제문제의 번호가
다소 다를 수 있지만
내용은 똑같습니다.
그러므로 자신의 실제점수대를 예측하는데
큰 도움이될 것입니다.

정답은 146쪽부터 있습니다.

제1회 한자능력검정시험 4급 기출·예상문제

(社) 한국어문회에서 시행한 漢字능력검정시험을 수험생들에 의하여 재편집하였습니다.

【問 1~30】 다음 漢字語의 讀音을 쓰시오.

(1) 秀麗	(2) 趣味
(3) 掃除	(4) 極端
(5) 餘暇	(6) 觀覽
(7) 暖帶	(8) 省察
(9) 終映	(10) 壓卷
(11) 放牧	(12) 調整
(13) 破損	(14) 屈折
(15) 私服	(16) 歡迎
(17) 護衛	(18) 勸奬
(19) 亂打	(20) 徒黨
(21) 討伐	(22) 靜肅
(23) 干潮	(24) 危險
(25) 脫盡	(26) 隱密
(27) 採鑛	(28) 樹液
(29) 探訪	(30) 模造

【問 31~52】 다음 漢字의 訓과 音을 쓰시오.

(31) 烈	(32) 殘
(33) 寢	(34) 拍
(35) 專	(36) 招
(37) 就	(38) 眼
(39) 實	(40) 納
(41) 飛	(42) 織
(43) 閑	(44) 聽
(45) 派	(46) 常
(47) 據	(48) 離
(49) 歸	(50) 往
(51) 隊	(52) 辯

【問 53~64】 다음 글에서 밑줄 친 單語 중 한글 표기는 漢字로, 漢字표기는 한글로 고쳐 쓰시오.

[1] 反義字 결합53 漢字語들의 의미 변화 과정에는 의미 範圍54의 확대 또는 의미 농도의 추상화가 나타나는 어휘도 있고, 이와 반대로 語義의 具象化55 또는 특수화가 이루어진 語例도 있으며, 의미 변화 없는 字順 交替形(교체형)들은 시간56이 흐름에 따라 言衆57의 選好58에 의하여 어느 한 形態59가 소멸의 길을 걸을 것으로 豫測60된다.

[2] 국어 어휘는 주로 고유어, 漢字語, 서구 외래어 등으로 구성되고, 그 중에서도 한자어가 70%에 가까운 分布61를 보이고 있음은 周知62하는 바이다. 이 때문에 한자어를 피하고는 우리의 언어 생활이 불가능63할 程度64이다.

(53) 결합	(54) 範圍
(55) 具象化	(56) 시간
(57) 言衆	(58) 選好
(59) 形態	(60) 豫測
(61) 分布	(62) 周知
(63) 불가능	(64) 程度

【問 65~70】 다음의 訓과 音을 지닌 漢字를 쓰시오.

(65) 둥글 단 　　(66) 근심 환

(67) 다툴 경 　　(68) 무리 류

(69) 조사할 사 　(70) 머무를 정

【問 71~75】 다음 빈칸에 알맞은 漢字를 적어 故事成語를 完成하시오.

(71) 死生( )斷

(72) 緣木求( )

(73) ( )利思義

(74) 一脈( )通

(75) 角者( )齒

【問 76~78】 다음의 讀音과 뜻을 가진 單語를 漢字로 쓰시오.

(76) 낙도(외따로 떨어져 있는 섬)

(77) 온량(성품이 온화하고 순량함)

(78) 소비(돈이나 물건 등을 써서 없앰)

【問 79~83】 다음 각 글자와 의미상 反對되는 漢字를 적어 單語를 完成하시오.

(79) 先 ↔ ( )

(80) 古 ↔ ( )

(81) ( ) ↔ 白

(82) 苦 ↔ ( )

(83) ( ) ↔ 敗

【問 84~88】 다음 각 글자와 뜻이 비슷한 漢字를 적어 單語를 完成하시오.

(84) ( ) － 分

(85) 兒 － ( )

(86) ( ) － 居

(87) ( ) － 謠

(88) 增 － ( )

【問 89~91】 다음 漢字를 通用되는 略字로 쓰시오.

(89) 禮 　　　　(90) 舊

(91) 鐵

【問 92~94】 다음 漢字의 部首를 쓰시오.

(92) 告 　　　　(93) 炭

(94) 貴

【問 95~97】 다음 故事成語가 完成되도록 괄호 속의 말을 漢字로 바꾸어 쓰시오.

(95) (전광)石火

(96) 百年(하청)

(97) 博學(다식)

【問 98~100】 다음 각 문항에서 첫 音節이 長音으로 發音되는 것을 골라 그 번호를 쓰시오.

(98) ①靑松 ②虛送 ③松花 ④送別

(99) ①問題 ②文庫 ③文書 ④門生

(100) ①價格 ②家計 ③假作 ④街路

제2회 한자능력검정시험 4급 기출·예상문제

(社) 한국어문회에서 시행한 漢字능력검정시험을 수험생들에 의하여 재편집하였습니다.

【問 1~30】 다음 漢字語의 讀音을 쓰시오.

(1)	怨恨	(2)	骨格
(3)	保管	(4)	妙案
(5)	拍車	(6)	毒感
(7)	源泉	(8)	勤勉
(9)	勤儉	(10)	救援
(11)	部族	(12)	構造
(13)	傾向	(14)	干滿
(15)	段階	(16)	華麗
(17)	處罰	(18)	妨害
(19)	密閉	(20)	探訪
(21)	複寫	(22)	模範
(23)	尊嚴	(24)	鐵絲
(25)	配達	(26)	容納
(27)	寄與	(28)	調律
(29)	樣相	(30)	宣布

【問 31~52】 다음 漢字의 訓과 音을 쓰시오.

(31)	隱	(32)	鳴
(33)	鏡	(34)	姿
(35)	伐	(36)	努
(37)	覺	(38)	暇
(39)	錢	(40)	彈
(41)	委	(42)	盡
(43)	慰	(44)	看
(45)	額	(46)	崇
(47)	伏	(48)	離
(49)	鷄	(50)	刻
(51)	鬪	(52)	險

【問 53~67】 다음 글에서 밑줄 친 單語 中 한글표기는 漢字로, 漢字 표기는 한글로 고쳐 쓰시오.

[1] 우리는 산 言語를 소중[53]히 여기는 마음에 치우친 나머지, 자칫 옛것을 소홀히 하는 면으로 기울어져, 불과[54] 수십 년 전의 문헌도 제대로 읽어 내지 못하는 교양[55] 수준이 되어서는 안 되겠다. 산 言語 中心의 언어 생활이란, 결코 독서 능력의 低下[56]나 문화 遺産[57]의 繼承[58]을 외면해도 된다는 뜻은 아니다.

[2] 이러한 문제는 고유[59]한 언어이기 때문에 優秀[60]하다든가, 언어의 순수성을 지켜야 한다든가라는 문제와 混同[61]될 수는 없는 것이다. 言語도 그 밖의 문화 분야[62]와 마찬가지로 교류[63]와 상호 영향하에서만 豊富[64]해질 수도 있고 발달할 수도 있다.

[3] 우리 言語의 고유한 순수 狀態[65]를 되찾는다고 한다면 과연 어느 時代에까지 거슬러 올라가야 할 것인지를 생각해 볼 필요가 없다. 필경 그것은 언어의 원시[66] 상태를 提唱[67]함과 다를 바 없을 것이다.

(53)	소중	(54)	불과
(55)	교양	(56)	低下
(57)	遺産	(58)	繼承
(59)	고유	(60)	優秀
(61)	混同	(62)	분야
(63)	교류	(64)	豊富
(65)	狀態	(66)	원시
(67)	提唱		

【問 68~71】 다음의 訓과 音을 지닌 漢字를 쓰시오.

(68) 말씀 담   (69) 고기잡을 어

(70) 널 판   (71) 호수 호

【問 72~76】 다음 빈 칸에 알맞은 漢字를 적어 故事成語를 完成하시오.

(72) 適(   )生存   (73) 殺(   )成仁

(74) 朝(   )夕改   (75) 安貧樂(   )

(76) 驚天(   )地

【問 77~78】 다음은 동음이의어가 들어 있는 문장이다. 밑줄친 單語를 漢字로 쓰시오.

매년 가뭄이 들면 반복되는 (77)식수난을 근본적으로 해결하기 위해서는 산과 들에 (78)식수를 많이 해야 한다.

(77) 식수

(78) 식수

【問 79~83】 다음 漢字와 뜻이 반대 또는 상대되는 漢字를 (   )에 넣어 漢字語를 만드시오.

(79) 賣 ↔ (   )

(80) (   ) ↔ 否

(81) (   ) ↔ 活

(82) 興 ↔ (   )

(83) (   ) ↔ 私

【問 84~88】 다음 각 글자와 뜻이 같거나 비슷한 漢字를 (   )에 넣어 漢字語를 만드시오.

(84) (   ) 蓄

(85) 寒 (   )

(86) 擔 (   )

(87) (   ) 息

(88) 想 (   )

【問 89~91】 다음 漢字를 通用되는 略字로 고쳐 쓰시오.

(89) 獨   (90) 團

(91) 傳

【問 92~94】 다음 漢字의 部首를 쓰시오.

(92) 肅   (93) 帝

(94) 威

【問 95~97】 다음 漢字語의 뜻을 쓰시오.

(95) 終講

(96) 盜聽

(97) 防火

【問 98~100】 다음 각 漢字語 중 첫 音節이 길게 發音되는 것을 3개 골라 그 번호를 쓰시오. (순서무관)

① 雜音   ② 點數   ③ 織物   ④ 面會

⑤ 專門   ⑥ 差異   ⑦ 備考   ⑧ 去來

(98)

(99)

(100)

제3회 한자능력검정시험 4급 기출·예상문제

(社) 한국어문회에서 시행한 漢字능력검정시험을 수험생들에 의하여 재편집하였습니다.

【問 1~30】 다음 漢字語의 讀音을 쓰시오.

(1)	揮帳	(2)	郵稅
(3)	尊稱	(4)	輪番
(5)	投打	(6)	巨儒
(7)	暖房	(8)	姿態
(9)	批判	(10)	貧寒
(11)	穀類	(12)	細胞
(13)	消息	(14)	灰質
(15)	詩趣	(16)	妙技
(17)	象眼	(18)	關與
(19)	職務	(20)	持續
(21)	私交	(22)	短篇
(23)	令妹	(24)	派爭
(25)	移轉	(26)	徒黨
(27)	戶籍	(28)	易術
(29)	勤勉	(30)	宣戰

【問 31~52】 다음 漢字의 訓과 音을 쓰시오.

(31)	刻	(32)	髮
(33)	模	(34)	擇
(35)	遇	(36)	孤
(37)	縮	(38)	紀
(39)	覽	(40)	烈
(41)	抗	(42)	座
(43)	潮	(44)	誌
(45)	悲	(46)	納
(47)	額	(48)	專
(49)	粉	(50)	崇
(51)	聽	(52)	液

【問 53~57】 다음 單語의 同音異義語를 쓰되, 제시된 뜻에 맞추시오.

(53) 寺名 － (　　) : 맡겨진 임무

(54) 內助 － (　　) : 외국 사신이 찾아옴

(55) 飛鳥 － (　　) : 한 겨레의 맨 처음되는 조상, 시조

(56) 周遊 － (　　) : 자동차 등에 휘발유를 넣음

(57) 樣式 － (　　) : 건전한 식견

【問 58~67】 다음 각 문장의 밑줄 친 單語 중 한글로 기록된 것은 漢字로 바꾸고, 漢字로 기록된 것은 그 讀音을 쓰시오.

[ㄱ] 漢字語는 다양한 문화적인 내용을 蓄積58한 資産59이며 寶庫60이다.

[ㄴ] 20세기 말에는 외형61상으로는 기적적인 발전을 이룬 것을 평가받기도 하였다. 그러나 정신면에서는 더욱 심한 갈등과 混亂62을 겪고 있으니, ‘근대화’란 급속63한 ‘서구화’를 의미하는 것으로 誤導64되고, 經濟65 발전과 ‘世界化’란 우리 것을 버려야 이룰 수 있는 것으로 생각하는 시대가 되고만 것이다.

[ㄷ] 한글 술어와 漢字 술어 병용이 주는 번잡과 負擔66을 덜기 위한 시도가 오랫동안 계속되다가 드디어는 정책적 推進67에 의하여 학교문법에서는 漢字 술어를 쓰기로 결정된 바 있다.

(58)	蓄積	(59)	資産
(60)	寶庫	(61)	외형
(62)	混亂	(63)	급속
(64)	誤導	(65)	經濟
(66)	負擔	(67)	推進

【問 68~72】 다음 故事成語가 完成되도록 ( )속의 말을 漢字로 바꾸어 쓰시오.

(68) (태평)聖代 (69) (신상)必罰

(70) 功過(상반) (71) (경천)愛人

(72) 有備(무환)

【問 73~77】 다음 각 漢字와 意味上 對立되는 漢字를 적어 單語를 完成하시오.

(73) 晝 ↔ ( ) (74) 陰 ↔ ( )

(75) ( ) ↔ 重 (76) 本 ↔ ( )

(77) ( ) ↔ 閉

【問 78~82】 다음 각 글자와 뜻이 비슷한 漢字를 적어 單語를 完成하시오.

(78) ( )潔 (79) ( )晝

(80) 區( ) (81) ( )路

(82) 增( )

【問 83~85】 다음 漢字의 部首를 쓰시오.

(83) 頭 (84) 鳴

(85) 困

【問 86~88】 다음 漢字를 略字로 바꾸어 쓰시오.

(86) 醫 (87) 傳

(88) 擧

【問 89~91】 다음 글자를 正字로 고쳐 쓰시오.

(89) 写 (90) 売

(91) 労

【問 92~94】 다음 ( )속에 든 單語를 漢字로 고치시오.

(92) (방류) : 가두어 놓은 물을 터놓아 흘려보냄

(93) (정지) : 중도에서 머무르거나 그침

(94) (순위) : 순서를 나타내는 위치나 지위

【問 95~97】 다음의 뜻을 가진 故事成語를 漢字로 쓰시오.

(95) ( ) : 어느 모로 보나 아름다운 미인, 온갖 방면의 일에 능통한 사람

(96) ( ) : 지식과 행위가 부합됨. 아는 것과 행하는 것이 하나에 이름

(97) ( ) : 실물을 보면 욕심이 생기게 된다는 말.

【問 98~100】 다음 漢字語 중 첫 音節이 길게 발음되는 것을 셋만 찾아 그 번호를 쓰시오.

① 手足 ② 從屬 ③ 便法 ④ 針線

⑤ 飮食 ⑥ 素朴 ⑦ 思考 ⑧ 間或

⑨ 未安 ⑩ 强力

(98)

(99)

(100)

제4회 한자능력검정시험 4급 기출·예상문제

(社) 한국어문회에서 시행한 漢字능력검정시험을 수험생들에 의하여 재편집하였습니다.

【問 1~30】 다음 漢字語의 讀音을 쓰시오.

(1) 衛星		(2) 姿勢	
(3) 混雜		(4) 勸獎	
(5) 組織		(6) 證據	
(7) 抗辯		(8) 傾聽	
(9) 招待		(10) 毒針	
(11) 脫盡		(12) 採點	
(13) 就寢		(14) 屈伏	
(15) 粉筆		(16) 讚辭	
(17) 缺損		(18) 稱頌	
(19) 殘額		(20) 壓縮	
(21) 爆擊		(22) 階段	
(23) 引導		(24) 鑛脈	
(25) 悲鳴		(26) 砲彈	
(27) 推移		(28) 機智	
(29) 武裝		(30) 源泉	

【問 31~52】 다음 漢字의 訓과 音을 쓰시오.

(31) 核		(32) 鉛	
(33) 底		(34) 穀	
(35) 揮		(36) 郵	
(37) 適		(38) 擔	
(39) 誌		(40) 覽	
(41) 儀		(42) 暇	
(43) 憲		(44) 除	
(45) 帝		(46) 探	
(47) 肅		(48) 帳	
(49) 傑		(50) 豫	
(51) 持		(52) 帶	

【問 53~64】 다음 밑줄 친 漢字語를 漢字로 쓰시오.

(53) 신라가 삼국 통일의 위업을 이룩하였다.

(54) 판결이 잘못되어 무죄한 사람을 유죄한 사람으로 만들었다.

(55) 불량식품은 철저히 단속되어야 한다.

(56) 계속되는 가뭄에 단비가 충족히 내렸다.

(57) 가을이라 낙엽이 지기 시작하였다.

(58) 월드컵이 신문에 특종으로 다루어졌다.

(59) 영희는 세뱃돈을 은행에 저금했다.

(60) 경기가 계속 좋으리라는 전망이 나왔다.

(61) 철수가 반장에 임명되었다.

(62) 전 종목에서 경쟁 학교에 완패하였다.

(63) 물방울이라도 절약해야 한다.

(64) 사람들이 밟아 놓은 눈길이 그대로 빙판이 되었다.

【問 65~71】 다음 뜻에 맞는 漢字語를 漢字로 쓰시오.

(65) 주번(한 주일 동안 바꾸어 하는 근무)

(66) 순조(탈없이 잘되어 가는 상태)

(67) 운집(구름처럼 많이 모임)

(68) 개량(나쁜 점을 고치어 좋게 함)

(69) 착륙(비행기가 육지에 내림)

(70) 실화(실지로 있는 사실의 이야기)

(71) 어선(고기잡이 하는 배)

【問 72~73】 다음은 同音異義語가 들어 있는 문장이다. 밑줄 친 單語를 漢字로 쓰시오.

군에 입대한 <u>신병</u>72은 오랫동안 <u>신병</u>73으로 고생하시는 어머니를 위해 매일 밤 기도를 드린다.

(72) 신병 (   )

(73) 신병 (   )

【問 74~78】 다음 漢字와 뜻이 반대 또는 상대되는 漢字를 (　)에 넣어 漢字語를 만드시오.

(74) (　　) ↔ 末　　　(75) (　　) ↔ 負

(76) 自 ↔ (　　)　　　(77) 師 ↔ (　　)

(78) 吉 ↔ (　　)

【問 79~83】 다음 각 글자와 뜻이 같거나 비슷한 漢字를 (　)에 넣어 漢字語를 만드시오.

(79) 堅 - (　　)　　　(80) 孤 - (　　)

(81) (　　) - 留　　　(82) 旅 - (　　)

(83) (　　) - 童

【問 84~88】 다음 빈 칸에 알맞은 漢字를 적어 四字成語를 완성하시오.

(84) 見(　)生心 : 어떠한 실물을 보게 되면 그것을
가지고 싶은 욕심이 생김

(85) 甘言利(　) : 이로운 조건을 내세워 꾀는 말

(86) 走(　)看山 : 말을 타고 달리며 산천을 구경한다.

(87) 百(　)無益 : 해롭기만 하고 하나도 이로운 바가 없음

(88) 明鏡(　)水 : 맑은 거울과 고요한 물

【問 89~91】 다음 漢字를 널리 通用되는 略字로 고치시오.

(89) 關 (　　)　　　(90) 寫 (　　)

(91) 擧 (　　)

【問 92~94】 다음 漢字의 부수를 쓰시오.

(92) 髮 (　　)　　　(93) 風 (　　)

(94) 夜 (　　)

【問 95~97】 다음 漢字語의 뜻을 쓰시오.

(95) 隱居 (　　　　　　　　　　)

(96) 頭痛 (　　　　　　　　　　)

(97) 最終 (　　　　　　　　　　)

【問 98~100】 다음 漢字語 중 첫 음절이 길게 發音되는 것을 3개 골라 그 번호를 쓰시오. (순서 무관)

① 避難　　② 疲困　　③ 善政　　④ 先納

⑤ 器具　　⑥ 汽車　　⑦ 系統　　⑧ 鷄卵

(98)

(99)

(100)

제5회 한자능력검정시험 4급 기출·예상문제

(社) 한국어문회에서 시행한 漢字능력검정시험을 수험생들에 의하여 재편집하였습니다.

【問 1~30】 다음 漢字語의 讀音을 쓰시오.

(1)	秀麗	(2)	察納
(3)	窮境	(4)	早死
(5)	極妙	(6)	崇拜
(7)	歡待	(8)	肅謝
(9)	稱德	(10)	施惠
(11)	儀狀	(12)	快辯
(13)	破傷	(14)	護衛
(15)	政務	(16)	督過
(17)	徒衆	(18)	寢室
(19)	宣告	(20)	毒殺
(21)	轉寫	(22)	退勤
(23)	暖房	(24)	攻難
(25)	拍車	(26)	爆發
(27)	壁書	(28)	穀類
(29)	採取	(30)	戰亂

【問 31~52】 다음 漢字의 訓과 音을 쓰시오.

【보기】國(나라 국)

(31) 航(	)	(32) 孔(	)
(33) 適(	)	(34) 混(	)
(35) 盡(	)	(36) 銅(	)
(37) 往(	)	(38) 迎(	)
(39) 援(	)	(40) 頌(	)
(41) 組(	)	(42) 探(	)
(43) 管(	)	(44) 辭(	)
(45) 針(	)	(46) 留(	)
(47) 誤(	)	(48) 派(	)
(49) 就(	)	(50) 覽(	)
(51) 緣(	)	(52) 態(	)

【問 53~60】 다음의 訓과 音으로 연결된 單語를 漢字(반드시 正字)로 쓰시오.

【보기】 나라 국 － 말씀 어 　（國語）

(53) 책상 안 － 자리 석	( )
(54) 열매 실 － 실과 과	( )
(55) 얼음 빙 － 숯 탄	( )
(56) 나그네 려 － 쓸 비	( )
(57) 팔 매 － 날 출	( )
(58) 헤아릴 료 － 다스릴 리	( )
(59) 이를 도 － 붙을 착	( )
(60) 격식 격 － 고를 조	( )

【問 61~65】 다음 각 漢字와 意味上 對立되는 글자를 적어 單語를 완성하시오.

(61) 陰 ↔ ( )　　(62) ( ) ↔ 白

(63) 問 ↔ ( )　　(64) ( ) ↔ 罰

(65) 吉 ↔ ( )

【問 66~70】 다음 각 글자에 同訓字 (또는 뜻이 비슷한 漢字)를 적어 單語를 完成하시오.

(66) 故( )　　(67) 單( )

(68) ( )貨　　(69) 希( )

(70) ( )話

【問 71~75】 다음 單語의 同音異義語를 漢字로 쓰되, 미리 제시된 뜻에 맞추시오.

(71) (社旗) : 역사적 사실을 기록한 책

(72) (神仙) : 새로 뽑음

(73) (明絲) : 이름 난 선비

(74) (純度) : 도리에 따름, 온당한 길

(75) (遊食) : 지식이 있음

【問 76~79】 다음 (   ) 속의 단어를 漢字로 바꾸어 쓰 시오.

(76) (상술) : 장사하는 수단이나 솜씨

(   )

(77) (참관) : 일정한 목적 아래

어떤 곳에 가서 봄   (   )

(78) (영원) : 영구한 세월   (   )

(79) (상리) : 서로의 이익   (   )

【問 80~84】 다음   四字成語가   완성되도록 (   ) 속의 말을 漢字로 고치시오.

(80) (견물)生心   (81) 朝變(석개)

(82) (지행)合一   (83) 濟世(안민)

(84) 今時 [今始] (초문)

【問 85~87】 다음 漢字의 部首를 쓰시오.

(85) 貧   (86) 集

(87) 養

【問 88~90】 다음 漢字를 略字로 바꾸어 쓰시오.

(88) 體   (89) 廣

(90) 價

【問 91~93】 다음 漢字를 正字로 고쳐 쓰시오.

(91) 礼   (92) 伝

(93) 挙

【問 94~96】 다음의 뜻을 지닌 四字成語를 漢字로 쓰시오.

(94) 남의 말을 조금도 귀담아 듣지 않고 지
나쳐 흘려 버림 : ( )( )讀經

(95) 괴로움도 즐거움도 함께 함 :
同( )同( )

(96) 하는 일이나 행동에 사사로움이 없이 공
명하고 바름 : ( )明正( )

【問 97~100】 다음 漢字語 중 첫 音節이 長音인 단어를 넷만 찾아 그 번호를 쓰시오.

① 古典   ② 孫女   ③ 長短   ④ 正月
⑤ 未來   ⑥ 具備   ⑦ 每年   ⑧ 分校
⑨ 冬至   ⑩ 間接

(97)

(98)

(99)

(100)

제6회 한자능력검정시험 4급 기출·예상문제

(社) 한국어문회에서 시행한 漢字능력검정시험을 수험생들에 의하여 재편집하였습니다.

【問 1~30】다음 漢字語의 讀音을 쓰시오.

(1) 抗辯	(2) 喜劇
(3) 稱讚	(4) 討伐
(5) 印朱	(6) 組織
(7) 依存	(8) 總評
(9) 避難	(10) 就寢
(11) 爆笑	(12) 革帶
(13) 適應	(14) 指揮
(15) 毒針	(16) 探險
(17) 消盡	(18) 整備
(19) 混線	(20) 厚謝
(21) 黨派	(22) 減縮
(23) 採鑛	(24) 環境
(25) 極刑	(26) 激鬪
(27) 推移	(28) 姿態
(29) 遊說	(30) 彈壓

【問 31~52】다음 漢字의 訓과 音을 쓰시오.

(31) 儉 ( )	(32) 模 ( )
(33) 普 ( )	(34) 寄 ( )
(35) 舞 ( )	(36) 辭 ( )
(37) 額 ( )	(38) 批 ( )
(39) 範 ( )	(40) 攻 ( )
(41) 崇 ( )	(42) 松 ( )
(43) 迎 ( )	(44) 傷 ( )
(45) 庭 ( )	(46) 妙 ( )
(47) 筋 ( )	(48) 穀 ( )
(49) 邊 ( )	(50) 憤 ( )
(51) 擊 ( )	(52) 聽 ( )

【問 53~71】다음 밑줄 친 漢字語를 漢字로 쓰시오.

(53) 규칙적인 생활은 건강에 좋다.

(54) 직원들은 서로 새해 복 많이 받으시라고 덕담을 주고 받았다.

(55) 그들의 마음은 통일에 대한 열망으로 가득 찼다.

(56) 동료들의 축복 속에서 결혼식을 올렸다.

(57) 그는 학비를 장학금으로 충당하였다.

(58) 화물이 무사히 목적지에 도착하였다.

(59) 그의 독특한 음악 세계는 많은 찬사를 받고 있다.

(60) 그녀는 여행 중에 여비가 모자라서 애를 먹었다.

(61) 그는 주요 관직을 역임한 매우 청렴한 사람이다.

(62) 그는 우직스럽고 충성스러워 요령을 쓰거나 꾀를 부리지 않았다.

(63) 밤새도록 쏟아진 비로 골짝에는 황토 물이 급류를 이루어 콸콸 흘러간다.

(64) 일정한 거리를 말을 타고 달려 빠르기를 겨루는 경기를 경마라고 한다.

(65) 사랑은 인류의 행복을 보장해 주는 재산이다.

(66) 경찰은 과속 운전을 단속하기 위해 신형속도 측정기를 도입하기로 하였다.

(67) 아버님께서는 숙환으로 고생하시다가 별세하셨다.

(68) 그는 우리 생활에 알맞은 의복을 고안해 왔다.

(69) 내 시야 가득히 겨울의 바다 같은 광야가 펼쳐져 있었다.

(70) 수십만의 군중이 시청 앞에 운집해 있었다.

(71) 이번 박람회는 디자인 공모전 입상작을 전시하고 있다.

【問 72~76】 다음 빈 칸에 알맞은 漢字를 적어 四字成語를 完成하시오.

(72) 論功行(　) : 세운 공을 논정하여 상을 줌

(73) 百害(　)益 : 해롭기만 하고 조금도 이로울 것이 없음

(74) 朝變夕(　) : 아침저녁으로 뜯어 고침. 곧 일을 자주 뜯어 고침

(75) 博學多(　) : 학식이 넓고 아는 것이 많음

(76) 富(　)在天 : 부귀는 하늘에 달려 있어서 인력으로는 어찌할 수 없음

【問 77~81】 다음 漢字와 뜻이 반대 또는 상대되는 漢字를 (　)에 넣어 漢字語를 만드시오.

(77) 勞 ↔ (　)

(78) 主 ↔ (　)

(79) (　) ↔ 惡

(80) (　) ↔ 敗

(81) 陰 ↔ (　)

【問 82~86】 다음 각 글자와 뜻이 같거나 비슷한 漢字를 (　)에 넣어 漢字語를 만드시오.

(82) 確 － (　)

(83) (　) － 謠

(84) (　) － 去

(85) (　) － 留

(86) 藝 － (　)

【問 87~88】 다음은 同音異義語가 들어 있는 문장이다. 밑줄 친 單語를 漢字로 쓰시오.

　돌격대가 적의 고지(87)를 탈환했다는 사실을 사단장에게 고지(88)하였다.

(87) 고지 (　　　)　　　　(88) 고지 (　　　)

【問 89~91】 다음 漢字의 部首를 쓰시오.

(89) 業　　　　　　　(90) 帝

(91) 黑

【問 92~94】 다음 漢字를 널리 通用되는 略字로 고치시오.

(92) 輕　　　　　　　(93) 戰

(94) 兒

【問 95~97】 다음 漢字語의 뜻을 쓰시오.

(95) 勸獎 (　　　　　　　　　　　)

(96) 打鍾 (　　　　　　　　　　　)

(97) 頭髮 (　　　　　　　　　　　)

【問 98~100】 다음 漢字語 중 첫 音節이 길게 發音되는 것을 3개 골라 그 번호를 쓰시오. (순서 무관)

① 階層　　② 繼走　　③ 裝置　　④ 障壁

⑤ 閑散　　⑥ 恨歎　　⑦ 進退　　⑧ 眞理

(98) 　　　　　　　(99)

(100)

제7회 한자능력검정시험 4급 기출·예상문제

(社) 한국어문회에서 시행한 漢字능력검정시험을 수험생들에 의하여 재편집하였습니다.

【問 1~30】 다음 漢字語의 讀音을 쓰시오.

(1) 起伏		(2) 冷泉	
(3) 憤怒		(4) 抗拒	
(5) 廢業		(6) 亂臣	
(7) 盜賊		(8) 專攻	
(9) 困窮		(10) 築造	
(11) 舌根		(12) 朱紅	
(13) 車輪		(14) 別離	
(15) 消盡		(16) 勤儉	
(17) 批評		(18) 寢室	
(19) 組織		(20) 絶妙	
(21) 商務		(22) 聽講	
(23) 徒黨		(24) 傑出	
(25) 逃避		(26) 損傷	
(27) 刑期		(28) 糧穀	
(29) 細胞		(30) 歸鄕	

【問 31~55】 다음 漢字의 訓과 音을 쓰시오.

(31) 肅 ( )		(32) 樣 ( )	
(33) 殘 ( )		(34) 儀 ( )	
(35) 儒 ( )		(36) 督 ( )	
(37) 籍 ( )		(38) 閑 ( )	
(39) 複 ( )		(40) 鏡 ( )	
(41) 庫 ( )		(42) 獎 ( )	
(43) 誌 ( )		(44) 頌 ( )	
(45) 顯 ( )		(46) 援 ( )	
(47) 段 ( )		(48) 鷄 ( )	
(49) 探 ( )		(50) 暖 ( )	
(51) 縮 ( )		(52) 傾 ( )	
(53) 威 ( )		(54) 舞 ( )	
(55) 脈 ( )			

【問 56~58】 다음 漢字語 중 첫 音節이 길게 發音 되는 單語 셋을 골라 그 번호를 쓰시오.

① 孫女　②保證　③料金　④考察
⑤正月　⑥正當　⑦討伐　⑧從事
⑨老少　⑩素朴

(56) (　　　)　　　(57) (　　　)

(58) (　　　)

【問 59~61】 다음 漢字를 널리 쓰이는 略字로 고쳐 쓰시오.

(59) 號　　　　　(60) 團

(61) 傳

【問 62~64】 다음 漢字를 正字로 바꾸어 쓰시오.

(62) 広(　　)　　　(63) 鉄(　　)

(64) 実(　　)

【問 65~69】 다음의 訓과 音으로 연결된 單語를 漢字로 쓰시오.

[보기] : 나라 국 - 말씀 어 (國語)

(65) 병사 병 - 마칠 졸 (　　　)

(66) 고를 조 - 조사할 사 (　　)

(67) 떨어질 락 - 잎 엽 (　　　)

(68) 허물 죄 - 바탕 질 (　　　)

(69) 채울 충 - 발 족 (　　　)

【問 70~74】 다음 각 글자와 뜻이 같거나 비슷한 漢字를 (　　) 속에 적어 單語를 完成하시오.

(70) 道(　　　)　　　(71) (　　　)患

(72) (　　　)備　　　(73) 希(　　　)

(74) (　　　)律

【問 75~79】 다음 각 글자와 뜻이 대립되는 漢字를 (　　) 속에 적어 單語를 完成하시오.

(75) 往 ↔ (　　　)　　　(76) (　　　) ↔ 重

(77) 豊 ↔ (　　　)　　　(78) (　　　) ↔ 負

(79) 晝 ↔ (　　　)

【問 80~82】 다음 漢字의 部首를 쓰시오.

(80) 席　　　　　　　(81) 省

(82) 服

【問 83~87】 다음 四字成語가 완성되도록 (　　) 속의 말을 漢字로 바꾸어 쓰시오.

(83) 無錢(여행)　　　(84) (각자)無齒

(85) 嚴冬(설한)　　　(86) (신상)必罰

(87) (전광)石火

【問 88~92】 다음 單語의 同音異義語를 漢字로 쓰되, 제시된 뜻을 유념하시오.

(88) (防守) : 물을 흘려 보냄

(89) (單名) : 명이 짧음

(90) (純利) : 도리에 순종함

(91) (領主) : 한 곳에 영원히 삶

(92) (新星) : 신의 성격, 또는 신의 속성

【問 93~97】 다음 밑줄 친 單語를 漢字로 바꾸어 쓰시오.

(93) 재해를 예방하는 일에는 모두가 함께 해야 한다.

(94) 구습에 젖어 시대의 변화를 모른다.

(95) 공무원은 국민을 위해 봉사함이 마땅하다.

(96) 사기는 역사적 사실을 기록한 책이다.

(97) 누구나 통일을 염원하지만 그 절차와 방법이 정당해야 한다.

【問 98~100】 다음 문장의 (　　　) 부분에 들어갈 알맞은 말을 쓰시오.

‘見’자는 “볼 견”과 “뵈올(　　　) (98)”으로 읽히는 글자요, ‘樂’자는 “(　　　) (99) 락”과 “노래(　　　) (100)”, 그리고 “좋아할 요”로 읽히는 글자이다.

제8회 한자능력검정시험 4급 기출·예상문제

(社) 한국어문회에서 시행한 漢字능력검정시험을 수험생들에 의하여 재편집하였습니다.

【問 1~30】 다음 漢字語의 讀音을 쓰시오.

(1) 採鑛
(2) 鷄犬
(3) 秀麗
(4) 輪唱
(5) 厚恩
(6) 絕妙
(7) 起伏
(8) 亂臣
(9) 築造
(10) 液狀
(11) 切痛
(12) 應援
(13) 讚辭
(14) 脫穀
(15) 轉寫
(16) 乳兒
(17) 早達
(18) 難攻
(19) 討伐
(20) 稱頌
(21) 就寢
(22) 吸煙
(23) 氷炭
(24) 遊牧
(25) 勸勉
(26) 隱居
(27) 灰質
(28) 徒黨
(29) 持續
(30) 律儀

【問 31~55】 다음 漢字의 訓과 音을 쓰시오.

(31) 看 (   )
(32) 閑 (   )
(33) 揮 (   )
(34) 聽 (   )
(35) 筋 (   )
(36) 納 (   )
(37) 潮 (   )
(38) 迎 (   )
(39) 派 (   )
(40) 擔 (   )
(41) 覽 (   )
(42) 務 (   )
(43) 粉 (   )
(44) 掃 (   )
(45) 郵 (   )
(46) 碑 (   )
(47) 篇 (   )
(48) 講 (   )
(49) 深 (   )
(50) 孤 (   )
(51) 損 (   )
(52) 妨 (   )
(53) 與 (   )
(54) 泉 (   )
(55) 宣 (   )

【問 56~58】 다음 漢字語 중 첫 音節이 길게 發音되는 單語 셋을 골라 그 번호를 쓰시오.

① 寶物　②保證　③包裝　④簡略
⑤針線　⑥美國　⑦規範　⑧未來
⑨射擊　⑩思考

(56) (   )　　　(57) (   )
(58) (   )

【問 59~61】 다음 漢字를 널리 쓰이는 略字로 고쳐 쓰시오.

(59) 廣　　　　　(60) 禮
(61) 變

【問 62~64】 다음 漢字語의 뜻을 풀이하시오.

(62) 呼價
(63) 復舊
(64) 傳受

【問 65~69】 다음 문장에서 밑줄 친 漢字語를 漢字(正字)로 쓰시오.

(65) 옳은 지 그른 지 객관적으로 판단하여야 한다.

(66) 아버지는 기르던 농우를 팔아 학비를 마련하셨다.

(67) 같은 약이라도 사람마다 효과가 다를 수 있다.

(68) 정부에서는 외국인의 취업을 허가하였다.

(69) 그는 자타가 인정하는 컴퓨터 실력자이다.

【問 70~74】 다음 글자와 뜻이 같거나 비슷한 漢字를 ( ) 속에 적어 單語를 完成하시오.

(70) (　)留　　　(71) 君(　)

(72) (　)潔　　　(73) 競(　)

(74) (　)貨

【問 75~79】 다음 각 글자와 뜻이 대립되는 漢字를 ( ) 속에 적어 單語를 完成하시오.

(75) (　) ↔ 減　　(76) 溫 ↔ (　)

(77) (　) ↔ 罰　　(78) 始 ↔ (　)

(79) (　) ↔ 負

【問 80~82】 다음 漢字의 部首를 쓰시오.

(80) 布　　　　　(81) 往

(82) 服

【問 83~87】 다음 四字成語가 완성되도록 ( ) 속의 말을 漢字로 바꾸어 쓰시오.

(83) 電光(석화)　　(84) (백전)老將

(85) 馬耳(동풍)　　(86) (목불)識丁

(87) 朝變(석개)

【問 88~92】 다음 單語의 同音異義語를 漢字로 쓰되, 제시된 뜻에 맞추시오.

(88) (純利) : 도리에 순종함.·········(　　)

(89) (私領) : 명령하여 일을 시킴 ···(　　)

(90) (洋貨) : 내용이나 촬영의 기술 등이
　　　　　　훌륭한 영화 ·········(　　)

(91) (政治) : 정이 우러나게 하는 흥치
　　　　　　·················(　　)

(92) (明絲) : 이름 난 선비 ········(　　)

【問 93~97】 다음 밑줄 친 單語를 漢字로 바꾸어 쓰시오.

(가) '비조(93)'는 "한 겨레의 맨 처음되는 조상, 시조"란 뜻이요, '주유(94)'는 "자동차 등에 휘발유를 넣는다."는 뜻이다.

(나) "실지로 있는 사실의 이야기"를 '실화(95)'라 하고, "역사적 사실을 기록한 책"을 '사기(96)'라 한다.

(다) '영주(97)'는 "한 곳에 영원히 산다."는 뜻이다.

(93)　　　　　　　　(94)

(95)　　　　　　　　(96)

(97)

【問 98~100】 다음 글의 (___) 속에 들어갈 알맞은 말을 쓰시오.

'降'은 "내릴(___)(98)"과 "(___)(99) 항"으로 읽히는 一字多音字이고, '惡'은 "나쁠 악"과 "미워할 (___)(100)"로 읽히는 글자이다.

(98)　　　　　　　　(99)

(100)

제9회 한자능력검정시험 4급 기출·예상문제

(社) 한국어문회에서 시행한 漢字능력검정시험을 수험생들에 의하여 재편집하였습니다.

【問 1~30】 다음 漢字語의 讀音을 쓰시오.

(1) 餘暇
(2) 裝置
(3) 範圍
(4) 領域
(5) 看破
(6) 支持
(7) 抗辯
(8) 延着
(9) 敢請
(10) 就航
(11) 屈伏
(12) 郵票
(13) 拒逆
(14) 誤判
(15) 慎痛
(16) 隱密
(17) 眼鏡
(18) 暴君
(19) 省墓
(20) 配慮
(21) 傾聽
(22) 鐵筋
(23) 投射
(24) 缺損
(25) 雜穀
(26) 段階
(27) 宣布
(28) 殘額
(29) 保管
(30) 嚴禁

【問 31~55】 다음 漢字의 訓과 音을 쓰시오.

(31) 危 (   )
(32) 寄 (   )
(33) 勉 (   )
(34) 舌 (   )
(35) 帝 (   )
(36) 脫 (   )
(37) 資 (   )
(38) 徒 (   )
(39) 拍 (   )
(40) 秀 (   )
(41) 朱 (   )
(42) 底 (   )
(43) 逃 (   )
(44) 複 (   )
(45) 迎 (   )
(46) 差 (   )
(47) 錢 (   )
(48) 妹 (   )
(49) 機 (   )
(50) 粉 (   )
(51) 泉 (   )
(52) 群 (   )
(53) 均 (   )
(54) 遇 (   )
(55) 象 (   )

【問 56~58】 다음 漢字語 중 첫 音節이 길게 發音되는 單語 셋을 골라 그 번호를 쓰시오.

① 耳順   ② 移民   ③ 整列   ④ 政界
⑤ 精進   ⑥ 齒藥   ⑦ 致誠   ⑧ 治安

(56) (   )   (57) (   )
(58) (   )

【問 59~61】 다음 漢字를 널리 쓰이는 略字로 고쳐 쓰시오.

(59) 體   (60) 圖
(61) 質

【問 62~64】 다음 漢字語의 뜻을 풀이하시오.

(62) 無敵
(63) 乳兒
(64) 童謠

【問 65~69】 다음 밑줄 친 漢字語를 漢字로 쓰시오.

(65) 뜻있는 분들이 재산을 출연하여 학술재단법인을 세웠다.
(66) 한류(차가운 해류)
(67) 정지(움직이고 있던 것이 멎거나 그침)
(68) 날이 차가워지자 낙엽이 졌다.
(69) 비행기는 급유를 받고 서울로 출발하였다.

【問 70~74】 다음 각 글자와 뜻이 같거나 비슷한 漢字를 ( ) 속에 적어 單語를 完成하시오.

(70) ( )備   (71) 希( )

(72) 座( )   (73) ( )志

(74) ( )擊

【問 75~79】 다음 각 글자와 뜻이 대립되는 漢字를 ( ) 속에 적어 單語를 完成하시오.

(75) 好 ↔ ( )   (76) ( ) ↔ 散

(77) 將 ↔ ( )   (78) 虛 ↔ ( )

(79) 利 ↔ ( )

【問 80~82】 다음 漢字의 部首를 쓰시오.

(80) 重   (81) 印

(82) 龍

【問 83~87】 다음 빈 칸에 알맞은 漢字를 적어 四字成語를 完成 하시오.

(83) (사친)以孝 : 효도로써 어버이를 섬김

(84) (다문)博識 : 들은 것이 많고 아는 것이 많음

(85) 溫故(지신) : 옛것을 익히고 새것을 앎

(86) 富(귀재)天 : 부귀를 누리는 일은 하늘의 뜻에 달려 있음

(87) (필유)曲折 : 반드시 무슨 까닭이 있음.

【問 88~92】 다음 單語의 同音異義語를 漢字로 쓰되, 제시된 뜻에 맞추시오.

(88) (施工) : 시간과 공간 ·········· ( )

(89) (典設) : 옛날부터 민간에서 전하여 내려 오는 이야기 ········· ( )

(90) (黨章) : 일이 일어난 바로 그 자리 ·················· ( )

(91) (孤歌) : 비싼 가격 ··········· ( )

(92) (經路) : 노인을 공경함.········· ( )

【問 93~97】 다음 밑줄 친 單語를 漢字로 바꾸어 쓰시오.

(93) 그녀는 여행 중에 여비가 모자라서 애를 먹었다.

(94) 구급차는 비상등을 켜고 질주하였다.

(95) 지난번 사고 이후 책임자는 대령에서 소령으로 강등되었다.

(96) 날이 갈수록 우리의 우정은 깊어만 갔다.

(97) 우편물을 보낼 때는 규격봉투를 써야 한다.

【問 98~100】 다음 문장의 밑줄 부분에 들어갈 알맞은 말을 쓰시오.

'占'자는 '占術'에서는 "_____(98)점"으로 쓰이고, '占居'에서는 "_____(99)점"으로 쓰이는 글자요, '別'은 '別個'에서는 '다를 별'로 쓰이고, '區別'에서는 "_____(100)별"로 쓰이는 글자이다.

(98)   (99)

(100)

제10회 한자능력검정시험 4급 기출·예상문제

(社) 한국어문회에서 시행한 漢字능력검정시험을 수험생들에 의하여 재편집하였습니다.

【問 1~32】 다음 밑줄 친 漢字語의 讀音을 쓰시오.

㈎ (1)痛恨의 (2)一擊을 당하다.

㈏ (3)野球에서는 (4)堅固한 (5)守備가
(6)勝利의 (7)原動力이 된다.

㈐ 그 집 (8)姉妹 사이의 따뜻한 (9)友愛가
온 집안을 (10)感激시켰다.

㈑ 온 국민의 (11)熱烈한 (12)應援에 힘입어
한국 축구가 세계 4强에까지 오르는
(13)快擧를 이루었다.

㈒ (14)政治人에게 있어 (15)達辯은 매우 큰
(16)武器이지만 그것으로 (17)有權者의
믿음을 얻을 수 있는 것은 아니다.

㈓ (18)戰亂이 (19)連續되던 중국의 수·당
(隋·唐) 시대에 (20)高句麗 (21)百濟
(22)新羅 등 三國도 그 영향을 받을 수밖
에 없었다.

㈔ 방이 좁고 (23)座席도 모자라서 (24)招請
받은 손님도 다 (25)受容할 수 없는 형편
이었다.

㈕ (26)貧富의 격차에서 생긴 (27)不滿을
(28)財物의 (29)投與로만 (30)解消할 수
는 없다. 또한 (31)憤怒에 차 있는 (32)大
衆을 법으로만 다스리기도 어렵다.

【問 33~35】 위 문제에 나온 다음 漢字語 중 첫
音節이 길게 발음되는 單語 3개를 골라 그 번호를
쓰시오.

① 痛恨　　② 一擊　　③ 野球
④ 堅固　　⑤ 守備　　⑥ 勝利
⑦ 原動力　⑧ 姉妹　　⑨ 友愛

(33) (　　　　)　　(34) (　　　　)
(35) (　　　　)

【問 36~54】 다음 漢字의 訓과 音을 쓰시오.

(36) 壓 (　　　　)　　(37) 障 (　　　　)
(38) 泉 (　　　　)　　(39) 鬪 (　　　　)
(40) 篇 (　　　　)　　(41) 抗 (　　　　)
(42) 鮮 (　　　　)　　(43) 伏 (　　　　)
(44) 舞 (　　　　)　　(45) 卵 (　　　　)
(46) 端 (　　　　)　　(47) 暖 (　　　　)
(48) 構 (　　　　)　　(49) 散 (　　　　)
(50) 邊 (　　　　)　　(51) 緣 (　　　　)
(52) 宣 (　　　　)　　(53) 壯 (　　　　)
(54) 派 (　　　　)

【問 55~74】 다음 밑줄 친 單語를 漢字를 고쳐
쓰시오.

㈎ 온갖 (55)종류의 (56)상업 (57)광고가
소비자의 판단을 어지럽힌다.

㈏ 한라산의 (58)설경이 긴 (59)여행의 피로
를 씻어 주었다.

㈐ 우리가 사는 우주 (60)자연 속에도 (61)
신체에 이로운 (62)약재가 많이 자라고
있다.

㈑ (63)행복은 주거하는 (64)가옥의 크기나
가진 재물에 (65)비례하는 것이 아니다.

㈒ 한때 (66)해양 强國을 꿈꾸기도 하던 우
리가 현대에 와서는 韓(67)반도조차 제대
로 지키지 못하는 형편이 되었다.

㈂ 자서전을 쓴 사람은 많으나 국가적 사업으로 (68)전기를 기록해 남긴 (69)영웅은 흔하지 않다.

㈃ 관동별곡 사미인곡 등에 비해 (70)시조는 짧은 형식이라 하여 (71)단가라고도 부른다.

㈄ 삶의 질을 높이는 데는 (72)경쟁보다 (73)단합이 훨씬 더 (74)효과적이다.

【問 75~77】 다음 漢字를 널리 쓰이는 略字로 고쳐 쓰시오.

(75) 關   (76) 讀

(77) 質

【問 78~80】 다음 漢字語의 뜻을 간단히 쓰시오.

(78) 方正

(79) 省察

(80) 速報

【問 81~83】 다음 각 글자와 뜻이 같거나 비슷한 漢字를 ( ) 속에 적어 單語를 完成하시오.

(81) 알맞은 용어의 ( )擇

(82) 세종대왕 동상의 建( )

(83) 분열로 ( )亡한 나라

【問 84~86】 다음 각 글자와 뜻이 반대 또는 대립되는 漢字를 ( ) 속에 적어 實用性 있는 單語를 만드시오.

(84) 사업의 得( )을 따짐

(85) 백성들의 ( )逆은 지도자 하기 나름

(86) 好( )이 분명한 성격

【問 87~89】 다음 漢字의 部首를 쓰시오.

(87) 孝   (88) 貨

(89) 船

【問 90~94】 다음 ( ) 안의 글자를 漢字로 고쳐 四字成語를 完成 하시오.

(90) (풍전)燈火 : 바람 앞의 등불

(91) 進退(무로) : 나아가기에도 물러서기에도 길이 없음

(92) (만고)絶色 : 만고에 유가 없을 뛰어난 미색

(93) (구우)一毛 : 많은 가운데서 가장 적은 것의 비유

(94) (우)往(좌)往 : 이랬다저랬다 갈팡거림

【問 95~97】 다음 單語의 同音異義語를 漢字로 쓰되, 미리 제시된 뜻에 맞추시오.

(95) (私庫) : 생각하고 궁리함.

(96) (領主) : 한 곳에 오래 삶

(97) (羊肉) : 아이를 보살펴서 자라게 함.

【問 98~100】 다음 문장의 ( ) 속에 들어갈 알맞은 말을 쓰시오.

'畫'는(은) (98)'( )화'와 (99)'( )획'으로 읽히는 一字多音字이며, '洞'은 '골 동'과 (100)'( )통'의 두 가지 訓音으로 읽히는 글자이다.

정 답 독음, 훈음, 두음법칙, 예상문제, 기출·예상문제

4급 독음연습 [71쪽]

① 찬송 ② 사표 ③ 제거 ④ 액면 ⑤ 희비 ⑥ 속성 ⑦ 투기 ⑧ 주변 ⑨ 호전 ⑩ 도망 ⑪ 계절 ⑫ 위험 ⑬ 비밀 ⑭ 진도 ⑮ 설음 ⑯ 존재 ⑰ 험난 ⑱ 결석 ⑲ 이익 ⑳ 유배 ㉑ 격렬 ㉒ 박람 ㉓ 부상 ㉔ 홍취 ㉕ 조건 ㉖ 형법 ㉗ 현황 ㉘ 지배 ㉙ 원한 ㉚ 발휘 ㉛ 고려 ㉜ 연구 ㉝ 타파 ㉞ 쾌거 ㉟ 축적 ㊱ 가칭 ㊲ 지속 ㊳ 용이 ㊴ 골절 ㊵ 확인 ㊶ 공격 ㊷ 폭군 ㊸ 포장 ㊹ 추계 ㊺ 은화 ㊻ 미지 ㊼ 선택 ㊽ 저변 ㊾ 폭락 ㊿ 영양 51 요점 52 간파 53 강구 54 포악 55 조직 56 노변 57 잡화 58 범위 59 구제 60 기여 61 인주 62 유산 63 계층 64 검문 65 영접 66 비화 67 호위 68 주위 69 주홍 70 오보 71 혁명 72 음계 73 양태 74 심원 75 복선 76 극장 77 단말 78 직물 79 연세 80 동포 81 잔재 82 기장 83 단계 84 해제 85 혼합 86 모사 87 액체 88 진기 89 경향 90 간과 91 표지 92 납세 93 호황 94 투지 95 국적 96 존치 97 면학 98 서열 99 인수 100 원천

4급 독음연습[72쪽]

① 권농 ② 제청 ③ 주지 ④ 여록 ⑤ 영사 ⑥ 원망 ⑦ 장학 ⑧ 형상 ⑨ 침실 ⑩ 모범 ⑪ 승복 ⑫ 상쇄 ⑬ 낙엽 ⑭ 채광 ⑮ 지표 ⑯ 곤란 ⑰ 총살 ⑱ 제압 ⑲ 결격 ⑳ 비명 ㉑ 회색 ㉒ 복선 ㉓ 검찰 ㉔ 패배 ㉕ 배려 ㉖ 규율 ㉗ 수려 ㉘ 형벌 ㉙ 부인 ㉚ 모양 ㉛ 결혼 ㉜ 배경 ㉝ 훈련 ㉞ 도적 ㉟ 상장 ㊱ 상황 ㊲ 광맥 ㊳ 차등 ㊴ 조류 ㊵ 적선 ㊶ 격퇴 ㊷ 연극 ㊸ 토벌 ㊹ 거부 ㊺ 휴가 ㊻ 숙연 ㊼ 소제 ㊽ 연착 ㊾ 자세 ㊿ 청원 51 사범 52 계율 53 선교 54 변경 55 구성 56 특파 57 탈세 58 통탄 59 조율 60 요람 61 분산 62 두주 63 존속 64 감행 65 전략 66 위문 67 해제 68 탄압 69 박수 70 착륙 71 상태 72 연료 73 체조 74 자원 75 탐사 76 유교 77 숭고 78 예방 79 탐구 80 극비 81 방범 82 충전 83 이해 84 부담 85 인식 86 계속 87 변호 88 증거 89 영애 90 공범 91 규모 92 소등 93 산보 94 거절 95 발각 96 피로 97 양반 98 폐강 99 핵심 100 분노

4급 독음연습[73쪽]

① 신도 ② 간이 ③ 혁대 ④ 제기 ⑤ 비석 ⑥ 연설 ⑦ 군대 ⑧ 예매 ⑨ 윤번 ⑩ 여식 ⑪ 궁지 ⑫ 도피 ⑬ 항전 ⑭ 곡식 ⑮ 취미 ⑯ 조혼 ⑰ 침선 ⑱ 벌목 ⑲ 확실 ⑳ 혼란 ㉑ 경향 ㉒ 분통 ㉓ 형벌 ㉔ 채취 ㉕ 관부 ㉖ 양방 ㉗ 매제 ㉘ 방해 ㉙ 통속 ㉚ 헌장 ㉛ 재적 ㉜ 분담 ㉝ 방탄 ㉞ 도당 ㉟ 근골 ㊱ 계란 ㊲ 수여 ㊳ 장정 ㊴ 우표 ㊵ 시험 ㊶ 진통 ㊷ 칭호 ㊸ 수단 ㊹ 사전 ㊺ 이식 ㊻ 충만 ㊼ 이별 ㊽ 감축 ㊾ 세포 ㊿ 약지 51 탐방 52 독살 53 잔액 54 호적 55 윤독 56 토론 57 선열 58 진가 59 귀댁 60 은덕 61 시위 62 수복 63 원본 64 개폐 65 항거 66 강당 67 연필 68 단축 69 교지 70 감격 71 불우 72 점거 73 격분 74 격변 75 차이 76 도난 77 유리 78 구축 79 사직 80 흡수 81 예측 82 총기 83 모조 84 목장 85 견실 86 녹색 87 감수 88 각서 89 간결 90 계급 91 사절 92 역임 93 감언 94 만조 95 경구 96 책방 97 위험 98 응원 99 거처 100 간호

4급 독음연습[74쪽]

① 유아 ② 예견 ③ 폭죽 ④ 총액 ⑤ 차등 ⑥ 지휘 ⑦ 투자 ⑧ 과로 ⑨ 대원 ⑩ 성황 ⑪ 구성 ⑫ 위성 ⑬ 축재 ⑭ 권익 ⑮ 인의 ⑯ 단절 ⑰ 적선 ⑱ 암향 ⑲ 관악 ⑳ 인상 ㉑ 추진 ㉒ 냉방 ㉓ 교역 ㉔ 납득 ㉕ 예비 ㉖ 설치 ㉗ 추이 ㉘ 유세 ㉙ 시침 ㉚ 거부 ㉛ 제안 ㉜ 도달 ㉝ 난류 ㉞ 약사 ㉟ 이견 ㊱ 서고 ㊲ 내신 ㊳ 경종 ㊴ 강독 ㊵ 혈연 ㊶ 괘락 ㊷ 노력 ㊸ 축사 ㊹ 열거 ㊺ 피난 ㊻ 사전 ㊼ 묘비 ㊽ 혹시 ㊾ 피곤 ㊿ 인술 51 온천 52 국한 53 주류 54 범위 55 동리 56 통찰 57 환경 58 공항 59 무악 60 수업 61 중론 62 간병 63 탄력 64 여당 65 혼잡 66 유통 67 표결 68 압사 69 업적 70 부흥 71 복구 72 산란 73 청중 74 권장 75 속칭 76 견고 77 헌법 78 탈선 79 위급 80 탄식 81 독도 82 상가 83 풍성 84 연타 85 비화 86 여권 87 존칭 88 영화 89 배려 90 진상 91 감량 92 협조 93 기연 94 계급 95 부상 96 근면 97 낭보 98 세포 99 전표 100 우편

4급 독음연습 [75쪽]

① 탈곡 ② 근무 ③ 신조 ④ 비판 ⑤ 웅자 ⑥ 유보⑦ 국적⑧ 진영 ⑨ 엄숙 ⑩ 성현 ⑪ 방한 ⑫ 보통 ⑬ 절벽 ⑭ 권익 ⑮ 폭발 ⑯ 계절 ⑰ 자세 ⑱ 강론 ⑲ 재화 ⑳ 취침 ㉑ 축약 ㉒ 극단 ㉓ 부요 ㉔ 제청 ㉕ 효험 ㉖ 단락 ㉗ 비평 ㉘ 특파 ㉙ 지휘 ㉚ 구직 ㉛ 독감 ㉜ 대우 ㉝ 폐회 ㉞ 심야 ㉟ 위엄 ㊱ 점선 ㊲ 기회 ㊳ 균등 ㊴ 예감 ㊵ 강신 ㊶ 항복 ㊷ 선거 ㊸ 인정 ㊹ 송판 ㊺ 차관 ㊻ 각고 ㊼ 세련 ㊽ 심사 ㊾ 지식 ㊿ 표지 51 토론 52 박애 53 관여 54 난생 55 철사 56 원칙 57 출장 58 잡념 59 개혁 60 진력 61 종합 62 의존 63 방해 64 수재 65 경신 66 갱생 67 감행 68 종파 69 연습 70 원탁 71 현달 72 탁구 73 현황 74 포악 75 음성 76 우송 77 액면 78 전근 79 취향 80 잡담 81 요소 82 굴곡 83 시상 84 내왕 85 의논 86 고려 87 결핵 88 각골 89 방위 90 취업 91 청소 92 저축 93 폐교 94 위기 95 폭력 96 예외 97 경계 98 변호 99 미혼 100 난입

4급 훈음연습 [76쪽]

① 건널 제 ② 임금 군 ③ 정성스럴 성 ④ 벼슬 관 ⑤ 벽 벽 ⑥ 이을 계 ⑦ 두터울 후 ⑧ 책 편 ⑨ 클 거 ⑩ 기특할 기 ⑪ 양식 량 ⑫ 사나울 폭, 모질 포 ⑬ 붙을 속 ⑭ 의논할 의 ⑮ 마실 흡 ⑯ 길쌈 적 ⑰ 조수 조 ⑱ 가지런할 정 ⑲ 시 시 ⑳ 문서 권 ㉑ 표 표 ㉒ 시험할 험 ㉓ 터럭 모 ㉔ 살 거 ㉕ 짤 조 ㉖ 놀랄 경 ㉗ 맞이할 영 ㉘ 누이 자 ㉙ 칠 목 ㉚ 캘 채 ㉛ 부를 호 ㉜ 방 방 ㉝ 엄숙할 숙 ㉞ 섞일 잡 ㉟ 힘쓸 면 ㊱ 춤출 무 ㊲ 끌 인 ㊳ 한 한 ㊴ 이을 접 ㊵ 볼 감 ㊶ 고리 환 ㊷ 휘두를 휘 ㊸ 의지할 의 ㊹ 베 포 ㊺ 외로울 고 ㊻ 혹 혹 ㊼ 격할 격 ㊽ 쌓을 축 ㊾ 남길 유 ㊿ 탄알 탄 51 베풀 선 52 보배 진 53 뛰어날 걸 54 지날 경 55 아재비 숙 56 술 주 57 순수할 순 58 기울 경 59 맞을 적 60 지칠 피 61 개 견 62 층 층 63 취할 취 64 혀 설 65 법 률 66 막을 장 67 매울 렬 68 어질 현 69 풍속 속 70 굳을 견 71 다스릴 치 72 정할(깨끗할) 정 73 마루 종 74 걸을 보 75 창자 장 76 상 상 77 정사 정 78 떠날 리 79 우편 우 80 독할 독 81 도울 호 82 철 계 83 멜 담 84 남을 잔 85 다할 극 86 겨룰 항 87 힘쓸 무 88 틈 가 89 밑 저 90 엎드릴 복 91 피할 피 92 아닐 미 93 쉴 식 94 기쁠 희 95 탄식할 탄 96 표할 표 97 알 인 98 불터질 폭 99 기릴 찬 100 나아갈 진

4급 훈음연습 [77쪽]

① 성할 성 ② 다를 차 ③ 잠잘 침 ④ 찰 만 ⑤ 바늘 침 ⑥ 칠 토 ⑦

분할 분 ⑧ 뜻 취 ⑨ 경계할 계 ⑩ 부를 초 ⑪ 청사 청 ⑫ 평할 평 ⑬ 검소할 검 ⑭ 굽을 굴 ⑮ 뜻 지 ⑯ 칠 격 ⑰ 무리 중 ⑱ 흩어질 산 ⑲ 가늘 세 ⑳ 넓을 박 (21) 거리 가 (22) 벗을 탈 (23) 슬기 지 (24) 다할 진 (25) 쌓을 적 (26) 짤 직 (27) 모을 축 (28) 갖출 비 (29) 구를 전 (30) 누를 압 (31) 닭 계 (32) 붉을 주 (33) 섬돌 계 (34) 이마 액 (35) 증거 증 (36) 알 란 (37) 맛 미 (38) 어지러울 란 (39) 원숭이 신 (40) 권세 권 (41) 성인 성 (42) 인연 연 (43) 샘 천 (44) 책 책 (45) 재물 자 (46) 쇠북 중 (47) 성씨 씨 (48) 끊을 단 (49) 홑 단 (50) 진칠 진 (51) 펼 연 (52) 눈 안 (53) 자리 좌 (54) 얻을 득 (55) 거느릴 통 (56) 감히 감 (57) 짝 배 (58) 연고 고 (59) 편안할 강 (60) 지을 조 (61) 무덤 묘 (62) 점령할 점 (63) 닫을 폐 (64) 기록할 지 (65) 경영할 영 (66) 가질 지 (67) 재 회 (68) 밀 추 (69) 거짓 가 (70) 섞을 혼 (71) 도울 조 (72) 법 헌 (73) 가릴 택 (74) 끝 단 (75) 혼인할 혼 (76) 줄 여 (77) 던질 투 (78) 늘일 연 (79) 기쁠 환 (80) 위태할 위 (81) 기릴 송 (82) 기후 후 (83) 내릴 강 (84) 베풀 장 (85) 깊을 심 (86) 고요할 정 (87) 통달할 달 (88) 준할 준 (89) 지킬 위 (90) 험할 험 (91) 판단할 판 (92) 베풀 시 (93) 나아갈 취 (94) 줄일 축 (95) 씨 핵 (96) 임금 제 (97) 선비 유 (98) 형상 상(문서 장) (99) 격식 격 (100) 새 조

4급 훈음연습 [78쪽]

① 넓을 보 ② 받을 수 ③ 한정 한 ④ 풍년 풍 ⑤ 아닐 부 ⑥ 더할 증 ⑦ 끌 제 ⑧ 즈음 제 ⑨ 청할 청 ⑩ 말씀 변 ⑪ 꾸밀 장 ⑫ 덜 손 ⑬ 상할 상 ⑭ 칠 박 ⑮ 스승 사 ⑯ 영화 영 ⑰ 연기 연 ⑱ 할 위 ⑲ 맬 계 ⑳ 범할 범 (21) 숨길 비 (22) 쓸 소 (23) 버금 차 (24) 말씀 사 (25) 줄 수 (26) 지탱할 지 (27) 누이 매 (28) 인원 원 (29) 가루 분 (30) 장수 장 (31) 터럭 발 (32) 살 육 (33) 연구할 구 (34) 젖 유 (35) 높일 존 (36) 보배 보 (37) 별 성 (38) 본디 소 (39) 머무를 류 (40) 감독할 독 (41) 다시 갱 (42) 생각할 상 (43) 있을 존 (44) 집 사 (45) 질 부 (46) 부처 불 (47) 절 사 (48) 맡길 위 (49) 돈 전 (50) 거둘 수 (51) 곳 처 (52) 아닐 비 (53) 재주 예 (54) 형세 세 (55) 구멍 공 (56) 근거 거 (57) 벌할 벌 (58) 비로소 창 (59) 곡식 곡 (60) 갈 연 (61) 벼리 기 (62) 청사 청 (63) 칠 벌 (64) 진 액 (65) 도망갈 도 (66) 도둑 적 (67) 거울 경 (68) 아내 부 (69) 지킬 보 (70) 이어맬 계 (71) 같을 여 (72) 볼 시 (73) 한도 정 (74) 형벌 형 (75) 피 혈 (76) 도울 원 (77) 층계 단 (78) 비석 비 (79) 지경 경 (80) 어두울 암 (81) 가난할 빈 (82) 꺾을 절 (83) 버금 부 (84) 옮길 이 (85) 다시 부 (86) 슬플 비 (87) 가 변 (88) 대롱 관 (89) 간략할 략 (90) 볼 람 (91) 그릇 기 (92) 은혜 은 (93) 배 항 (94) 얽을 구 (95) 새길 각 (96) 심할 극 (97) 금할 금 (98) 검사할 검 (99) 넉넉할 우 (100) 무리 도

4급 두음법칙 [56쪽]

① 사료 ② 요금 ③ 요리 ④ 양식 ⑤ 식량 ⑥ 행려 ⑦ 여행 ⑧ 법률 ⑨ 율동 ⑩ 동란 ⑪ 난동 ⑫ 생략 ⑬ 약식 ⑭ 여객 ⑮ 여비 ⑯ 미래 ⑰ 내일 ⑱ 기록 ⑲ 녹음 ⑳ 한랭 (21) 냉기 (22) 계란 (23) 난생 (24) 냉해 (25) 토론 (26) 논의 (27) 수륙 (28) 육지 (29) 잔류 (30) 유보 (31) 행렬 (32) 열차 (33) 부락 (34) 낙서 (35) 명령 (36) 영애 (37) 두령 (38) 영공 (39) 선량 (40) 양호 (41) 양심 (42) 내륙 (43) 육군 (44) 훈련 (45) 연습 (46) 인류 (47) 유형 (48) 분류 (49) 분리 (50) 이별 (51) 이혼 (52) 유리 (53) 이익 (54) 이해 (55) 남녀 (56) 여자 (57) 유념 (58) 사념 (59) 염원 (60) 염두

예상문제 제1회

① 유리 ② 혹시 ③ 면학 ④ 견실 ⑤ 근무 ⑥ 감축 ⑦ 달변 ⑧ 전출 ⑨ 혼합 ⑩ 결원 ⑪ 침실 ⑫ 권농 ⑬ 선거 ⑭ 곡식 ⑮ 액면 ⑯ 방해 ⑰ 조혼 ⑱ 국한 ⑲ 초대 ⑳ 복선 (21) 보통 (22) 선언 (23) 사직 (24) 역임 (25) 제안 (26) 철사 (27) 산보 (28) 진가 (29) 연습 (30) 예측 (31) 깨뜨릴 파 (32) 갑옷 갑 (33) 막을 거 (34) 방패 간 (35) 세포 포 (36) 상황 황 (37) 가지 조 (38) 소나무 송 (39) 절 배 (40) 바랄 희 (41) 고를 균 (42) 옳을 의 (43) 찾을 탐 (44)

붉을 홍 (45) 힘줄 근 (46) 충성 충 (47) 책 권 (48) 다 총 (49) 엄할 엄 (50) 가죽 혁 (51) 미리 예 (52) 모양 양 (53) 新鮮 (54) 日課 (55) 德望 (56) 地理 (57) 停電 (58) 傳記 (59) 客席 (60) 賣場 (61) 偉大 (62) 元金 (63) 强 (64) 雲 (65) 責 (66) 古 (67) 客 (68) 典 (69) 觀 (70) 任 (71) 弱 (72) 思 (73) 史 (74) 考 (75) 集 (76) 始 (77) 同 (78) 風 (79) 千 (80) 安 (81) 遠 (82) 集 (83) 農 (84) 勞 (85) 新 (86) 路 (87) 固 (88) 望 (89) 音 (90) 休, 子 (91) 首都 (92) 水道 (93) 画 (94) 賁 (95) 挙 (96) 変 (97) 爪 (98) 臼 (99) 竹 (100) 木

예상문제 제2회

① 청중 ② 냉방 ③ 이륙 ④ 유산 ⑤ 원한 ⑥ 독감 ⑦ 주위 ⑧ 전담 ⑨ 배려 ⑩ 경향 ⑪ 비평 ⑫ 대우 ⑬ 효험 ⑭ 침선 ⑮ 도적 ⑯ 조율 ⑰ 호전 ⑱ 이견 ⑲ 탐사 ⑳ 납득 (21) 증거 (22) 포장 (23) 담판 (24) 검문 (25) 인의 (26) 수단 (27) 분유 (28) 격렬 (29) 양방 (30) 형벌 (31) 장려할 장 (32) 소리 성 (33) 항구 항 (34) 등 배 (35) 박달나무 단 (36) 은혜 혜 (37) 부자 부 (38) 칠 공 (39) 덜 제 (40) 문서 적 (41) 줄기 맥 (42) 뼈 골 (43) 울 명 (44) 곳집 고 (45) 총 총 (46) 오로지 전 (47) 부지런할 근 (48) 횃돌 광 (49) 정보 화 (50) 흥망 (51) 무사 (52) 貴族 (53) 계층 (54) 新時代 (55) 知識人 (56) 난입 (57) 技術 (58) 所有 (59) 開發 (60) 各自 (61) 祖國 (62) 育成 (63) 當然 (64) 事業 (65) 合 (66) 新 (67) 生 (68) 空 (69) 下 (70) 獨島 (71) 無料 (72) 四寸 (73) 順序 (74) 集結 (75) 靑年 (76) 自然 (77) 級友 (78) 給食 (79) 病死 (80) 功 (81) 勝 (82) 落 (83) 恩 (84) 夜 (85) 去 (86) 語 (87) 卒, 士 (88) 空 (89) 北 (90) 大事 (91) 童話 (92) 過去 (93) 旧 (94) 団 (95) 区 (96) ③ (97) ④ (98) ⑧ (99) ++(艸) (100) 石

예상문제 제3회

① 방탄 ② 통탄 ③ 패배 ④ 감초 ⑤ 도당 ⑥ 배려 ⑦ 치성 ⑧ 현시 ⑨ 궁지 ⑩ 투지 ⑪ 액면 ⑫ 축사 ⑬ 예술 ⑭ 전략 ⑮ 영양 ⑯ 추진 ⑰ 취미 ⑱ 비석 ⑲ 초청 ⑳ 규율 (21) 강구 (22) 철사 (23) 견고 (24) 취침 (25) 여가 (26) 채광 (27) 혈연 (28) 차등 (29) 축약 (30) 진상 (31) 성낼 노 (32) 빛날 화 (33) 다를 이 (34) 향기 향 (35) 모양 자 (36) 거동 의 (37) 생각할 려 (38) 세금 세 (39) 점 점 (40) 숨을 은 (41) 쾌할 쾌 (42) 어질 인 (43) 남을 여 (44) 에워쌀 위 (45) 다할 궁 (46) 권할 권 (47) 마을 부 (48) 곤할 곤 (49) 의심할 의 (50) 쏠 사 (51) 한가할 한 (52) 무리 군 (53) 凶年 (54) 景致 (55) 團結 (56) 事實 (57) 力說 (58) 公約 (59) 年長 (60) 獨身 (61) 救出 (62) 作品 (63) 英 (64) 空 (65) 代 (66) 偉 (67) 最 (68) 語 (69) 調 (70) 週 (71) 末 (72) 席 (73) 明 (74) 傳 (75) 臣 (76) 曲 (77) 生 (78) 順,忠 (79) 失 (80) 着 (81) 文 (82) 加 (83) 省, 簡 (84) 界 (85) 末 (86) 放 (87) 市長 (88) 市場 (89) 娚 (90) 独 (91) 楽 (92) 어머니 대신 젖을 먹이는 여자 (93) 사물의 가장 중심이 되는 부분 (94) 아직 결혼하지 않음 (95) ㄇ (96) 广 (97) 穴 (98) ④ (99) ⑦ (100) ⑧

예상문제 제4회

① 표제 ② 관여 ③ 모범 ④ 주지 ⑤ 부담 ⑥ 말단 ⑦ 계절 ⑧ 대원 ⑨ 총액 ⑩ 무악 ⑪ 혼란 ⑫ 여록 ⑬ 잡지 ⑭ 산란 ⑮ 체조 ⑯ 핵심 ⑰ 헌장 ⑱ 인수 ⑲ 쾌거 ⑳ 결핵 (21) 토론 (22) 영화 (23) 근골 (24) 양식 (25) 경제 (26) 초래 (27) 태도 (28) 건강 (29) 구성원 (30) 農業 (31) 産業 (32) 都市 (33) 急速 (34) 勞動 (35) 最近 (36) 奉仕 (37) 展開 (38) 自願 (39) 當事者 (40) 人性 (41) 共同 (42) 成長 (43) 思考 (44) 寒 (45) 氣 (46) 無 (47) 料 (48) 談 (49) 話 (50) 妹 (51) 色 (52) ③ (53) ① (54) ④ (55) 증거 증 (56) 다스릴 치 (57) 어려울 난 (58) 버금 부 (59) 나아갈 진 (60) 이어맬 계 (61) 준할 준 (62) 말씀 사 (63) 경사 경 (64) 엄할 엄 (65) 지을 조 (66) 간략할 간 (67) 끊을 절 (68) 쌓을 축 (69) 더할 익 (70) 가릴 택 (71) 넓을 박 (72) 자리 좌 (73) 빽빽할 밀 (74) 일어날 흥 (75) 책 편 (76) 본디 소 (77) 개 견 (78) 百, 家 (79) 生, 決 (80) 多, 聞 (81) 自, 强 (82) 自業 (83) 家計 (84) 國事 (85) 傳記 (86) 問 (87) 溫, 熱 (88) 兄 (89) 惡 (90) 夫 (91) 年 (92) 家 (93) 音 (94) 歌 (95) 市 (96) 写 (97) 対 (98) 医 (99) 山 (100) 厂

예상문제 제5회

① 연설 ② 권장 ③ 험난 ④ 유념 ⑤ 방해 ⑥ 여당 ⑦ 형상 ⑧ 굴곡 ⑨ 자세 ⑩ 분통 ⑪ 설치 ⑫ 토벌 ⑬ 예비 ⑭ 시침 ⑮ 착륙 ⑯ 호위 ⑰ 탐구 ⑱ 기장 ⑲ 진기 ⑳ 폭군 ㉑ 귀댁 ㉒ 모양 ㉓ 예매 ㉔ 분산 ㉕ 청사 ㉖ 혈통 ㉗ 유교 ㉘ 충전 ㉙ 은덕 ㉚ 휴가 ㉛ 가질 취 ㉜ 형세 세 ㉝ 도울 원 ㉞ 쾌할 쾌 ㉟ 즈음 제 ㊱ 침노할 침 ㊲ 섞을 혼 ㊳ 고를 균 ㊴ 다를 이 ㊵ 쌀 포 ㊶ 가늘 세 ㊷ 이를 지 ㊸ 섞일 잡 ㊹ 시골 향 ㊺ 세금 세 ㊻ 이를 조 ㊼ 비평할 비 ㊽ 살필 찰 ㊾ 높을 숭 ㊿ 도망할 도 (51) 범할 범 (52) 이 시 (53) 功過 (54) 類例 (55) 養魚 (56) 湖水 (57) 財界 (58) 合意 (59) 鮮明 (60) 許多 (61) 級數 (62) 落選 (63) 料 (64) 觀 (65) 理 (66) 術 (67) 物 (68) 問 (69) 商 (70) 價 (71) 別 (72) 敬 (73) 戰 (74) 信 (75) 千 (76) 事 (77) 石 (78) 一部 (79) 敗北 (80) 流動 (81) 歌 (82) 記 (83) 問 (84) 後 (85) 目 (86) 不正 (87) 記事 (88) 消火 (89) 処 (90) 鉄 (91) 会 (92) 물건의 종류 (93) 손님이 앉는 자리 (94) 급하게 흐름 (95) ① (96) ③ (97) ⑧ (98) 巾 (99) 弓 (100) 玉

예상문제 제6회

① 군락 ② 항복 ③ 난류 ④ 과로 ⑤ 격변 ⑥ 발휘 ⑦ 전란 ⑧ 공범 ⑨ 간과 ⑩ 부상 ⑪ 존재 ⑫ 발각 ⑬ 잡지 ⑭ 시위 ⑮ 업적 ⑯ 추계 ⑰ 복제 ⑱ 노력 ⑲ 속성 ⑳ 극단 ㉑ 열거 ㉒ 비밀 ㉓ 피난 ㉔ 수단 ㉕ 선열 ㉖ 위급 ㉗ 직물 ㉘ 책방 ㉙ 압사 ㉚ 목장 ㉛ 만날 우 ㉜ 줄기 맥 ㉝ 양식 량 ㉞ 뛰어날 걸 ㉟ 풍년 풍 ㊱ 불터질 폭 ㊲ 볼 시 ㊳ 이을 승 ㊴ 빌 허 ㊵ 남길 유 ㊶ 재주 예 ㊷ 이마 액 ㊸ 조수 조 ㊹ 클 거 ㊺ 더할 증 ㊻ 뜻 지 ㊼ 쓸 소 ㊽ 장려할 장 ㊾ 옮길 이 ㊿ 무리 도 (51) 방패 간 (52) 누이 매 (53) 平和 (54) 統一 (55) 未來 (56) 現在 (57) 青少年 (58) 過去 (59) 창조 (60) 發展 (61) 重要 (62) 歷史 (63) 使命 (64) 社會 (65) 活動 (66) 世界 (67) 지도 (68) 형성 (69) 民族 (70) 生存 (71) 結實 (72) 人類 (73) 交流 (74) 성취 (75) 口 (76) 故 (77) 道 (78) 種 (79) 江 (80) 安 (81) 信 (82) 陽 (83) 海 (84) 卒, 兵 (85) 食 (86) 打 (87) 王 (88) 財 (89) 立 (90) 發電 (91) 方位 (92) 正當 (93) 参 (94) 価 (95) 労 (96) 攴(攵) (97) 革 (98) 巾 (99) 미국을 방문함 (100) 받아들이지 않고 물리침

예상문제 제7회

① 핵심 ② 벌목 ③ 세포 ④ 잡담 ⑤ 증거 ⑥ 범위 ⑦ 검찰 ⑧ 구축 ⑨ 탈선 ⑩ 군대 ⑪ 희망 ⑫ 전학 ⑬ 모범 ⑭ 거부 ⑮ 충만 ⑯ 균등 ⑰ 헌법 ⑱ 존속 ⑲ 청소 ⑳ 용비 ㉑ 잔재 ㉒ 위험 ㉓ 화려 ㉔ 한탄 ㉕ 변호 ㉖ 사표 ㉗ 인식 ㉘ 숙연 ㉙ 난입 ㉚ 장정 ㉛ 탈 연 ㉜ 정사 정 ㉝ 좇을 종 ㉞ 더할 익 ㉟ 물러날 퇴 ㊱ 지경 역 ㊲ 빌 허 ㊳ 인도할 도 ㊴ 침노할 침 ㊵ 위엄 위 ㊶ 호반 무 ㊷ 재 성 ㊸ 갚을 보 ㊹ 원수 적 ㊺ 근원 원 ㊻ 밭 전 ㊼ 들일 납 ㊽ 응할 응 ㊾ 날 비 ㊿ 아플 통 (51) 논할 론 (52) 바꿀 역, 쉬울 이 (53) 要所 (54) 財界 (55) 初選 (56) 溫和 (57) 展開 (58) 規則 (59) 讀後感 (60) 分類 (61) 身世 (62) 萬能 (63) 敗 (64) 輕 (65) 視 (66) 北 (67) 失 (68) 效 (69) 加 (70) 冷 (71) 量 (72) 溫 (73) 通 (74) 魚 (75) 分 (76) 魚 (77) 强 (78) 登 (79) 動 (80) 退 (81) 夕 (82) 直 (83) 級 (84) 合 (85) 用 (86) 由 (87) 立 (88) 異性 (89) 自身 (90) 神父 (91) 毋 (92) 立 (93) 穴 (94) 売 (95) 体 (96) 広 (97) 定 (98)① (99) ⑤ (100) ⑧

예상문제 제8회

① 특파 ② 적선 ③ 진력 ④ 도피 ⑤ 여권 ⑥ 신조 ⑦ 선교 ⑧ 감격 ⑨ 항전 ⑩ 요리 ⑪ 사격 ⑫ 원망 ⑬ 박동 ⑭ 탄식 ⑮ 출장 ⑯ 격찬 ⑰ 독도 ⑱ 속칭 ⑲ 진영 ⑳ 포악 ㉑ 발달 ㉒ 교역 ㉓ 핵 ㉔ 환경 ㉕ 국제적 ㉖ 차원 ㉗ 물자 ㉘ 해결 ㉙ 과정 ㉚ 협력 ㉛ 일원 ㉜ 참여 ㉝ 世界 ㉞ 通信 ㉟ 問題 ㊱ 地球 ㊲ 共同 ㊳ 必要 ㊴ 交流 ㊵ 國家 ㊶ 競爭 ㊷ 不參 ㊸ 急流 ㊹ 天幸 ㊺ 案件 ㊻ 實査 ㊼ 廣告 ㊽ 品種 ㊾ 雨期 ㊿ 要因 (51) 最古 (52) 가질 지 (53) 기울 경 (54) 덜 제 (55) 틀 기 (56) 마루 종 (57) 다를 차 (58) 보배 진 (59) 묘할 묘 (60) 맞을 영 (61) 뜻 취 (62) 그르칠 오 (63) 갑옷 갑 (64) 깨우칠 경 (65) 놀 유 (66) 짤 직 (67) 모양 자 (68) 보낼 송 (69) 소나무 송 (70) 생각할 상 (71) 걸을 보 (72) 짤 조 (73) 옳을 의 (74) 성할 성 (75) 行賞 (76) 落 (77) 意 (78) 石 (79) 相 (80) 同氣 (81) 通話 (82) 給水 (83) 民 (84) 出生 (85) 夜間 (86) 小 (87) 臣 (88) 易 (89) 害 (90) 晝 (91) 成, 進 (92) 亡 (93) 考, 思 (94) 図 (95) 学 (96) 当 (97) 礼 (98) 辛 (99) 鼻 (100) 禾

예상문제 제9회

① 환경 ② 가요 ③ 표준 ④ 양반 ⑤ 내신 ⑥ 통쾌 ⑦ 수려 ⑧ 여로 ⑨ 잡념 ⑩ 각인 ⑪ 원칙 ⑫ 비석 ⑬ 진통 ⑭ 왕래 ⑮ 주변 ⑯ 간편 ⑰ 녹색 ⑱ 거두 ⑲ 휴가 ⑳ 종파 ㉑ 영사 ㉒ 방한 ㉓ 규모 ㉔ 연세 ㉕ 배경 ㉖ 우편 ㉗ 단계 ㉘ 조직 ㉙ 납세 ㉚ 자원 ㉛ 숨길 비 ㉜ 놀랄 경 ㉝ 덜 손 ㉞ 돌아올 회 ㉟ 풍속 속 ㊱ 구멍 공 ㊲ 위태할 위 ㊳ 길쌈 적 ㊴ 꾸밀 장 ㊵ 무리 군 ㊶ 더불 여 ㊷ 돌아갈 귀 ㊸ 벼슬 관 ㊹ 베 포 ㊺ 풀 해 ㊻ 은혜 혜 ㊼ 베풀 설 ㊽ 섬돌 계 ㊾ 둘 치 ㊿ 얻을 득 (51) 한가할 한 (52) 절 사 (53) 原料 (54) 當到 (55) 問題 (56) 初代 (57) 費用 (58) 漁船 (59) 終結 (60) 惡寒 (61) 德望 (62) 信奉 (63) 百 (64) 害 (65) 出 (66) 一 (67) 食 (68) 首 (69) 紙 (70) 都 (71) 宿 (72) 線 (73) 獨 (74) 鐵 (75) 苦 (76) 労 (77) 合 (78) 唱 (79) 放 (80) 敗 (81) 自 (82) 開會 (83) 班 (84) 禮 (85) 則, 規 (86) 選 (87) 利 (88) 海 (89) 青 (90) 最少 (91) 天災 (92) 果實 (93) 実 (94) 変 (95) 参 (96) 연달아 침 (97) 고기잡이 배 (98) 차별없이 고름 (99) 皿 (100) 風

예상문제 제10회

① 도난 ② 방범 ③ 존치 ④ 고려 ⑤ 통속 ⑥ 차관 ⑦ 피곤 ⑧ 찬미 ⑨ 소강 ⑩ 폭락 ⑪ 부흥 ⑫ 국적 ⑬ 성황 ⑭ 상쇄 ⑮ 주황 ⑯ 거처 ⑰ 취소 ⑱ 위급 ⑲ 투구 ⑳ 혼란 ㉑ 부인 ㉒ 일제 ㉓ 항복 ㉔ 해방 ㉕ 거보 ㉖ 광복 ㉗ 배경 ㉘ 조직 ㉙ 항쟁 ㉚ 수호 ㉛ 終結 ㉜ 植民 ㉝ 韓國 ㉞ 近代 ㉟ 祖國 ㊱ 運動 ㊲ 作用 ㊳ 直後 ㊴ 樹立 ㊵ 實質 ㊶ 獨自 ㊷ 民族 ㊸ ㉔ ㊹ ㉕ ㊺ ㉗ ㊻ ㉙ ㊼ 競合 ㊽ 勝敗 ㊾ 親知 ㊿ 事情 (51) 再活 (52) 必讀 (53) 比重 (54) 洗面 (55) 남을 잔 (56) 기쁠 환 (57) 바꿀 역, 쉬울 이 (58) 칠 토 (59) 재물 화 (60) 논할 론 (61) 그릇 기 (62) 쇳돌 광 (63) 직분 직 (64) 거짓 가 (65) 둥글 원 (66) 제사 제 (67) 두터울 후 (68) 비롯할 창 (69) 칠 공 (70) 이을 계 (71) 항상 상 (72)마을 부 (73) 일컬을 칭 (74) 스승 사 (75) 층계 단 (76) 검사할 검 (77) 들일 납 (78) 名 (79) 共 (80) 相 (81) 仁 (82) 聞 (83) 思考 (84) 大事 (85) 競技 (86) 與 (87) 冰, 氷 (88) 非 (89) 重 (90) 客 (91) 法 (92) 苦 (93) 貯 (94) 関 (95) 医 (96) 気 (97) 舛 (98) 止 (99) 心 (100) 糸

예상문제 제11회

① 점선 ② 구성 ③ 약지 ④ 전표 ⑤ 광맥 ⑥ 형벌 ⑦ 박람 ⑧ 두주 ⑨ 위기 ⑩ 설전 ⑪ 간이 ⑫ 계속 ⑬ 총살 ⑭ 특파 ⑮ 액체 ⑯ 거유 ⑰ 점거 ⑱ 폭발 ⑲ 제거 ⑳ 연타 ㉑ 현황 ㉒ 가무 ㉓ 탁구 ㉔ 도보 ㉕ 복선 ㉖ 부담 ㉗ 탐사 ㉘ 진영 ㉙ 수재 ㉚ 원조 ㉛ 用具 ㉜ 改良 ㉝ 團束 ㉞ 參加 ㉟ 性格 ㊱ 必然 ㊲ 順理 ㊳ 年歲 ㊴ 特技 ㊵ 感知 ㊶ 序頭 ㊷ 時急 ㊸ 打球 ㊹ 所望 ㊺ 意思 ㊻ 的中 ㊼ 使用 ㊽ 約束 ㊾ 直選 ㊿ 可決 (51) ⑨ (52) ① (53) ⑧ (54) ④ (55) 검소할 검 (56) 고기 육 (57) 도울 호 (58) 통달할 달 (59) 표 표 (60) 법 범 (61) 막을 거 (62) 호반 무 (63) 줄일 축 (64) 집 사 (65) 칠 벌 (66) 벗을 탈 (67) 부를 초 (68) 대포 포 (69) 칭송할 송 (70) 기릴 찬 (71) 틈 가 (72) 글귀 구 (73) 어질 현 (74) 끌 제 (75) 모을 축 (76) 응할 응 (77) 에워쌀 위 (78) 苦 (79) 晝 (80) 敬 (81) 山 (82) 命 (83) 家具 (84) 最古 (85) 人情 (86) 戰 (87) 來 (88) 京 (89) 本 (90) 買 (91) 福 (92) 患 (93) 書, 章, 句 (94) 本 (95) 客 (96) 氏 (97) 黑 (98) 読 (99) 発 (100) 礼

예상문제 제12회

① 헌법 ② 불우 ③ 우송 ④ 조류 ⑤ 투지 ⑥ 서고 ⑦ 호황 ⑧ 예감 ⑨ 탈세 ⑩ 상황 ⑪ 성현 ⑫ 납세 ⑬ 은화 ⑭ 혼담 ⑮ 인술 ⑯ 난이 ⑰ 유물 ⑱ 평가 ⑲ 폐교 ⑳ 양태 ㉑ 변호 ㉒ 인상 ㉓ 저변 ㉔ 투기 ㉕ 골절 ㉖ 송가 ㉗ 정리 ㉘ 기회 ㉙ 단계 ㉚ 교지 ㉛ 後孫 ㉜ 原因 ㉝ 調和 ㉞ 汽船 ㉟ 老患 ㊱ 發效 ㊲ 觀念 ㊳ 再建 ㊴ 變質 ㊵ 格式 ㊶ 實利 ㊷ 停止 ㊸ 先着 ㊹ 良心 ㊺ 體操 ㊻ 葉書 ㊼ 學費 ㊽ 品名 ㊾ 祝福 ㊿ 貯金 51 ③ 52 ① 53 ⑥ 54 ⑧ 55 죽일 살, 감할 쇄 56 내릴 강, 항복할 항 57 총 총 58 터럭 모 59 날 비 60 부칠 기 61 감히 감 62 지혜 지 63 인원 원 64 지날 경 65 방해할 방 66 깊을 심 67 보배 보 68 찾을 방 69 탄식할 탄 70 위로할 위 71 벌할 벌 72 부자 부 73 떠날 리 74 알 인 75 벌일 라 76 새 조 77 굳을 확 78 遠 79 初 80 藥 81 生 82 聲 83 洋食 84 歷史 85 正當 86 支 87 明 88 孫 89 高 90 登 91 任 92 仕 93 件, 品 94 高 95 與 96 国 97 皃 98 古 99 凵 100 止

예상문제 제13회

① 묘비 ② 부인 ③ 격퇴 ④ 양서 ⑤ 미혼 ⑥ 동포 ⑦ 풍성 ⑧ 간호 ⑨ 연필 ⑩ 기거 ⑪ 경종 ⑫ 상가 ⑬ 감행 ⑭ 우표 ⑮ 환경 ⑯ 취미 ⑰ 유교 ⑱ 확실 ⑲ 분통 ⑳ 모발 ㉑ 변경 ㉒ 칭송 ㉓ 묘미 ㉔ 종속 ㉕ 갱신 ㉖ 지속 ㉗ 예정 ㉘ 고려말 ㉙ 연구 ㉚ 교수 ㉛ 高等 ㉜ 學習 ㉝ 平生 ㉞ 學科 ㉟ 參與 ㊱ 歷史 ㊲ 熱心 ㊳ 人物 ㊴ 朝鮮 ㊵ 觀心 ㊶ 時期 ㊷ ㉗ ㊸ ㉙ ㊹ ㉚ ㊺ 體操 ㊻ 奉養 ㊼ 新聞 ㊽ 庭園 ㊾ 開業 ㊿ 校門 51 正直 52 反感 53 筆記 54 울 명 55 무리 대 56 구할 구 57 씨 핵 58 금할 금 59 무리 당 60 그늘 음 61 피할 피 62 찾을 탐 63 집 궁 64 별 성 65 지킬 수 66 평할 평 67 힘쓸 노 68 버금 차 69 있을 존 70 맬 계 71 심할 극 72 갈래 파 73 잘 침 74 남을 여 75 끌 인 76 지을 제 77 電 78 生 79 花 80 過 81 親 82 韓食 83 童心 84 事後 85 開 86 因 87 凶 88 害 89 公 90 束 91 獨 92 部 93 衣 94 戰 95 要 96 仐 97 来 98 数 99 龍 100 女

예상문제 제14회

① 석회석 ② 탁구 ③ 정지 ④ 종친 ⑤ 확인 ⑥ 복장 ⑦ 침실 ⑧ 폭력 ⑨ 감자 ⑩ 후덕 ⑪ 담당 ⑫ 충전 ⑬ 투표 ⑭ 파병 ⑮ 도청 ⑯ 인상 ⑰ 영업 ⑱ 청사 ⑲ 상품 ⑳ 연극 ㉑ 치적 ㉒ 동화 ㉓ 종로 ㉔ 투쟁 ㉕ 수술 ㉖ 수복 ㉗ 공격 ㉘ 권세 ㉙ 혼란 ㉚ 선택 ㉛ 송판 ㉜ 간단 ㉝ 청소 ㉞ 자태 ㉟ 예측 ㊱ 관청 청 ㊲ 거리 가 ㊳ 병사 병 ㊴ 맛 미 ㊵ 진 액 ㊶ 모습 태 ㊷ 기를 육 ㊸ 남을 여 ㊹ 장막 장 ㊺ 머리 두 ㊻ 분할 분 ㊼ 거울 경 ㊽ 가벼울 경 ㊾ 흐를 류 ㊿ 고을 읍 51 납 연 52 겨룰 항 53 말씀 화 54 모양 양 55 덜 제 56 마실 음 57 위엄 위 58 풀 초 59 展望 60 汽車 61 幸福 62 競爭 63 同窓 64 氷山 65 死亡 66 休學 67 週末 68 分類 69 活路 70 植木 71 始動 72 外交 73 醫院 74 財界 75 責任 76 表情 77 空席 78 民族 79 長短 80 晝夜 81 一 82 大 83 大 84 實 85 美 86 住 87 末 88 金 89 最大 90 午後 91 勝利 92 ① 93 ③ 94 ③ 95 悪 96 万 97 号 98 缶 99 又 100 力

제1회 기출·예상문제

① 수려 ② 취미 ③ 소제 ④ 극단 ⑤ 여가 ⑥ 관람 ⑦ 난대 ⑧ 성찰 ⑨ 종영 ⑩ 압권 ⑪ 방목 ⑫ 조정 ⑬ 파손 ⑭ 굴절 ⑮ 사복 ⑯ 환영 ⑰ 호위 ⑱ 권장 ⑲ 난타 ⑳ 도당 ㉑ 토벌 ㉒ 정숙 ㉓ 간조 ㉔ 위험 ㉕ 탈진 ㉖ 은밀 ㉗ 채광 ㉘ 수액 ㉙ 탐방 ㉚ 모조 ㉛ 매울 렬 ㉜ 남을 잔 ㉝ 잠잘 침 ㉞ 칠 박 ㉟ 오로지 전 ㊱ 부를 초 ㊲ 나아갈 취 ㊳ 눈 안 ㊴ 열매 실 ㊵ 들일 납 ㊶ 날 비 ㊷ 짤 직 ㊸ 한가할 한 ㊹ 들을 청 ㊺ 갈래 파 ㊻ 항상 상 ㊼ 근거 거 ㊽ 떠날 리 ㊾ 돌아갈 귀 ㊿ 갈 왕 51 무리 대 52 말씀 변 53 結合 54 범위 55 구상화 56 時間 57 언중 58 선호 59 형태 60 예측 61 분포 62 주지 63 不可能 64 정도 65 團 66 患 67 競 68 類 69 査 70 停 71 決 72 魚 73 見 74 相 75 無 76 落島 77 溫良 78 消費 79 後 80 今 81 黑 82 樂 83 勝, 成 84 區 85 童 86 仕 87 歌 88 加 89 礼 90 旧 91 鉄 92 口 93 火 94 貝 95 電光 96 河淸 97 多識 98 ④ 99 ① 100 ③

제2회 기출·예상문제

① 원한 ② 골격 ③ 보관 ④ 묘안 ⑤ 박차 ⑥ 독감 ⑦ 원천 ⑧ 근면 ⑨ 근검 ⑩ 구원 ⑪ 부족 ⑫ 구조 ⑬ 경향 ⑭ 간만 ⑮ 단계 ⑯ 화려 ⑰ 처벌 ⑱ 방해 ⑲ 밀폐 ⑳ 탐방 ㉑ 복사 ㉒ 모범 ㉓ 존엄 ㉔ 철사 ㉕ 배달 ㉖ 용납 ㉗ 기여 ㉘ 조율 ㉙ 양상 ㉚ 선포 ㉛ 숨을 은 ㉜ 울명 ㉝ 거울 경 ㉞ 모양 자 ㉟ 벨 벌, 칠 벌 ㊱ 힘쓸 노 ㊲ 깨달을 각 ㊳ 틈 가 ㊴ 돈 전 ㊵ 탄알 탄 ㊶ 맡길 위 ㊷ 다할 진 ㊸ 위로할 위 ㊹ 볼 간 ㊺ 머릿수 액, 이마 액 ㊻ 높일 숭 ㊼ 엎드릴 복 ㊽ 떠날 리 ㊾ 닭 계 ㊿ 새길 각 51 싸울 투 52 험할 험 53 所重 54 不過 55 教養 56 저하 57 유산 58 계승 59 固有 60 우수 61 혼동 62 分野 63 交流 64 풍부 65 상태 66 原始 67 제창 68 談 69 漁 70 板 71 湖 72 者 73 身 74 變 75 道 76 動 77 食水 78 植樹 79 買 80 可 81 死 82 亡 83 公 84 貯 85 冷 86 任 87 休 88 考 89 独 90 団 91 伝 92 聿 93 巾 94 女 95 강의를 끝마침 96 남몰래 들음 97 화재를 예방함 98 ④ 99 ⑦ 100 ⑧

제3회 기출·예상문제

① 휘장 ② 우세 ③ 존칭 ④ 윤번 ⑤ 투타 ⑥ 거유 ⑦ 난방 ⑧ 자태 ⑨ 비판 ⑩ 빈한 ⑪ 곡류 ⑫ 세포 ⑬ 소식 ⑭ 회질 ⑮ 시취 ⑯ 묘기 ⑰ 상안 ⑱ 관여 ⑲ 직무 ⑳ 지속 ㉑ 사교 ㉒ 단편 ㉓ 영매 ㉔ 파쟁 ㉕ 이전 ㉖ 도당 ㉗ 호적 ㉘ 역술 ㉙ 근면 ㉚ 선전 ㉛ 새길 각 ㉜ 터럭 발 ㉝ 본뜰 모 ㉞ 가릴 택 ㉟ 만날 우 ㊱ 외로울 고 ㊲ 줄일 축 ㊳ 벼리 기 ㊴ 볼 람 ㊵ 매울 렬 ㊶ 겨룰 항 ㊷ 자리 좌 ㊸ 조수 조 ㊹ 기록할 지 ㊺ 슬플 비 ㊻ 들일 납 ㊼ 이마 액 ㊽ 오로지전 ㊾ 가루 분 ㊿ 높힐 숭 51 들을 청 52 진액 53 使命 54 來朝 55 鼻祖 56 注油 57 良識 58 축적 59 자산 60 보고 61 外形 62 혼란 63 急速 64 오도 65 경제 66 부담 67 추진 68 太平 69 信賞 70 相半 71 敬天 72 無患 73 夜 74 陽 75 輕 76 末 77 開 78 淸, 純 79 圖 80 分, 別 81 道 82 加 83 頁 84 鳥 85 口 86 医 87 伝 88 挙 89 寫 90 賣 91 労 92 放流 93 停止 94 順位 95 八方美人 96 知行合一 97 見物生心 98 ④ 99 ⑤ 100 ⑧

제4회 기출·예상문제

① 위성 ② 자세 ③ 혼잡 ④ 권장 ⑤ 조직 ⑥ 증거 ⑦ 항변 ⑧ 경청 ⑨ 초대 ⑩ 독침 ⑪ 탈진 ⑫ 채점 ⑬ 취침 ⑭ 굴복 ⑮ 분필 ⑯ 찬사 ⑰ 결손 ⑱ 칭송 ⑲ 잔액 ⑳ 압축 ㉑ 폭격 ㉒ 계단 ㉓ 인도 ㉔ 광맥 ㉕ 비명 ㉖ 포탄 ㉗ 추이 ㉘ 기지 ㉙ 무장 ㉚ 원천 ㉛ 씨핵 ㉜ 납 연 ㉝ 밑 저 ㉞ 곡식 곡 ㉟ 휘두를 휘 ㊱ 우편 우 ㊲ 맞을 적 ㊳ 멜 담 ㊴ 기록할 지 ㊵ 볼 람 ㊶ 거동 의 ㊷ 틈 가 ㊸ 법 헌 ㊹ 덜 제 ㊺ 임금 제 ㊻ 찾을 탐 ㊼ 엄숙할 숙 ㊽ 장막 장 ㊾ 뛰어날 걸 ㊿ 미리 예 51 가질 지 52 띠 대 53 偉業 54 有罪 55 團束 56 充足 57 落葉 58 特種 59 貯金 60 展望 61 任命 62 完敗 63 節約 64 氷板 65 週番 66 順調 67 雲集 68 改良 69 着陸 70 實話 71 漁船 72 新兵 73 身病 74 本, 始 75 勝 76 他, 至 77 弟 78 凶 79 固 80 獨 81 停 82 客 83 兒

(84) 物 (85) 說 (86) 馬 (87) 害 (88) 止 (89) 関 (90) 写 (91) 挙 (92) 髟 (93) 風 (94) 夕 (95) 숨어서 삶 (96) 머리가 아픔 (97) 맨 나중 (98) ① (99) ③ (100) ⑦

제5회 기출·예상문제

① 수려 ② 찰납 ③ 궁경 ④ 조사 ⑤ 극묘 ⑥ 숭배 ⑦ 환대 ⑧ 숙사 ⑨ 칭덕 ⑩ 시혜 ⑪ 의장 ⑫ 쾌변 ⑬ 파상 ⑭ 호위 ⑮ 정무 ⑯ 독과 ⑰ 도중 ⑱ 침실 ⑲ 선고 ⑳ 독살 ㉑ 전사 ㉒ 퇴근 ㉓ 난방 ㉔ 공난 ㉕ 박차 ㉖ 폭발 ㉗ 벽서 ㉘ 곡류 ㉙ 채취 ㉚ 전란 ㉛ 배 항 ㉜ 구멍 공 ㉝ 맞을 적 ㉞ 섞을 혼 ㉟ 다할 진 ㊱ 구리 동 ㊲ 갈 왕 ㊳ 맞을 영 ㊴ 도울 원 ㊵ 기릴 송 ㊶ 짤 조 ㊷ 찾을 탐 ㊸대롱 관 ㊹ 사양할 사 ㊺ 바늘 침 ㊻ 머무를 류 ㊼ 그르칠 오 ㊽ 갈래 파 ㊾ 나아갈 취 ㊿ 볼 람 (51) 인연 연 (52) 모습 태 (53) 案席 (54) 實果 (55) 氷炭 (56) 旅費 (57) 賣出 (58) 料理 (59) 到着 (60) 格調 (61) 陽 (62) 黑 (63) 答 (64) 賞 (65) 凶 (66) 鄕 (67) 獨 (68) 財 (69) 望 (70) 談 (71) 史記 (72) 新選 (73) 名士 (74) 順道 (75) 有識 (76) 商術 (77) 參觀 (78) 永遠 (79) 相利 (80) 見物 (81) 夕改 (82) 知行 (83) 安民 (84) 初聞 (85) 貝 (86) 隹 (87) 食 (88) 体 (89) 広 (90) 価 (91) 禮 (92) 傳 (93) 擧 (94) 牛, 耳 (95) 苦, 樂 (96) 公, 大 (97) ① (98) ⑤ (99) ⑦ (100) ⑩

제6회 기출·예상문제

① 항변 ② 희극 ③ 칭찬 ④ 토벌 ⑤ 인주 ⑥ 조직 ⑦ 의존 ⑧ 총평 ⑨ 피난 ⑩ 취침 ⑪ 폭소 ⑫ 혁대 ⑬ 적응 ⑭ 지휘 ⑮ 독침 ⑯ 탐험 ⑰ 소진 ⑱ 정비 ⑲ 혼선 ⑳ 후사 ㉑ 당파 ㉒ 감축 ㉓ 채광 ㉔ 환경 ㉕ 극형 ㉖ 격투 ㉗ 추이 ㉘ 자태 ㉙ 유세 ㉚ 탄압 ㉛ 검소할 검 ㉜ 본뜰 모 ㉝ 넓을 보 ㉞ 부칠 기 ㉟ 춤출 무 ㊱ 말씀 사 ㊲ 이마 액 ㊳ 비평할 비 ㊴ 법 범 ㊵ 칠 공 ㊶ 높힐 숭 ㊷ 소나무 송 ㊸ 맞을 영 ㊹ 다칠 상 ㊺ 뜰 정 ㊻ 묘할 묘 ㊼ 힘줄 근 ㊽ 곡식 곡 ㊾ 가 변 ㊿ 분할 분 (51) 칠 격 (52) 들을 청 (53) 規則 (54) 德談 (55) 熱望 (56) 祝福 (57) 充當 (58) 到着 (59) 獨特 (60) 施費 (61) 歷任 (62) 要領 (63) 急流 (64) 競馬 (65) 財產 (66) 團束 (67) 宿患 (68) 考案 (69) 廣野 (70) 雲集 (71) 展示 (72) 賞 (73) 無 (74) 改 (75) 識 (76) 貴 (77) 使 (78) 客 (79) 善 (80) 勝 (81) 陽 (82) 固 (83) 歌 (84) 過 (85) 停 (86) 術 (87) 高地 (88) 告知 (89) 木 (90) 巾 (91) 黑 (92) 軽 (93) 战 (94) 児 (95) 권하여 장려함 (96) 종을 침 (97) 머리털 (98) ② (99) ⑥ (100) ⑦

제7회 기출·예상문제

① 기복 ② 냉천 ③ 분노 ④ 항거 ⑤ 폐업 ⑥ 난신 ⑦ 도적 ⑧ 전공 ⑨ 곤궁 ⑩ 축조 ⑪ 설근 ⑫ 주홍 ⑬ 차륜 ⑭ 별리 ⑮ 소진 ⑯ 근검 ⑰ 비평 ⑱ 침실 ⑲ 조직 ⑳ 절묘 ㉑ 상무 ㉒ 청강 ㉓ 도당 ㉔ 걸출 ㉕ 도피 ㉖ 손상 ㉗ 형기 ㉘ 양곡 ㉙ 세포 ㉚ 귀향 ㉛ 엄숙할 숙 ㉜ 모양 양 ㉝ 남을 잔 ㉞ 거동 의 ㉟ 선비 유 ㊱ 감독할 독 ㊲ 문서 적 ㊳ 한가할 한 ㊴ 겹칠 복 ㊵ 거울 경 ㊶ 곳집 고 ㊷ 장려할 장 ㊸ 기록할 지 ㊹ 기릴 송 ㊺ 나타날 현 ㊻ 도울 원 ㊼ 층계 단 ㊽ 닭 계 ㊾ 찾을 탐 ㊿ 따뜻할 난 (51) 줄일 축 (52) 기울 경 (53) 위엄 위 (54) 춤출 무 (55) 줄기 맥 (56) ③ (57) ⑥ (58) ⑨ (59) 号 (60) 団 (61) 伝 (62) 廣 (63) 鐵 (64) 實 (65) 兵卒 (66) 調査 (67) 落葉 (68) 罪質 (69) 充足 (70) 路 (71) 病 (72) 具 (73) 望 (74) 法, 規 (75) 來 (76) 輕 (77) 凶 (78) 勝 (79) 夜 (80) 巾 (81) 目 (82) 月 (83) 旅行 (84) 角者 (85) 雪寒 (86) 信賞 (87) 電光 (88) 放水 (89) 短命 (90) 順理 (91) 永住 (92) 神性 (93) 災害 (94) 舊習 (95) 奉仕 (96) 史記 (97) 念願 (98) 현 (99) 즐길 (100) 악

제8회 기출·예상문제

① 채광 ② 계견 ③ 수려 ④ 윤창 ⑤ 후은 ⑥ 절묘 ⑦ 기복 ⑧ 난신 ⑨ 축조 ⑩ 액상 ⑪ 절통 ⑫ 응원 ⑬ 찬사 ⑭ 탈곡 ⑮ 전사 ⑯ 유아 ⑰ 조달 ⑱ 난공 ⑲ 토벌 ⑳ 칭송 ㉑ 취침 ㉒ 흡연 ㉓ 빙탄 ㉔ 유목 ㉕ 권면 ㉖ 은거 ㉗ 회질 ㉘ 도당 ㉙ 지속 ㉚ 율의 ㉛ 볼 간 ㉜ 한가할 한 ㉝ 휘두를 휘 ㉞ 들을 청 ㉟ 힘줄 근 ㊱ 들일 납 ㊲ 밀물/조수 조 ㊳ 맞을 영 ㊴ 갈래 파 ㊵ 멜 담 ㊶ 볼 람 ㊷ 힘쓸 무 ㊸ 가루 분 ㊹ 쓸 소 ㊺ 우편 우 ㊻ 비석 비 ㊼ 책 편 ㊽ 욀 강 ㊾ 깊을 심 ㊿ 외로울 고 (51) 덜 손 (52) 방해할 방 (53) 더불/줄 여 (54) 샘 천 (55) 베풀 선 (56) ①寶物 (57) ⑤針線 (58) ⑧未來 (59) 広 (60) 礼 (61) 変 (62) (물건의)값을 부름 (63) 본래대로 회복함 (64) 전해 받음 (65) 客觀 (66) 農牛 (67) 效果 (68) 許可 (69) 自他 (70) 停 (71) 王/主 (72) 淸/(純) (73) 爭 (74) 財 (75) 加/(增) (76) 冷/寒 (77) 賞 (78) 終/末 (79) 勝 (80) 巾 (81) 彳 (82) 月 (83) 石火 (84) 百戰 (85) 東風 (86) 目不 (87) 夕改 (88) 順理 (89) 使令 (90) 良晝(晝) (91) 情致 (92) 名士 (93) 鼻祖 (94) 注油 (95) 實話 (96) 史記 (97) 永住 (98) 강 (99) 항복할 (100) 오

제9회 기출·예상문제

① 여가 ② 장치 ③ 범위 ④ 영역 ⑤ 간파 ⑥ 지지 ⑦ 항변 ⑧ 연착 ⑨ 감청 ⑩ 취항 ⑪ 굴복 ⑫ 우표 ⑬ 거역 ⑭ 오판 ⑮ 분통 ⑯ 은밀 ⑰ 안경 ⑱ 폭군 ⑲ 성묘 ⑳ 배려 ㉑ 경청 ㉒ 철근 ㉓ 투사 ㉔ 결손 ㉕ 잡곡 ㉖ 단계 ㉗ 선포 ㉘ 잔액 ㉙ 보관 ㉚ 엄금 ㉛ 위태할 위 ㉜ 부칠 기 ㉝ 힘쓸 면 ㉞ 혀 설 ㉟ 임금 제 ㊱ 벗을 탈 ㊲ 재물 자 ㊳ 무리 도 ㊴ 칠 박 ㊵ 빼어날 수 ㊶ 붉을 주 ㊷ 밑 저 ㊸ 도망할 도 ㊹ 겹칠 복 ㊺ 맞을 영 ㊻ 다를 차 ㊼ 돈 전 ㊽ 누이 매 ㊾ 틀 기 ㊿ 가루 분 (51) 샘 천 (52) 무리 군 (53) 고를 균 (54) 만날 우 (55) 코끼리 상 (56) ①耳順 (57) ③整列 (58) ⑦致誠 (59) 体 (60) 図 (61) 質 (62) 적이 없음 (63) 젖먹이 (64) 어린이 노래(시) (65) 財團 (66) 寒流 (67) 停止 (68) 落葉 (69) 給油 (70) 具 (71) 望 (72) 席 (73) 意 (74) 打 (75) 惡 (76) 集 (77) 卒/兵 (78) 實 (79) 害 (80) 里 (81) 卩 (82) 龍 (83) 事親 (84) 多聞 (85) 知新 (86) 貴在 (87) 必有 (88) 時空 (89) 傳說 (90) 當場 (91) 高價 (92) 敬老 (93) 旅費 (94) 救急車 (95) 責任者 (96) 友情 (97) 規格 (98) 점칠 (99) 점령할 (100) 나눌

제10회 기출·예상문제

① 통한 ② 일격 ③ 야구 ④ 견고 ⑤ 수비 ⑥ 승리 ⑦ 원동력 ⑧ 자매 ⑨ 우애 ⑩ 감격 ⑪ 열렬 ⑫ 응원 ⑬ 쾌거 ⑭ 정치인 ⑮ 달변 ⑯ 무기 ⑰ 유권자 ⑱ 전란 ⑲ 연속 ⑳ 고구려 ㉑ 백제 ㉒ 신라 ㉓ 좌석 ㉔ 초청 ㉕ 수용 ㉖ 빈부 ㉗ 불만 ㉘ 재물 ㉙ 투여 ㉚ 해소 ㉛ 분노 ㉜ 대중 ㉝ ①痛恨 ㉞ ③野球 ㉟ ⑨友愛 ㊱ 누를 압 ㊲ 막을 장 ㊳ 샘 천 ㊴ 싸움 투 ㊵ 책 편 ㊶ 겨룰 항 ㊷ 고울 선 ㊸ 엎드릴 복 ㊹ 춤출 무 ㊺ 알 란 ㊻ 끝 단 ㊼ 따뜻할 난 ㊽ 얽을 구 ㊾ 흩을 산 ㊿ 가 변 (51) 인연 연 (52) 베풀 선 (53) 장할 장 (54) 갈래 파 (55) 種類 (56) 商業 (57) 廣告 (58) 雪景 (59) 旅行 (60) 自然 (61) 身體 (62) 藥材 (63) 幸福 (64) 家屋 (65) 比例 (66) 海洋 (67) 半島 (68) 傳記 (69) 英雄 (70) 時調 (71) 短歌 (72) 競爭 (73) 團合 (74) 效果的 (75) 関 (76) 読 (77) 質 (78) 언행이 바르고 점잖음 (79) 반성하여 살핌 (80) 빨리 알림 (81) 選 (82) 立 (83) 敗 (84) 失 (85) 順 (86) 惡 (87) 子 (88) 貝 (89) 舟 (90) 風前 (91) 無路 (92) 萬古 (93) 九牛 (94) 右, 左 (95) 思考 (96) 永住 (97) 養育 (98) 그림 (99) 그을 (100) 밝을

한자능력 검정시험

4급

특허 : 제10-0636034호

발명의명칭 : 한자학습교재

발명특허권자 : 능률원 출판사

초판 발행 2005년 6월 15일
2 판 발행 2006년 6월 5일
3 판 발행 2010년 2월 20일
4 판 발행 2014년 1월 1일
5 판 발행 2016년 1월 1일
6 판 발행 2019년 1월 1일
7 판 발행 2021년 1월 1일
8 판 발행 2024년 1월 1일

엮은이 능률원 출판사
발행인 능률원 출판사

주소 | 서울특별시 영등포구 도림동 283-5번지
전화 | (02) 843-1246
등록 | 제 05-04-0211

도서
출판 능률원

정가 17,000원